2017年国家社会科学基金青年项目《滇桂黔生态脆弱地区
绿色发展本土化模式的路径研究》（批准号：17CMZ037）资助

# 滇桂黔
# 生态脆弱地区绿色发展本土化模式的路径研究

RESEARCH ON THE PATH OF GREEN DEVELOPMENT LOCALIZATION MODEL IN ECOLOGICALLY FRAGILE AREAS OF **YUNNAN GUANGXI AND GUIZHOU**

温新荣◎著

中国经济出版社
CHINA ECONOMIC PUBLISHING HOUSE
北 京

图书在版编目（CIP）数据

滇桂黔生态脆弱地区绿色发展本土化模式的路径研究 / 温新荣著. -- 北京：中国经济出版社，2023.11

ISBN 978 - 7 - 5136 - 7556 - 7

Ⅰ. ①滇… Ⅱ. ①温… Ⅲ. ①绿色经济 - 经济发展 - 研究 - 云南 ②绿色经济 - 经济发展 - 研究 - 广西 ③绿色经济 - 经济发展 - 研究 - 贵州 Ⅳ. ①F127

中国国家版本馆 CIP 数据核字（2023）第 217816 号

责任编辑 贺 静
责任印制 马小宾
封面设计 华子设计

出版发行 中国经济出版社
印 刷 者 北京科信印刷有限公司
经 销 者 各地新华书店
开 本 710mm × 1000mm 1/16
印 张 16.25
字 数 233 千字
版 次 2023 年 11 月第 1 版
印 次 2023 年 11 月第 1 次
定 价 88.00 元
广告经营许可证 京西工商广字第 8179 号

**中国经济出版社** 网址 http://epc.sinopec.com/epc/ 社址 北京市东城区安定门外大街 58 号 邮编 100011
本版图书如存在印装质量问题，请与本社销售中心联系调换（联系电话：010 - 57512564）

# 前　言

本书的研究契合了理论呼唤和实践诉求的双重需要。一方面，绿色发展作为一种新发展理念，需要以滇桂黔生态脆弱地区的广大人民群众为基础，才能转化成强大的物质力量；另一方面，滇桂黔生态脆弱地区脆弱的生态环境，需要绿色发展作为指导思想，推动该地区脱贫增绿富民。马克思生态文明理论、中国古代生态智慧、少数民族质朴生态理念、习近平生态文明思想、生态足迹理论、生态经济理论、可持续发展理论、循环经济理论等为绿色发展在滇桂黔生态脆弱地区落地生根提供了理论基础；以色列、美国、德国等国生态脆弱地区绿色发展本土化模式和宁夏六盘山集中连片特困地区、鄂尔多斯等国内生态脆弱地区绿色发展本土化模式为绿色发展在滇桂黔生态脆弱地区落地生根提供了实践借鉴。根据绿色发展的内涵，本书遵循科学性、系统性、层次性、可操作性、代表性、区域性等原则，构建涵盖资源利用、环境治理、环境质量、生态保护、增长质量、绿色生活、公众满意度等多层次指标评价体系进行分析。滇桂黔生态脆弱地区绿色发展本土化面临自然、历史、人为、经济四个方面的制约因素。其中，自然因素包括滇桂黔生态脆弱地区植被发育缓慢、滇桂黔生态脆弱地区环境承载能力低、滇桂黔生态脆弱地区抗污染能力低、滇桂黔生态脆弱地区地面易发生塌陷、滇桂黔生态脆弱地区自我修复能力低等方面。历史因素包括：滇桂黔生态脆弱地区长期受战争困扰，经济基础薄弱；滇桂黔生态脆弱地区人均粮食资源缺乏，无序开发破坏自然生态；滇桂黔生态脆弱地区环境污染严重，大量植被破坏；等等。人为因素包括滇桂黔生态脆弱地区人口数量有待下降、滇桂黔生态脆弱地区受教育程度有待提升、滇桂黔生态脆弱地区生育观念有待改变、滇桂黔生态脆弱地区生态观念有待改进等方面。经济因素包括滇桂黔生态脆弱地区绿色发展自然资本相对稀缺、滇桂黔生态脆弱地区绿色发展人力资本相对匮乏、滇桂黔生态脆弱地区绿色发展专项资金相对匮乏、滇桂黔生态脆弱地区绿色发展生态技术相对匮乏等方面。遵循整体性、因地制宜、层次性、可操作性、科技先导、可持续性等原则，本书构建了滇桂黔生态脆弱地区绿色发展本土化模式，即增加石山生态资本，造林育林护林绿色发展模式；调整农业生产结构，特色循环生态农业发展模式；改革农业供给侧，“龙头企业 + 合作社 + 农户”的农产品深加工模式；利用喀斯特地貌，将生态优势转化为经济优势的生态旅游模式；利用石漠化综合治理生态工程，探索石漠化综合治理与扶贫开发同向同行协同发展模式。这五种模式在不同功能区协同发展。推动滇桂黔生态脆弱地区绿色发展本土化模式的形成，需要更新发展理念、提供制度保障、制定扶持政策、建立机制约束、实施技术推动，形成绿色发展方式和生活方式，走生产发展、生活富裕、生态良好的绿色发展之路。其中，更新理念包括：更新滇桂黔生态脆弱地区发展观，树立内涵集约型发展观；更新滇桂黔生态脆弱地区政绩观，树立保护生态环境就是保护生产力政绩观；更新滇桂黔生态脆弱地区财富观，树立“绿水青山就是金山银山”财富观等。制度保障包括健全滇桂黔生态脆弱地区绿色发展法律制度、健全滇桂黔生态脆弱地区绿色发展规章制度等。政策扶持包括完善滇桂黔生态脆弱地区绿色发展投资政策、完善滇桂黔生态脆弱地区绿色发展产业政策、完善滇桂黔生态脆弱地区绿色发展财政政策、完善滇桂黔生态脆弱地区绿色发展税收政策、完善滇桂黔生态脆弱地区绿色发展金融政策、完善滇桂黔生态脆弱地区绿色发展土地政策、完善滇桂黔生态脆弱地区绿色发展人才政策等。机制约束包括完善滇桂黔生态脆弱地区绿色发展协调机制、完善滇桂黔生态脆弱地区绿色发展评价机制、完善滇桂黔生态脆弱地区绿色发展奖惩机制、完善滇桂黔生态脆弱地区绿色发展监督机制等。技术推动包括形成滇桂黔生态脆弱地区绿色生产方式、形成滇桂黔生态脆弱地区绿色分配方式、形成滇桂黔生态脆弱地区绿色交换方式、形成滇桂黔生态脆弱地区绿色消费方式等。

# 目　录

# 第一章　导　论

## 第一节　选题背景和选题意义

### 一、选题背景

绿色发展是实现“十四五”时期发展目标、破解发展难题、厚植发展优势、必须牢固树立并切实贯彻的新发展理念之一。绿色发展作为一种发展理念，其落地生根需要本土化。中国地域广袤，不同地理区域的资源禀赋不同，文化传统不同，发展路径不同，绿色发展落地方式不同，形成的本土化模式也不同。滇桂黔生态脆弱地区集民族文化多样性、经济欠发达性、生态脆弱性、区域特殊性于一体，具有独特的经济条件、民族文化、生态环境、地理区位。因此，研究该地区绿色发展本土化模式具有重要意义。

### 二、选题意义

#### （一）学术价值

1. 以典型区域为研究空间对象，丰富绿色发展本土化模式

绿色发展作为一种发展理念，迫切需要掌握人民群众，才会变成强大的物质力量。正如马克思所说：“理论一经掌握群众，也会变成物质力量。”① 滇桂黔生态脆弱地区是实现“十四五”时期发展目标的重要区域，是牢固树立并贯彻落实绿色发展理念的必要区域。因此，绿色发展在滇桂

① 中共中央马克思恩格斯列宁斯大林著作编译局，编译．马克思恩格斯选集：第一卷［M］．北京：人民出版社，2012：9.

黔生态脆弱地区的落地生根是绿色发展理念发挥精神引领价值并转化为强大物质力量的内在诉求。绿色发展来源于实践，并在指导实践中创新发展。绿色发展在该地区落地生根，将形成独特的实践路径并产生特殊的实践模式，这些独特的实践路径和实践模式经过总结、提炼、升华，将进一步上升为独特的理论化成果。这些独特的理论化成果将丰富绿色发展的内涵，增强绿色发展的吸引力、感染力和生命力。

2. 从“投资自然资本”视角，丰富绿色发展本土化模式内涵

自然资本，是指自然资源和自然环境的经济价值①，其实物形态一般包括耕地资源、矿藏资源、水资源、臭氧层、空气的净化能力、森林资源等自然资源以及伴生的环境生态系统。自然资本是人类生存和发展的前提和基础，具有脆弱性、消耗性、稀缺性等特点。②“投资自然资本”不仅包括经济增长带来的负外部性问题，而且包括利用自然资本的正外部性创造经济发展新动力。③ 滇桂黔生态脆弱地区属于喀斯特地貌，其自然资本具有先天的脆弱性。在人为过度干扰下，滇桂黔生态脆弱地区植被破坏严重，岩石裸露，地表呈现出类似于石漠化景观的土地退化现象。为拯救滇桂黔生态脆弱地区日趋衰退的自然资源和日益恶化的生态系统、培养滇桂黔生态脆弱地区经济增长的新动力，滇桂黔生态脆弱地区需要转变发展方式、调整产业结构、改善农村能源结构，走绿色发展之路，通过植树造林、退耕还林，发展生态旅游、林下经济，实施石漠化综合治理、水土保持、坡改梯等生态工程，投资滇桂黔生态脆弱地区自然资本，改善滇桂黔生态脆弱地区生态系统，增加滇桂黔生态脆弱地区绿色财富，提高滇桂黔生态脆弱地区人民群众生活水平。

---

① 孙冬煜，王震声，何旭东，等．自然资本与环境投资的含义[J]．环境保护，1999(5)：38－40.

② 卢善龙，陈吉瑞．投资自然资本：从理念到实践如何跨越？[N]．科技日报，2015－09－20(002).

③ 诸大建．倡导投资自然资本的新经济[N]．解放日报，2015－03－12(011).

### （二）应用价值

1. 为滇桂黔生态脆弱地区牢固树立并切实贯彻绿色发展理念提供对策、建议和操作模式

滇桂黔生态脆弱地区绿色发展既是控制滇桂黔生态脆弱地区生态退化、恢复滇桂黔生态脆弱地区生态系统功能、改善滇桂黔生态脆弱地区生态环境质量的重要举措，又是促进滇桂黔生态脆弱地区经济、社会、环境协调发展和贯彻落实新发展理念的有效途径。本书立足于滇桂黔生态脆弱地区的生态环境，构建滇桂黔生态脆弱地区绿色发展本土化模式，剖析滇桂黔生态脆弱地区绿色发展本土化模式制约性因素，探索滇桂黔生态脆弱地区绿色发展本土化模式的有效路径，为滇桂黔生态脆弱地区牢固树立并切实贯彻绿色发展理念提供对策、建议和操作模式。

2. 为其他生态脆弱地区补短板、化危机、惠民生、共富裕提供具有参考价值的借鉴成果

我国是世界上生态脆弱区分布面积最大、脆弱生态类型最多、生态脆弱性表现最明显的国家之一。我国主要的脆弱生态类型有西南岩溶山地石漠化生态脆弱区、西南山地农牧交错生态脆弱区、东北林草交错生态脆弱区、北方农牧交错生态脆弱区、西北荒漠绿洲交接生态脆弱区、青藏高原复合侵蚀生态脆弱区、南方红壤丘陵山地生态脆弱区、沿海水陆交接带生态脆弱区。这些脆弱地区的共同特点是生态问题突出、经济相对落后、人民物质生活相对匮乏。本书以西南岩溶山地石漠化生态脆弱区为研究区域，剖析该区域恶化的生态环境、落后的发展方式、匮乏的物质生活，以习近平“两山”理论为指导，从生态优势转化为经济优势的视角研究滇桂黔生态脆弱地区补短板、化危机、惠民生、共富裕的绿色发展本土化模式。滇桂黔生态脆弱地区绿色发展本土化模式可以为南方红壤丘陵山地生态脆弱区、西南山地农牧交错生态脆弱区、东北林草交错生态脆弱区、北方农牧交错生态脆弱区、沿海水陆交接带生态脆弱区、西北荒漠绿洲交接生态脆弱区、青藏高原复合侵蚀生态脆弱区等其他生态脆弱地区补短板、化危机、惠民生、共富裕提供具有参考价值的借鉴成果。

3. 为民族团结进步提供方案

滇桂黔生态脆弱地区有壮族、苗族、布依族、瑶族、侗族等14个世居少数民族。[①] 14个世居少数民族在牢固树立并贯彻落实绿色发展理念中，不断铸牢中华民族共同体意识，为我国其他多民族地区或世界其他多民族国家提供民族大团结、民族共繁荣的智慧和方案。

4. 为边境繁荣稳定提供范例

滇桂黔生态脆弱地区西南毗邻越南，其宁明、龙州、大新、靖西、那坡五县与越南接壤，陆地边境线长795.5千米，占广西陆地边境线的78%。[②] 滇桂黔生态脆弱地区与越南接壤片区长期处于生态优良、和平稳定、繁荣发展的态势，为那些边境冲突不断的地区或者国家提供了边境繁荣稳定的范例。

5. 为构筑长江经济带、珠江—西江经济带生态安全屏障提供对策

滇桂黔生态脆弱地区位于长江、珠江—西江的上游，严重的土壤侵蚀，导致河床淤高、淤塞中道，危及长江、珠江—西江沿岸及下游民众的生命财产安全。滇桂黔生态脆弱地区绿色发展有利于降低土壤侵蚀强度、减缓水土流失速度，有利于保护自然湿地、生物多样性，调节气候，有利于提高森林蓄水能力及植被护坡固土防水土流失能力，为构筑长江经济带、珠江—西江经济带生态安全屏障提供了对策。

## 第二节　国内外研究现状

### 一、国外相关研究

国外较少使用"绿色发展"概念，主要使用"绿色经济""低碳经济""循环经济"等概念。虽然这些概念与"绿色发展"概念有细微差别，但是本质相同，都强调节约资源、保护环境、经济与生态协调发展、

---

① 滇桂黔石漠化片区区域发展与扶贫攻坚规划（2011—2020年）[EB/OL]. http://cn.chinagate.cn/infocus/2013-09/24/content_30114043_2.htm.

② 滇桂黔石漠化片区区域发展与扶贫攻坚规划（2011—2020年）[EB/OL]. http://cn.chinagate.cn/infocus/2013-09/24/content_30114043_2.htm.

人与自然和谐相处等。①在绿色经济方面，英国的大卫·皮尔斯（1997）认为许多环境问题起因于无效的经济活动。因此，需要建立实现可持续性发展的经济激励机制，并通过该机制来直接解决这些问题。②在低碳经济方面，英国的安德鲁斯－斯皮德（2015）采用社会—技术转型和制度主义思想分析框架，研究中国能源治理问题，重点分析了中国的政治、社会和经济对中国能源行业发展及中国低碳经济转型的影响。③在循环经济方面，日本的大村泉（2005）对建立清洁发展机制进行了研究；法国的让－克洛德·乐伟（2012）对在社会发展过程中，中国式的循环经济如何与革新世界经济的尝试相契合进行了研究。这些研究成果为绿色发展本土化的模式探索、保障机制等提供了借鉴和参考。

## 二、国内相关研究

国内对绿色发展的研究始于20世纪末。近年来，学者们主要研究了以下问题。

一是绿色发展的内涵。胡鞍钢、周绍杰（2014）从功能上对绿色发展进行了界定，认为绿色发展观是第二代可持续发展观，强调经济系统、社会系统和自然系统间的系统性、整体性和协调性。[①] 齐建国（2013）从提高人的生命力角度，认为绿色发展是循环经济模式、低碳技术应用、生态建设和创造保持人类身心健康的精神环境的总称。[②] 牛文元（2012）从尊重自然、顺应自然的角度，认为绿色发展的内涵是实现人与自然的和谐、人与人的和谐。[③] 王玲玲、张艳国（2012）从发展方式的角度，认为绿色发展是在资源承载能力、生态环境容量的制约下，通过保护生态环境，实现可持续性发展的新型发展方式。[④] 王紫零（2013）认为对绿色发展必须

---

① 胡鞍钢，周绍杰．绿色发展：功能界定、机制分析与发展战略［J］．中国人口·资源与环境，2014(1)：14－20.

② 齐建国．循环经济与绿色发展——人类呼唤提升生命力的第四次技术革命［J］．经济纵横，2013(1)：43－53.

③ 牛文元．生态文明与绿色发展［J］．青海科技，2012(4)：40－43.

④ 王玲玲，张艳国．“绿色发展”内涵探微［J］．社会主义研究，2012(5)：143－146.

有一个完整的理解，具体包括资源节约、环境友好、舒适宜居等方面。①

二是绿色发展的必要性、紧迫性。曾晓东（2013）认为，绿色发展是实现我国经济社会转型发展的必然选择，是建设美丽中国的客观需要。②许广月（2014）认为，绿色发展是人类社会面对全球经济危机、资源短缺危机和环境气候危机的必然选择。③荣开明（2016）认为，绿色发展是顺应人类文明发展进程、破解我国经济社会发展难题、塑造国际环境与发展负责任大国形象、继承马克思主义生态文明思想的必然要求。④

三是绿色发展面临的机遇与挑战。赵建军（2013）认为，中国实施绿色发展在科学发展观日益深入人心、国际技术交流与合作、健全的信息网络、区域与行业示范机遇的条件下，面临认识不清与观念落后、传统经济增长方式转变的时滞性挑战。⑤商亮（2017）认为，绿色发展孕育的重大战略机遇将孕育新的经济增长点，显著提升经济增长质量，带动人民群众生活水平大幅提升。⑥

四是国外绿色发展的实践经验借鉴。甄霖等（2013）在考察OECD国家绿色发展现状的基础上，提出制定绿色规划、构建绿色考评体系、建立绿色激励机制、调动绿色发展积极性、实现绿色就业五点启示。⑦黄娟、王幸楠（2015）认为，北欧国家在实践中的提倡绿色生产方式、构建绿色产业结构、支持绿色企业发展、培养绿色消费习惯等措施为我国绿色发展提供了启示。⑧

五是绿色发展路径。曾晓东（2013）认为，中国绿色发展和实现绿色

---

① 王紫零．“生态文明”建设的内涵及生态发展方式[J]．广西社会主义学院学报，2013(1)：16－21.

② 曾晓东．绿色发展是经济社会转型发展的必然选择[J]．环境保护，2013(5)：38－40.

③ 许广月．从黑色发展到绿色发展的范式转型[J]．西部论坛，2014(1)：53－60.

④ 荣开明．论绿色发展的几个基本问题[J]．观察与思考，2016(12)：31－40.

⑤ 赵建军．中国的绿色发展：机遇、挑战与创新战略[J]．人民论坛·学术前沿，2013(19)：80－85，95.

⑥ 商亮．从生态危机到绿色发展——基于政治经济学的分析与启示[J]．新西部（理论版），2017(6)：40－41.

⑦ 甄霖，杜秉贞，刘纪远，等．国际经验对中国西部地区绿色发展的启示：政策及实践[J]．中国人口·资源与环境，2013(10)：8－16.

⑧ 黄娟，王幸楠．北欧国家绿色发展的实践与启示[J]．经济纵横，2015(7)：122－125.

转型需要提高认识，正确处理发展经济与保护环境的关系，淘汰落后产能，推进供给侧结构性改革，建立与实行绿色发展相配套的政策体系、评价体系、考核体系等。[①] 许广月（2014）认为，从黑色发展向绿色发展转型需要转型发展主体、转型发展目标导向、转型发展模式、转型发展过程、转型发展路径。[②] 王永芹（2014）认为，创新驱动是加快绿色发展的重要途径。[③] 宋刚（2015）认为，基于生态文明建设的绿色发展的策略有利于建设生态型政府、健全绿色发展法律法规体系、维护绿色市场秩序等。[④] 吴婵（2017）认为，实现绿色发展需要树立生态文明理念，建设制度保障和法律体系，改造农业、工业、服务业三大产业结构，实现绿色产业崛起，积极进行绿色技术的研发等。[⑤] 魏静（2016）认为，绿色发展对西部贫困地区的启示有推动绿色城镇化建设、培养绿色消费习惯、完善对领导人的绿色政绩考核等。[⑥] 董玉春（2016）认为，当今“绿色发展”不是单一的，其内涵包含了由经济效用、社会效用、生态效用、文化效用等组成的有机统一体。经济效用的路径为推进城乡经济一体化、进行科技创新；社会效用的路径为加强宣传教育、健全保障机制；生态效用的路径为建立农村生态补偿制度、树立“绿色 GDP”政绩观等。[⑦] 陈澄、付伟（2017）通过梳理绿色发展相关文献，将绿色发展的实现路径归纳为经济发展是基础、先进经验是财富、技术创新是支撑、政策制度是保障等。[⑧] 熊辉、谭诗杰（2016）认为，绿色治理的模式是政府坚持绿色行政、企业坚持绿色生产、公众坚持绿色消费。[⑨]

---

① 曾晓东．绿色发展是经济社会转型发展的必然选择[J]．环境保护，2013(5)：38－40.

② 许广月．从黑色发展到绿色发展的范式转型[J]．西部论坛，2014(1)：53－60.

③ 王永芹．对创新驱动绿色发展的思考[J]．河北学刊，2014(2)：222－225.

④ 宋刚．基于生态文明建设的绿色发展研究[J]．中南林业科技大学学报(社会科学版)，2015(1)：7－10.

⑤ 吴婵．有关绿色发展与生态文明建设的几点思考[J]．商业经济，2017(4)：4－5.

⑥ 魏静．论绿色发展对西部贫困地区发展的启示[J]．天水行政学院学报，2016(6)：42－44.

⑦ 董玉春．“绿色发展”理念与我国农村循环经济发展路径研究[J]．当代经济，2016(10)：58－59.

⑧ 陈澄，付伟．国内绿色发展研究综述[J]．经贸实践，2017(9)：8－9.

⑨ 熊辉，谭诗杰．领会绿色发展的文明内涵[N]．中国社会科学报，2016－03－15(008).

### 三、评价

上述研究成果为本书的研究提供了重要的理论基础和方法借鉴，但也存在进一步深化之处：第一，研究理念上，多从“节约资源、保护环境”层面进行研究，鲜有从“投资自然资本”“先予后取财富观”层面进行研究；第二，研究视角上，多从一般意义层面进行宏观研究，鲜有从特定区域（滇桂黔生态脆弱地区）出发进行个案研究；第三，研究内容上，从理念层面牢固树立绿色发展的“应然”研究较多，而将绿色发展具体化到特定的地理区域，并结合该地区资源禀赋、发展路径、传统文化进行“实然”“如何”的研究少。本书以滇桂黔生态脆弱地区为研究范围，以滇桂黔生态脆弱地区自身的实际情况为出发点，研究该地区绿色发展本土化模式，以期对该地区脱贫增绿富民有所裨益。

## 第三节　研究思路与研究方法

### 一、研究思路

本书根据党的十八届五中全会提出的绿色发展理念，立足滇桂黔生态脆弱地区“民族文化多样性、生态脆弱性、经济欠发达性、区域特殊性”的实际，首先，以生态—经济—社会协调发展、生态足迹、指标评价等知识为基础，构建滇桂黔生态脆弱地区绿色发展本土化模式的理论分析构架、指标评价体系；其次，从自然、历史、人为、经济等方面分析滇桂黔生态脆弱地区绿色发展本土化模式的制约因素；最后，在借鉴成功经验的基础上，提出滇桂黔生态脆弱地区绿色发展本土化模式及其政策建议。

### 二、研究方法

本书采用的研究方法如下：①文献研究法。全面收集整理与本课题相关的资料。②专家咨询法。通过咨询同行专家，了解该领域的最新研究动态。③田野考察法。通过实地调研、个案访谈、参与观察、问卷调查等了解目前当地经济发展方式、生态环境等总体情况。④归纳演绎法。通过归纳演绎，使收集的材料理论化、系统化。⑤数量分析法。通过 SPSS 统计分析法对问卷调查进行统计分析，了解滇桂黔生态脆弱地区民众对生态环境质量的满意程度。

## 第四节　创新与不足

### 一、创新之处

#### （一）框架新

①以典型区域（滇桂黔生态脆弱地区）为空间对象，研究绿色发展落地生根，从微观层面丰富和发展绿色发展内涵。②以特定资源（民族文化多样性、生态脆弱性、经济欠发达性）为出发点，研究特定资源与绿色发展相结合问题，为该地区绿色发展本土化提供新的发展模式。

#### （二）观点新

①绿色发展具有开源和节流双重内涵。从开源上，是“投资自然资本”，增加绿色财富；从节流上，是“节约资源、保护环境”，减小掠夺自然财富的力度。②在梳理文献和实地调研的基础上，遵循整体性、因地制宜、层次性、可操作性、科技先导、可持续性等原则，构建了滇桂黔生态脆弱地区绿色发展本土化模式，即增加石山生态资本的造林育林护林绿色发展模式；调整农业生产结构的特色循环生态农业发展模式；改革农业供给侧的“龙头企业＋合作社＋农户”的农产品深加工模式；利用喀斯特地貌的生态优势转化为经济优势的生态旅游模式；利用石漠化综合治理生态工程的探索石漠化综合治理与扶贫开发同向同行协同发展模式。这五种模式在不同功能区协同发展。③推动滇桂黔生态脆弱地区绿色发展本土化模式的形成，需要从理念、制度、政策、机制、技术等方面入手，其中理念是先导，制度、政策、机制是关键，技术是必要条件。

#### （三）方法新

①理论研究与现实关照相结合的方法。项目组密切关注绿色发展最新研究进展，并将理论研究与滇桂黔生态脆弱地区的脆弱环境相结合，探索了五种绿色发展本土化模式。②定性研究与定量研究相结合的方法。项目组为更好地了解滇桂黔生态脆弱地区绿色发展的实际情况，构建了滇桂黔

生态脆弱地区绿色发展指标评价体系，测算了滇桂黔生态脆弱地区91个县（区、市）绿色发展的实际水平。③官方数据与调研数据相结合的方法。项目组为获得更多的数据，一方面通过官方渠道获得权威数据，另一方面通过实地调研获得一手数据。

## 二、不足之处

### （一）理论深度有待提升

本书主要从理论探索和现实观照的视角，结合滇桂黔生态脆弱地区“民族文化多样性、生态脆弱性、经济欠发达性、区域特殊性”的实际，探索了绿色发展在滇桂黔生态脆弱地区落地生根的五种实践模式。这五种实践模式与其他生态脆弱地区（以色列及国内宁夏六盘山集中连片特困地区、鄂尔多斯）绿色发展实践模式之间的比较研究还有待进一步深化。

### （二）研究领域有待拓展

本书主要从绿色发展在滇桂黔生态脆弱地区实践的理论依据、实践借鉴、模式探索、实现路径等方面进行研究，而绿色发展在滇桂黔生态脆弱地区实践的现状以及实践前后的对比研究有待进一步强化。因此，绿色发展在滇桂黔生态脆弱地区实践的研究空间还很广阔。

# 第二章　范畴界定、理论基础与实践借鉴

## 第一节　相关范畴界定

### 一、绿色发展本土化模式的内涵

#### （一）绿色发展的内涵

1. 从绿色发展的理论渊源来看，绿色发展是一种弘扬中国古代生态智慧、继承马克思主义生态思想的发展观

绿色发展不是无源之水、无本之木，而是有其深厚的理论渊源、历史文化基础。首先，中国古代历史文化中蕴含的丰富生态智慧为绿色发展的产生提供了思想启迪。中华民族在长期的生产生活实践中，创造了璀璨的优秀传统文化。这些优秀传统文化中蕴含着丰富的生态智慧，如强调人与自然和谐共生的“天人合一”哲学思想，强调爱护动物、尊重生命的“劝君莫食三月鲫，万千鱼仔在腹中”经典语句，强调节约资源、保护环境的“天育物有时，地生财有限”名言警句。这些质朴的自然观，至今依然给人以警示和启迪。其次，马克思主义生态思想为绿色发展的形成提供了理论指导。马克思、恩格斯通过研究资本主义生产方式，揭示出资本主义国家生产的最终目的不是满足工人的需要，而是通过无偿占有工人的剩余劳动获得更多的剩余价值。在资本逻辑主导下，一旦有适当的利润，资本就胆大起来。如果有10%的利润，它就保证到处被使用；有20%的利润，它就活跃起来；有50%的利润，它就铤而走险；为了100%的利润，它就敢践踏一切人间法律；有300%的利润，它就敢犯任何罪行，甚至冒绞首的危险。长期以来，以资本为主导的生产方式为追逐剩余价值，不惜以牺牲

生态环境为代价。恩格斯在《自然辩证法》一文中罗列了阿尔卑斯山的意大利人，美索不达米亚、希腊、小亚细亚以及其他各地的居民砍伐树木带来沉重生态灾难的事实。通过鲜活的案例印证了一个事实："到目前为止存在过的一切生产方式，都只在于取得劳动的最近的、最直接的有益效果。那些只是在以后才显现出来的、由于逐渐的重复和积累才发生作用的进一步的结果，是完全被忽视的。"① 为此，恩格斯指出，人类去支配和调节人类生产活动对自然间接的、比较远的社会影响，除了意识到调节这种影响的重要性，"还需要对我们现有的生产方式，以及和这种生产方式连在一起的我们今天的整个社会制度实行完全的变革"。② 社会主义生产方式变革了资本主义生产方式，其生产的最终目的不是追求剩余价值，而是满足人类不断增长的政治生活、物质生活、精神生活、社会生活的需要。绿色发展不仅能满足人民日益增长的政治生活、物质生活、精神生活、社会生活的需要，而且能不断增加天更蓝、地更绿、山更青、水更秀等生态产品的供给量。

2. 从绿色发展的生成逻辑来看，绿色发展是一种反思传统黑色发展、顺应历史发展趋势的发展观

迄今为止，人类经历了四种文明形态，分别为原始文明、农业文明、工业文明、生态文明。以石器为主的原始文明，产生于原始文明时期，人类对大自然了解甚少，秉持一种敬畏、顺应的态度。以农耕为主的农业文明，产生于农业文明时期，铁器工具的产生解放了生产力。人类开始主动改造自然，由于铁器工具的局限性，人类对自然改造的范围、深度、程度等都十分有限。以机器大工业为主的工业文明，开端于18世纪英国工业革命，历经第一次工业革命、第二次工业革命、第三次工业革命。在一次又一次工业革命中，资本主义国家生产力发展迅猛，创造了超过过去一切时代所创造的全部物质财富的总和，但地球却要为之付出极大的代价。自18世纪中期起，自然界受到的损害比整个史前时代造成的损害还要大。在工

①② 中共中央马克思恩格斯列宁斯大林著作编译局，编译．马克思恩格斯全集：第二十卷［M］. 北京：人民出版社，1971：521.

业体系达到极高的水平、集聚和积累人工资本的成就到达巅峰之时，人类文明赖以创造经济繁荣的自然资本却正在急剧减少，而这种损失的速率正与物质福利增长成比例地增长。自然资本既包括常见的为人类所利用的资源——水、矿物、石油、森林、鱼类、土壤、空气等，也包括草原、大平原、沼泽地、港湾、海洋、珊瑚礁、河岸走廊、苔原和雨林等生命系统。它们在全世界都以一种前所未有的速度不断衰退。① 中世纪以来，世界上已经有大约1/5的表层土从陆地上消失，1/5的热带雨林被破坏，数千万的动植物物种灭绝。② 人类继承了一个38亿年的自然资本储备。按照现在利用和减少的速度计算，这种储备到下一世纪末将会所剩无几。③ 对于人类的繁荣来说，随着自然资本储备的急剧减少，它对维持生命必不可少的服务也随之消失。如果一片森林消失，不仅木材消失了，而且这片森林提供的蓄水和防洪服务也会随之消失。这种为所欲为地向大自然贪婪地索取、恣意地掠夺的黑色发展，势必会遭到自然的报复，引发一系列生态环境灾难。例如20世纪40年代美国洛杉矶爆发的光化学烟雾事件。④ 血淋淋的教训唤醒人们开始思索人与自然的关系，节约资源、保护环境、投资自然的绿色发展理念应运而生。在这种背景下，以增加绿色财富、拓展发展广度、夯实发展深度、实现后代人生态资本不断增加和永续发展的生态文明随之产生。由此可知，绿色发展是人类文明发展到一定阶段的产物，是摒弃传统黑色发展的新发展观。

### 3. 从绿色发展的现实逻辑来看，绿色发展是一种澄清错误观念、树立科学理念的发展观

人与自然的互动关系主要体现在两个方面：一方面是经济系统向自然

---

① [美]HAWKEN P, LOVINS A, LOVINS L H. 自然资本论——关于下一次工业革命[M]. 王乃粒，诸大建，龚义台，译. 上海：上海科学普及出版社，2000：2-3.

② [美]汤姆·泰坦伯格(Tom Tietenberg). 环境与自然资源经济学(第5版)[M]. 严旭阳，等，译. 北京：经济科学出版社，2003：14.

③ [美]HAWKEN P, LOVINS A, LOVINS L H. 自然资本论——关于下一次工业革命[M]. 王乃粒，诸大建，龚义台，译. 上海：上海科学普及出版社，2000：4.

④ 习近平. 在省部级主要领导干部学习贯彻党的十八届五中全会精神专题研讨班上的讲话[N]. 人民日报，2016-05-10(002).

系统索取原材料、能量、服务和排放废物，另一方面是自然系统向经济系统提供原材料、能量、服务和消化废物。二者的良性互动是经济系统的索取与生态系统的提供供需结构合理、数量相适应，经济系统排放的废物与生态系统消化的废物能力相适应。只有在这种情况下，才能实现经济系统与生态系统良性发展，如图2－1所示。[①] 但是在发展经济与保护生态二者的关系中，长期存在一种错误的价值观，即认为保护生态就会阻碍经济发展，经济发展势必破坏生态，二者是鱼和熊掌不可兼得的关系。在盲目追求GDP的经济发展实践中，很多地方着眼于眼前的物质利益而牺牲长远的生态价值。以2017年空气中不足2.5微米的颗粒物含量为例，中国（52.7微克/立方米）高于世界平均水平（45.5微克/立方米），高于美国（7.4微克/立方米），高于英国（10.5微克/立方米），高于法国（11.8微克/立方米），高于德国（12.0微克/立方米），高于日本（11.7微克/立方米）。高排放势必造成中国生态环境的急剧恶化。[②] 日益恶化的生态环境不仅削弱了过去发展取得的成果，还会进一步阻碍发展步伐、束缚发展空间、限制发展深度。发展经济和保护生态犹如一枚硬币的两面，二者统一于中国特色社会主义伟大事业建设之中。针对贵州脆弱的生态环境，习近平总书记在贵州调研时强调，要守住发展和生态两条底线，实现发展和生态环境保护协同推进。习近平总书记关于保护生态和发展经济二者关系的论断，有利于澄清错误理念、树立投资自然的全新发展观。投资自然，不仅可以增添绿色资本，而且可以脱贫致富。据第八次全国森林资源清查，滇桂黔三省区森林覆盖率比上一次清查增长5个百分点以上，森林面积增加4245万亩；核桃、油茶等特色经济林产业快速发展，促进了农民增收，2013年三省区林业产值达到4693亿元，其中广西3020亿元、云南1170亿元、贵州503亿元。[③]

---

① ［美］汤姆·泰坦伯格（Tom Tietenberg）．环境与自然资源经济学：第5版［M］．严旭阳，等，译．北京：经济科学出版社，2003：30.

② 国家统计局．国际统计年鉴（2019）［M］．北京：中国统计出版社，2022：12.

③ 迟诚，李巧玉．中央林业投资滇桂黔石漠化片区两年73亿元［N］．中国绿色时报，2014－05－20（002）.

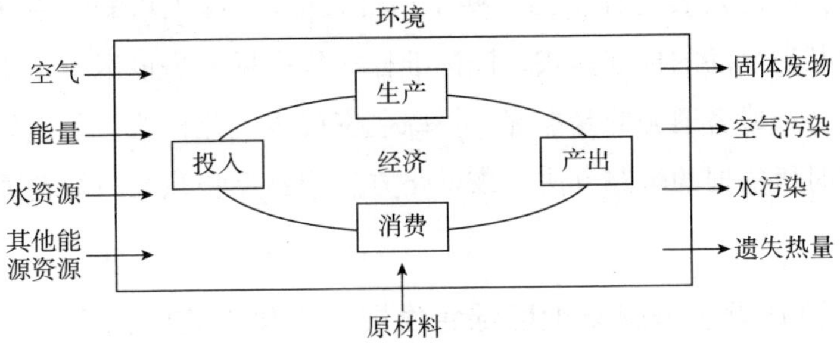


**图 2－1 经济系统与环境的关系**

### （二）绿色发展本土化的内涵

根据《现代汉语新词语词典》中的解释，本土化是指从国外引进的先进技术或产品，根据国情进行改进或改造，使之适应本国的需要。① 在学术界，本土化是指某项新生事物（新理念、新技术、新产品）要融入实践，只有与当地的实际情况相结合才能落地生根。绿色发展本土化，是指绿色发展作为一种发展理念，只有与当地的实际情况相结合，才能落地生根，并指导当地产业结构优化升级、生产发展方式更新、居民消费模式转型、生态系统良性循环等。

### （三）绿色发展本土化模式的内涵

"模式"一词，汉语拼音为 mó shì，英文为 Pattern 或 Model。根据《小学词语 9 用词典》中的解释，模式是指某种事物的标准样式或者可以照着做的标准样式。② 在学术界，模式一般是指某地区从事某项活动时的选择或者可以仿效的范本、模本。如在北京大学国际关系学院陈峰君教授关于东亚发展模式的研究中，模式被界定为某一或某些国家或地区在实行现代化道路过程中对政治、经济体制及战略等的选择。③ 福建社会科学院《亚太经济》杂志总编辑全毅研究员在东亚发展模式的研究中，将发展模式理解为以系统方式建立的一组有关发展的"程式化"事实，这组事实能够集

---

① 亢世勇，刘海润，主编．现代汉语新词语词典［M］．上海：上海辞书出版社，2009.

② 林风，主编，陈晓蓓，副主编．小学词语 9 用词典［M］．北京：语文出版社，2005.

③ 陈峰君．论东亚发展模式［J］．国际政治研究，1997（2）：1－8.

中反映所关心的发展过程中的一些本质性特征。[①] 综上可知，模式是指某地区从事某项活动的标准样式，该标准样式集中反映了该区域从事该项活动的本质特征或者遵循的基本规律。绿色发展本土化模式，是指绿色发展落地生根时所依据的思路方法，该思路方法能够反映该区域绿色发展的基本规律。

## 二、滇桂黔生态脆弱地区绿色发展本土化模式的内涵

### （一）脆弱的内涵

近年来，“脆弱”一词经常出现在生态、环境、人类、灾害等学科领域的文献中。在不同的学科领域中，脆弱具有不同的内涵。在生态、环境的文献中，脆弱主要是指某个特定的生态系统敏感性及抗击干扰的能力。这种界定反映了人类生态系统相互作用的双重特性。一旦超越生态系统临界值，系统将受到严重干扰和破坏。在人类学的文献中，脆弱是指生态环境退化超过了现有的社会经济、技术水平所能长期维持目前的人类利用和发展的能力。这种界定反映了在生态环境退化、资源枯竭的情况下，人类通过经济技术进行改革和调适的可能性，体现了生态系统通过内部输出和外界输入进行自我修复的能力。在灾害学的文献中，脆弱主要是指人类社会经济系统受到外界干扰后抵御和恢复的能力。这种界定主要反映了人类社会经济系统的稳定和抗干扰能力。综上可知，脆弱是指某种特定的生态系统及其组成部分易受到外界影响，并缺乏抗拒干扰、恢复初始状态的能力。与脆弱相近的词语有敏感、易损、不稳定。[②]

### （二）生态脆弱地区的内涵

生态脆弱地区，是指一个地区在一定条件下，容易从一种状态演变成另外一种状态，演变后很难恢复到初始状态（原始结构和功能）的区域。从这个定义可以看出，生态脆弱地区包含两层含义：第一层是生态敏感性，即生态脆弱地区的地貌、地质结构、植被等方面抗干扰能力比较差，稳定性差，敏感性强；第二层是生态恢复力，即生态脆弱地区自我恢复能

---

① 全毅．论东亚发展模式的内涵与基本特征[J]．亚太经济，2008(5):13－18.

② 商彦蕊．自然灾害综合研究的新进展——脆弱性研究[J]．地域研究与开发，2000(2):73－77.

力比较差，需要通过外界输入和内部输出两种渠道提高修复能力。外界输入主要是通过外界经济、技术等方式进行的输入，其主要目的是投资自然资本、增加绿色财富。内部输出主要是通过人口迁移、淘汰劣质产业等方式进行的输出，其主要目的是提升资源环境的承载能力、优化资源环境的修复空间。

《国务院关于印发全国主体功能区规划的通知》明确指出，我国生态脆弱地区面积广大。中度以上生态脆弱区域占全国陆地国土空间的55%，其中极度脆弱区域占9.7%，重度脆弱区域占19.8%，中度脆弱区域占25.5%。[①]

**（三）滇桂黔生态脆弱地区的内涵**

滇桂黔生态脆弱地区是指滇桂黔三省区交界处，在一定条件下，容易从一种状态演变成另外一种状态，演变后很难恢复到初始状态的区域。《国务院关于印发全国主体功能区规划的通知》明确指出，滇桂黔三省区交界处属于以岩溶环境为主的特殊生态系统，生态脆弱性极高，地表土壤一旦流失，就会出现水土流失、物种消失、生物多样性降低等生态灾难[②]，生态恢复难度极大。目前由于自然、历史、人为、经济等因素综合叠加，滇桂黔生态系统退化问题突出，植被覆盖率低，石漠化面积加大。[③] 截至2016年年底，我国岩溶地区石漠化土地总面积为1007万公顷，滇桂黔三省区石漠化面积为635.5万公顷，占岩溶地区石漠化总面积的63.1%。其中，贵州石漠化土地面积最大，为247万公顷，占石漠化土地总面积的24.5%；云南石漠化土地面积为235.2万公顷，占石漠化土地总面积的23.4%；广西石漠化土地面积为153.3万公顷，占石漠化土地总面积的15.2%。岩溶地区潜在石漠化土地总面积为1466.9万公顷，滇桂黔三省区

① 全国主体功能区规划——构建高效、协调、可持续的国土空间开发格局[EB/OL]. https://ishare.iask.sina.com.cn/f/1H2ZVScqkyJO.html.

② 刘倩. 喀斯特地貌变成花果山——中国热带农业科学院石漠化地区扶贫攻坚新模式[J]. 紫光阁, 2018(3): 15-16.

③ 全国主体功能区规划——构建高效、协调、可持续的国土空间开发格局[EB/OL]. https://ishare.iask.sina.com.cn/f/1H2ZVScqkyJO.html.

潜在石漠化面积为835万公顷，占岩溶地区潜在石漠化总面积的56.9%。①

为便于研究，本项目将“滇桂黔生态脆弱地区”与“滇桂黔石漠化片区”视为同一范畴。在本研究中，滇桂黔生态脆弱地区特指滇桂黔三省区集中连片石漠化较为集中、生态稳定性极差、生态修复极难的片区，所辖区域与滇桂黔石漠化所辖区域相同。2012年7月12日，《滇桂黔石漠化片区区域发展与扶贫攻坚规划（2011—2020年）》明确指出了滇桂黔石漠化片区规划区域范围，涉及广西壮族自治区、贵州省、云南省三省区，15个市（州），91个县（区）。其中，广西壮族自治区涉及7个市（州），35个县（区）；贵州省涉及5个市（州），44个县（区）；云南省涉及3个市（州），12个县（区），如表2-1所示。

**表2-1　滇桂黔石漠化片区规划区域范围②**

| 省（区） | 市（州） | 县（市、区） |
|---|---|---|
| 广西壮族自治区［7市，35县（区）］ | 南宁市［3县（区）］ | 隆安县、马山县、上林县 |
| | 柳州市［3县（区）］ | 融安县、融水苗族自治县、三江侗族自治县 |
| | 桂林市［2县（区）］ | 龙胜各族自治县、资源县 |
| | 百色市［12县（区）］ | 田阳区、德保县、靖西市、那坡县、凌云县、乐业县、田林县、西林县、隆林各族自治县，右江区、田东县、平果市 |
| | 河池市［10县（区）］ | 凤山县、东兰县、罗城仫佬族自治县、环江毛南族自治县、巴马瑶族自治县、都安瑶族自治县、大化瑶族自治县、金城江区、南丹县、天峨县 |
| | 来宾市［1县（区）］ | 忻城县 |
| | 崇左市［4县（区）］ | 宁明县、龙州县、大新县、天等县 |

① 中国·岩溶地区石漠化状况公报[R]. 国家林业局,2016.

② 滇桂黔石漠化片区区域发展与扶贫攻坚规划（2011—2020年）[EB/OL]. http://cn.chinagate.cn/infocus/2013-09/24/content_30114043_2.htm.

续表

| 省（区） | 市（州） | 县（市、区） |
|---|---|---|
| 贵州省［5 市（州），44 县（区）］ | 安顺市［6 县（区）］ | 西秀区、平坝区、普定县、镇宁布依族苗族自治县、关岭布依族苗族自治县、紫云苗族布依族自治县 |
| | 六盘水市［3 县（区）］ | 六枝特区、水城区、钟山区 |
| | 黔西南布依族苗族自治州［8 县（区）］ | 兴仁市、普安县、晴隆县、贞丰县、望谟县、册亨县、安龙县、兴义市 |
| | 黔东南苗族侗族自治州［16 县（区）］ | 黄平县、施秉县、三穗县、镇远县、岑巩县、天柱县、锦屏县、剑河县、台江县、黎平县、榕江县、从江县、雷山县、麻江县、丹寨县、凯里市 |
| | 黔南布依族苗族自治州［11 县（区）］ | 荔波县、贵定县、独山县、平塘县、罗甸县、长顺县、龙里县、惠水县、三都水族自治县、瓮安县、都匀市 |
| 云南省［3 市（州），12 县（区）］ | 曲靖市［2 县（区）］ | 师宗县、罗平县 |
| | 红河哈尼族彝族自治州［2 县（区）］ | 屏边苗族自治县、泸西县 |
| | 文山壮族苗族自治州［8 县（区）］ | 砚山县、西畴县、麻栗坡县、马关县、丘北县、广南县、富宁县、文山市 |

### （四）滇桂黔生态脆弱地区绿色发展本土化模式的内涵

滇桂黔生态脆弱地区绿色发展本土化模式，是指绿色发展作为一种发展理念，在与滇桂黔生态脆弱地区的实际情况相结合时形成的模式，该模式能反映滇桂黔生态脆弱地区绿色发展的内在规律，并指导滇桂黔生态脆弱地区产业结构优化升级、生产方式更新换代、居民消费模式转型、生态系统良性循环等。本书结合滇桂黔生态脆弱地区的生态系统内在机理和绿色发展本土化的发展规律，构建了滇桂黔生态脆弱地区绿色发展本土化模式，即增加石山生态资本，造林育林护林绿色发展模式；调整农业生产结构，特色循环生态农业发展模式；改革农业供给侧，“龙头企业＋合作社＋农户”的农产品深加工模式；利用喀斯特地貌，生态优势转化为经济优势的生态旅游模式；利用石漠化综合治理生态工程，探索石漠化综合治理与扶贫开发同向同行协同发展模式。这五种模式的共同点为“一主线、二协同、三导向、四维度、五举措”。其中，“一主线”是指滇桂黔生态脆弱地区以生态优先，投资自然，加大生态保护和修复力度，采用“生态+”，使“绿水青山”变成“金山银山”。“二协同”是指自然规律与人类社会发展规律相协调、保护生态环境与发展经济相促进。“三导向”是指以生产发展、生活富裕、生态良好为导向。“四维度”是指公平维度、效率维度、平等维度、质量维度。公平维度是指发达国家与发展中国家的公平、人与人之间的代际公平。效率维度是指资源的高效率利用。平等维度是指人与自然的和谐共生，而非人过分地开发和利用自然。质量维度是指经济发展方式的转变、经济结构的优化、经济动能的转化、经济发展水平的提高、人民宜居环境的改善。“五举措”是指更新理念、制度保障、政策扶持、机制约束、技术推动。其中，更新理念包括：更新滇桂黔生态脆弱地区发展观，树立内涵集约型发展观；更新滇桂黔生态脆弱地区政绩观，树立保护生态环境就是保护生产力政绩观；更新滇桂黔生态脆弱地区财富观，树立“绿水青山就是金山银山”的财富观。制度保障包括健全滇桂黔生态脆弱地区绿色发展法律制度、健全滇桂黔生态脆弱地区绿色发展规章制度。政策扶持包括完善滇桂黔生态脆弱地区绿色发展投资政策、完善滇桂黔生态脆弱地区绿色发展产业政策、完善滇桂黔生态脆弱地区绿色发展财政政策、完善滇桂黔生态脆弱地区绿色发展税收政策、完善滇桂黔生态脆弱地区绿色发展金融政策、完善滇桂黔生态脆弱地区绿色发展土地政策、完善滇桂黔生态脆弱地区绿色发展人才政策。机制约束包括完善滇桂黔生态脆弱地区绿色发展协调机制、完善滇桂黔生态脆弱地区绿色发展评价机制、完善滇桂黔生态脆弱地区绿色发展奖惩机制、完善滇桂黔生态脆弱地区绿色发展监督机制。技术推动包括形成滇桂黔生态脆弱地区绿色生产方式、形成滇桂黔生态脆弱地区绿色分配方式、形成滇桂黔生态脆弱地区绿色交换方式、形成滇桂黔生态脆弱地区绿色消费方式。

## 第二节 滇桂黔生态脆弱地区绿色发展本土化模式研究的理论基础

绿色发展，不是无源之水、无本之木，而是有其产生的时代背景、理论渊源、实践土壤。从理论渊源视角来看，绿色发展新理念在滇桂黔生态脆弱地区落地生根的理论基础有马克思生态文明理论、中国古代生态智慧、少数民族质朴生态理念、习近平生态文明思想、生态足迹理论、生态经济理论、可持续发展理论、循环经济理论等。

### 一、马克思生态文明理论

首先，以经济利益为主导的资本主义制度造成了严重的生态问题。马克思、恩格斯通过研究资本主义生产方式，揭示出资本主义生产的最终目的不是满足工人的需要，而是通过无偿占有工人的剩余劳动获得更多的剩余价值。长期以来，以经济利益为主导的资本主义制度为追逐剩余价值，不惜以牺牲生态环境为代价。马克思指出："资本主义农业的任何进步，都不仅是掠夺劳动者的技巧的进步，而且是掠夺土地的技巧的进步，在一定时期内提高土地肥力的任何进步，同时也是破坏土地肥力持久源泉的进步。"① 随着资本主义经济的发展，资本主义对生态环境的破坏也越严重。恩格斯通过实地考察工人生活境况，在《英国工人阶级状况》一文中揭露了资本主义工业发展带来的空气污染、水污染以及由此污染引发的疾病问题，并明确指出"我们已经看到，一切能污染空气的东西都聚集在那里"②。其通过鲜活案例印证了一个事实："到目前为止的一切生产方式，都仅仅以取得劳动的最近的、最直接的效益为目的。那些只是在晚些时候才显现出来的、通过逐渐的重复和积累才产生效益的较远的结果，则完全

---

① 中共中央马克思恩格斯列宁斯大林著作编译局，编译．马克思恩格斯文集：第五卷［M］．北京：人民出版社，2009：579－580.

② 中共中央马克思恩格斯列宁斯大林著作编译局，编译．马克思恩格斯文集：第一卷［M］．北京：人民出版社，2009：410.

被忽视了。”① 为此，解决生态问题需要从根本上变革资本主义制度。恩格斯指出，人类去支配和调节人类生产活动对自然间接的、比较远的社会影响，除了意识到调节这种影响的重要性，还“需要对我们的直到目前为止的生产方式，以及同这种生产方式一起对我们的现今的整个社会制度实行完全的变革”②。其次，坚持尊重自然的“绿色发展”理念。马克思、恩格斯虽然没有明确提出“绿色发展”这一概念，但在他们关于人与自然、经济与社会之间关系的论述中已蕴含着绿色发展的思想火花。

**（一）从人与自然的关系论述“绿色发展”新理念**

人来源于自然，并与自然保持着密切的能量流、信息流、物质流的交换。一方面，自然界为人提供生产资料；另一方面，自然界为人提供生活资料。当然，人在依赖自然的同时，可以在发挥主观能动性的基础上改造自然，给“自然界打上自己的印记”。在资本主义社会，人不断向自然索取，企图征服自然，在无休止欲望的驱使下，人使自然走向极端，也给自己带来惨痛的教训。恩格斯告诫我们，“我们连同我们的肉、血和头脑都是属于自然界和存在于自然界之中的”，③ 对于自然界的每一次破坏，自然界最终都会报复我们。人必须尊重自然、善待自然，按照自然规律办事。

**（二）从经济与社会的关系论述“绿色发展”新理念**

资本主义为获得更多的剩余价值，不会局限于简单再生产，而是热衷于扩大再生产。生产规模的不断扩大，需要大量的土地资源、自然资源、原材料以及其他的资源。而这些资源中有些资源是非再生性的资源，有些资源会造成严重的生态危机问题。为提高资源利用效率，资本家会想办法更新技术，改善经营管理，这从客观上促进了资源节约、环境保护和“变废为宝”。

总之，马克思生态文明理论要求人们一定要尊重自然、善待自然，在

---

① 中共中央马克思恩格斯列宁斯大林著作编译局，编译．马克思恩格斯文集：第九卷[M]．北京：人民出版社，2009：562.

② 中共中央马克思恩格斯列宁斯大林著作编译局，编译．马克思恩格斯文集：第九卷[M]．北京：人民出版社，2009：561.

③ 中共中央马克思恩格斯列宁斯大林著作编译局，编译．马克思恩格斯文集：第九卷[M]．北京：人民出版社，2009：560.

合理利用自然资源的基础上促进经济发展。滇桂黔生态脆弱地区绿色发展新理念不仅强调节约自然、保护环境，而且强调在构筑生态效益的基础上追求生态、经济、社会三大效益的协调统一。从某种程度上，滇桂黔生态脆弱地区绿色发展新理念不仅继承了马克思恩格斯的人与自然、经济与社会和谐相处的自然观，而且丰富和发展了马克思恩格斯的绿色发展思想。在追求满足人民群众日益增长美好生活需要的社会主义制度下，滇桂黔生态脆弱地区绿色发展新理念不仅能满足人民日益增长的政治生活、物质生活、精神生活、社会生活的需要，而且能不断增加天更蓝、地更绿、山更青、水更秀等生态产品的供给量。

## 二、中国古代生态智慧

中华民族在五千多年不间断的发展历程中，创造了璀璨的优秀传统文化。这些优秀传统文化中蕴含着丰富的生态智慧，如《道德经》中“人法地，地法天，天法道，道法自然”的人与自然和谐共生理念；《天论》中“天行有常，不为尧存，不为桀亡”的尊重自然、按自然规律办事的谆谆告诫；“劝君莫食三月鲫，万千鱼仔在腹中”的尊重生命经典语句；“天育物有时，地生财有限”的节约资源、保护环境名言警句；“观乎天文，以察时变；观乎人文，以化成天下”的尊重自然、热爱自然经世名言。这些质朴的自然观、睿智的生态思想，至今依然给人以警示和启迪。滇桂黔生态脆弱地区绿色发展要求在发展中尊重自然规律，按自然规律办事，树立人与自然和谐共生理念，这体现了对中国古代生态思想的继承和发展。

## 三、少数民族质朴生态理念

滇桂黔生态脆弱地区是少数民族人口最多的片区之一，该地区世居民族有壮族、苗族、仫佬族、仡佬族、布依族、瑶族、侗族等。这些民族在长期的生产生活中，形成了一系列人与自然和谐共生的理念和习俗。壮族奉行“大地万物各有其道、相生相克和相互依存的生态观念”[①]，秉持“砍伐要舍近求远、实行轮伐”“结婚等喜事时要植树”等生活习俗。瑶族秉

① 覃彩銮．试论壮族文化的自然生态环境[J]．学术论坛，1999(6)：115－119.

持“万树千棕，一世不穷”的“种树还山”理念，奉行“靠山吃山要养山，桐茶杉树满山岗。山清水秀人添寿，幸福生活似水长”[①]的生活理念。侗族十分重视造林生产，“家栽万株杉，生活永不差”“户有千株桐，日子不会穷”“山上栽满树，等于小金库”[②]等谚语充分表明了种树与家庭兴旺的关系。这些观念、习俗、谚语等是少数民族先民在长期的生产生活实践中形成的，体现了人与自然和谐相处，人类要尊重自然资源、开发要适度、保持自然生态系统平衡等人与自然生命共同体思想。滇桂黔生态脆弱地区少数民族优秀的生态文化是中华民族优秀生态文化的一部分，其在滇桂黔生态脆弱地区贯彻落实绿色发展新理念中起到文化支撑、价值引领、思想凝聚的作用，故需要挖掘、提炼、继承与弘扬。

## 四、习近平生态文明思想

### （一）习近平生态文明思想的形成脉络

习近平生态文明思想来源于习近平总书记长期生产生活、政治工作的伟大实践。随着社会生产力的飞速发展和社会存在的深刻变革，习近平总书记关于人与自然、经济发展与环境保护之间关系的认识逐步深化。可以说，习近平生态文明思想的形成不是一蹴而就、一朝一夕的，而是经历了萌芽、形成、成熟、发展四个阶段。

萌芽阶段，兴办沼气池。在插队时，习近平同志看到那里的生态环境曾因过度开发而受到严重破坏，老百姓生活也陷于贫困。从那时起，习近平同志就认识到，人与自然是生命共同体，对自然的伤害最终会伤及人类自己。为改善生态环境，习近平同志就带领乡亲们，打坝造田，利用秸秆和畜禽粪便建成了陕西第一口沼气池。

形成阶段，严防污染，重视生态建设。在河北正定工作时，习近平同志强调“宁肯不要钱，也不要污染，严格防止污染搬家、污染下乡”。在宁德工作时，习近平同志鼓励地方开创“绿色工程”。在任福建省省长

---

① 胡德才，苏胜兴．大瑶山风情［M］．南宁：广西民族出版社，1990：48.

② 转引自石开忠．明清至民国时期清水江流域林业开发及对当地佩侗族、苗族社会的影响［J］．民族研究，1996（4）：99－104.

时，习近平同志提出建设生态省的战略构想。

成熟阶段，提出“两山”理论。在浙江工作时，习近平同志提出了“绿水青山就是金山银山”。

发展阶段，从顶层设计推动生态文明建设。党的十八大以来，我们党关于生态文明建设的思想不断丰富、完善和发展。在“五位一体”总体布局中生态文明建设是其中一位，在新时代坚持和发展中国特色社会主义基本方略中坚持人与自然和谐共生是其中一条基本方略，在新发展理念中绿色是其中一大理念，在三大攻坚战中污染防治是其中一大攻坚战。这“四个一”体现了党对建设生态文明的部署和要求。

### （二）习近平生态文明思想的深邃内涵

习近平生态文明思想是习近平新时代中国特色社会主义思想的重要组成部分，具有丰富的内涵，体现在生态兴则文明兴、人与自然和谐共生、绿水青山就是金山银山、良好的生态环境是最普惠的民生福祉、山水林田湖草是生命共同体、共谋全球生态文明建设等方面。

### （三）习近平生态文明思想的现实土壤

#### 1. 反思传统杀鸡取卵的发展方式，顺应历史发展趋势

以机器大工业为主的工业文明，创造了超过过去一切时代所创造的全部物质财富的总和，也产生了难以弥补的生态创伤。世界自然基金会（WWF）发布的《地球生命力报告2018》显示，目前的物种减绝速度比以往速度高至100倍至1000倍。[①] 人类征服自然、战胜自然的行为方式是生物多样性消失的最大威胁。习近平总书记指出：“现在植被稀少的黄土高原、渭河流域、太行山脉也曾是森林遍布、山清水秀，地宜耕植、水草便畜……楼兰古城因屯垦开荒、盲目灌溉，导致孔雀河改道而衰落。”[②] 正如习近平总书记指出的：杀鸡取卵、竭泽而渔的发展方式走到了尽头，顺应

---

① 地球生命力报告2018[EB/OL]. http://www.360doc.com/content/21/0712/15/76189814_986229853.shtml。

② 习近平．在省部级主要领导干部学习贯彻党的十八届五中全会精神专题研讨班上的讲话[N]. 人民日报，2016－05－10（002）.

自然、保护生态的绿色发展昭示着未来。① 为此，人类需要尊重客观规律，我们要构筑尊崇自然、绿色发展的生态体系。②

2. 澄清错误观念，树立科学理念

在发展经济与保护生态二者的关系中，长期存在一种错误的价值观，即认为保护生态就会阻碍经济发展，经济发展势必破坏生态，二者是鱼和熊掌不可兼得的关系。在“唯 GDP”的经济发展实践中，有些地方着眼于眼前的物质利益而牺牲长远的生态价值。日益恶化的生态环境不仅削弱了过去发展取得的成果，还会进一步阻碍发展步伐、束缚发展空间、限制发展深度。保护生态环境就是保护生产力，改善生态环境就是改善生产力。

**（四）习近平生态文明思想落地生根的必要条件**

1. 习近平生态文明思想本身丰富发展的理论诉求

马克思指出：批判的武器当然不能代替武器的批判，物质力量只能用物质力量来摧毁，但是理论一经掌握群众，也会变成物质力量。③ 习近平生态文明思想作为一种文明观，迫切需要掌握人民群众，才会变成强大的物质力量。

2. 建设美丽中国的题中之义

党的十九大报告明确提出，坚持人与自然和谐共生，建设美丽中国，为世界生态安全做出杰出贡献。中国是一个缺林少绿、生态脆弱比较严重的国家。2019 年，中国森林覆盖率只有 23%，占世界森林覆盖率平均水平的 3/4。中国人均森林面积仅有 0.15 公顷，中国人均森林蓄积量仅有 12.54 立方米。④ 生态产品短缺，迫切需要走投资自然、增加绿色财富的绿色发展之路。通过退耕还林、退耕还草、退耕还湖、植树造林等渠道，将秃山变绿山、将石漠变绿洲、将陡坡变果园。

3. 全面建成小康社会的必由之路

小康全面不全面，生态环境的质量很关键。绿水青山既是自然财富、

① 习近平．共谋绿色生活，共建美丽家园[N]．人民日报，2019－04－29(002)．

② 习近平．习近平在联合国成立 70 周年系列峰会上的讲话[M]．北京：人民出版社，2015：18．

③ 中共中央马克思恩格斯列宁斯大林著作编译局，编译．马克思恩格斯选集：第一卷[M]．北京：人民出版社，2012：9．

④ 国家统计局．中国统计年鉴(2020)[M]．北京：中国统计出版社，2020：251．

生态财富，又是社会财富、经济财富。湖州德清县在习近平“绿水青山就是金山银山”理论的指导下，由一个荒无人烟的贫困地区变成一个环境优美、国外投资接连不断的地方。习近平生态文明思想也为滇桂黔生态脆弱地区早日摆脱贫困、改善脆弱生态环境、增加绿色财富、扩大生存空间、夯实可持续发展自然物质基础、与全国同步进入全面小康社会提供了理论指导。

**（五）习近平生态文明思想落地生根的践行举措**

第一，转方式，使经济发展方式由规模速度型粗放增长向质量效率型集约增长转化。

习近平总书记指出：生态环境问题归根结底是经济发展方式问题。① 粗放外延型增长方式会带来严重的生态环境问题，已经不适合中国国情，迫切需要转向依靠科技进步、劳动者技能提高、管理理念先进的集约内涵型增长方式。例如，可以在百色杧果园套种花生、大豆、药材、西瓜等，实现每亩平均新增产值约1000元，每亩新增利润约520元；也可以在百色杧果园养鸭发展林下经济，实现鸭肉鲜嫩、鸭蛋饱满，杧果个大、口感舒爽。

第二，调结构，使经济结构由增量扩能向调整存量、做优增量转化。

随着中国经济的飞速发展，人民生活水平由温饱不足进入全面小康，资源型产品供过于求，生态型产品供不应求。以满足人民日益增长的美好生活需要为导向，以生态优先、绿色发展为切入点，推进供给侧结构性调整，做大做强做优高端生态型产品。

第三，换动能，使经济发展动力由要素驱动、投资驱动、消费驱动、出口驱动向创新驱动、供给驱动转化。

我国经济已由高速增长阶段转向高质量发展阶段，投资、消费、出口“三驾马车”已经不适应中国经济发展，需要以创新为先导，以有效供给为着力点，依托人工智能、大数据、5G 等新技术，推动中国经济动能

① 中共中央文献研究室．习近平关于社会主义生态文明建设论述摘编[M]．北京：中央文献出版社，2017：26.

转化。

第四，大国范，使生态文明由“一花独放”向“百花齐放”转化。

“一花独放不是春，万紫千红春满园。”中国在牢固树立“绿水青山就是金山银山”理念，努力打造青山常在、绿水长流、空气常新美丽中国的同时，又同世界各国一道，努力呵护全人类共同的地球家园，给那些寻求天更蓝、山更绿、水更清的国家提供资金支持、技术指导、方案咨询。

## 五、生态足迹理论

生态足迹（ecological footprint），又称“生态占用”，是指既定人口和经济条件下，维持资源消费和吸收废弃物所需的生物生产型土地面积。该理论由加拿大教授里斯（Willian E. Rees）于1992年提出，由其博士生Wackernagel于1996年进一步发展完善，由徐中民、杨开忠、张志强等引入国内。

该理论的基本思想是将人类消费需要的自然资产的“利息”（生态足迹）与自然资产产生的“利息”（生态承载力）转化为可以共同比较的土地面积，可将二者的比较用于判定人类对自然资产的利用是否过度，以及过度的程度。① 该理论通过引入生态生产性土地面积、等价因子、生产力系数等概念，使得不同区域、不同类型的生态生产性土地可以进行横向、纵向比较。由此可知，生态足迹理论是一种用于定量评价和测量人类活动对自然是否过度利用的重要理论。滇桂黔生态脆弱地区绿色发展的落地生根需要定量评价和测量长期在滇桂黔生态脆弱地区生产生活的居民消费需要的自然资产的“利息”与自然资产产生的“利息”之间的比例是否协同，该区域居民活动程度是否超越了自然承载的程度。从某种意义上说，生态足迹理论为滇桂黔生态脆弱地区绿色发展的落地生根提供了理论依据，滇桂黔生态脆弱地区定量测评的理论化成果有利于进一步丰富和发展生态足迹理论。

---

① 徐中民，程国栋，张志强．生态足迹方法的理论解析[J]．中国人口·资源与环境，2006(6)：69－78.

## 六、生态经济理论

“生态经济学”是由美国经济学家保尔丁（Boulding）于1968年提出的。它认为经济和生态是一个不可分割的整体，在生态遭到破坏的世界里，不可能有福利和财富的增加。其特点是把生态学和经济学结合起来，强调经济与生态的协调发展。在某种程度上，生态经济学丰富和发展了经济学。

生态经济理论最基本的理论是生态经济价值理论。生态经济价值理论认为，在现代经济社会条件下，现代生态经济系统中的自然资源和自然环境不仅具有使用价值，而且具有生态价值。使用价值与生态价值的协调统一，就是生态经济价值。社会物质资料生产的经济效益和生态效益相统一的生态经济效益，是生态经济学最基本的理论范畴。

滇桂黔生态脆弱地区绿色发展要求在经济发展中，不仅追求经济效益、生态效益，而且追求二者的协调统一。因此，生态经济理论强调在物质资料生产中追求生态效益、经济效益、社会效益相统一的理念，为滇桂黔生态脆弱地区的绿色发展提供了理论支撑。

## 七、可持续发展理论

可持续发展（sustainable development）这一新概念是挪威前首相布伦特兰夫人首次提出的。她认为：“所谓可持续发展，就是既满足当代人的需求，又不对后代人满足其自身需求的能力构成危害的发展。”① 可持续发展包括两层含义：一是实现当代人的发展和保障后代人的发展；二是处理好人的发展和自然的关系，力求实现自然和人的和谐相处。

滇桂黔生态脆弱地区绿色发展要求人们在物质资料生产中，尽可能地减轻对自然资源与生态环境的破坏，争取实现人口、资源、环境诸因素的协调发展。而可持续发展理论强调在发展中保护环境，追求自然、经济、社会可持续发展的理念为滇桂黔生态脆弱地区的绿色发展提供了理论依据。

## 八、循环经济理论

“循环经济”（recycleeconomy）一词，是由美国经济学家K. 波尔丁于20

① 严力蛟. 中国绿色发展[M]. 北京:气象出版社,2003:34.

世纪60年代提出的。它是一种以资源的高效利用和循环使用为核心，以“减量、再用、循环”为行为准则，以“低消耗、低排放、高利用”为基本特征，符合可持续发展理念的经济发展模式。循环经济的实际操作原则可归纳为“3R”：减量化（Reduce）、再使用（Reuse）、再循环（Recycle）。

滇桂黔生态脆弱地区绿色发展要求在生产生活中不产生或产生很少的废弃物，追求物质的循环利用和能量的多级利用。因此，循环经济理论强调在生产和消费过程中，遵循生物链规律，力争不产生或仅产生很少废弃物的理念，为滇桂黔生态脆弱地区的绿色发展提供了理论依据。

## 第三节　滇桂黔生态脆弱地区绿色发展本土化模式研究的实践借鉴

从经验借鉴视角来看，绿色发展新理念在滇桂黔生态脆弱地区落地生根的实践借鉴有两方面：一方面是以色列、美国、德国等国外生态脆弱地区绿色发展本土化模式的经验借鉴，另一方面是宁夏六盘山集中连片特困地区、鄂尔多斯等国内生态脆弱地区绿色发展本土化模式的经验借鉴。

### 一、国内外生态脆弱地区绿色发展本土化模式的实践经验

#### （一）国外生态脆弱地区绿色发展本土化模式的实践经验

1. 以色列政府主导，科技先行的绿色发展模式

（1）政府主导，重视发展绿色产业

以色列政府高度重视绿色发展，从顶层设计推动“绿色变革”，以“绿色国会”项目为切入点，推动以色列国会转变为一个以可持续发展作为行动准则的国会。以色列国会秘书长 Ronen Plot 指出：“可持续发展是一种多样的、跨学科的方法，可以从环保、社会与经济的角度检验我们生活的方方面面。”① 为了确保“绿色国会”项目落实落细，以色列从普及绿色发展理念、培养绿色发展技术人员、发展绿色产业等方面进行了精准化部

① 李晓西，朱兆一，荣婷婷．以色列“绿色国会”项目考察及其他[J]．全球化，2015(6)：104－112，133.

署，并且从节水、节气、节电、开发新能源等方面提出了精细化要求。

（2）科技先行，提高资源利用效率

第一，利用“滴灌技术”，提高水土资源利用效率。水土资源高效利用的“滴灌技术”，不仅节约了水资源，提高了土地利用效率，而且大大提高了以色列农业生产绩效。从自然资源禀赋来看，以色列不仅耕地少，而且降水量少，年均降水量300毫米。淡水资源缺乏的问题极为突出，对农业生产也极为不利。在这种条件下，以色列发明了“滴灌技术”。它不仅节水，而且肥料和农药可同时随滴灌水施入根系，省肥省药。“滴灌技术”的采用，使作物产量成倍增长，创造了2%的农业从业人员、提供了全国95%的所需食物的奇迹。

第二，利用“绿色建筑”，推动消费方式绿色化。绿色建筑是指以人、建筑和自然环境的协调发展为目标，遵循生态原理和自然规律，在利用天然条件和人工手段创造良好、健康、宜居环境的同时，最大限度地节约资源，保护环境和减少污染。绿色建筑的特点是保护环境、高效利用资源、人与自然和谐相处的宜居环境。以色列高度重视绿色建筑，并通过长期不懈的努力将绿色建筑由宏伟蓝图变成庄严现实。由沙姆博士设计、建造和完善的绿色建筑，最大范围地使用自然光、自然风，实现了绿色生活、生态小农业和节能高效的有机结合。① 绿色建筑的发展不仅有利于推动绿色产业的发展，而且有利于带动人们消费理念、消费行为、消费方式的“绿色化”转变。

2. 美国政府变危为机，实施绿色新政的绿色发展模式

（1）危机中育新机，寻求经济发展突破口

第一，金融危机后，美国经济萧条。2008年由美国引发的金融风暴席卷全球，切断了世界经济产业链，给世界经济以及其他各个国家经济带来严重冲击。从美国自身经济发展视角来看，2008年以来美国国内生产总值增长率均低于2000年美国国内生产总值增长率、2005年美国国内生产总值增长率。与世界上其他国家与地区相比，美国国内生产总值增长率低于

---

① 李晓西，朱兆一，荣婷婷．以色列“绿色国会”项目考察及其他[J]．全球化，2015(6)：104-112，133.

世界国内生产总值增长率平均值、中国国内生产总值增长率，如表2-2所示。第二，振兴经济，制订计划。为了挽救在金融危机中日益衰退的美国经济，奥巴马政府制订了经济复苏计划。① 奥巴马经济复苏计划的内容包括政府节能、启动50多年来国内最大规模基础设施建设、开展史上最大规模学校硬件升级活动、改进医疗状况和普及宽带网。从奥巴马经济复苏计划的内容可以看出，奥巴马不仅想解决眼下的经济危机困境问题，更重要的是想在危机中寻找新机，在变局中开新局。

**表2-2　国内生产总值增长率比较**　(%)

| 年份 | 世界 | 中国 | 美国 |
|---|---|---|---|
| 2000 | 4.4 | 8.5 | 4.1 |
| 2005 | 3.9 | 11.4 | 10.6 |
| 2010 | 4.3 | 10.6 | 6.9 |
| 2015 | 2.9 | 6.9 | 2.9 |
| 2017 | 3.2 | 6.8 | 2.2 |
| 2018 | 3.0 | 6.6 | 2.9 |

资料来源：国家统计局．国际统计年鉴（2019）［M］．北京：中国统计出版社，2020：32-35.

（2）节能增效，鼓励使用节能汽车和节能灯

第一，税收优惠，实行税收抵免而非上调汽油税。在节能汽车方面，对购买节能汽车实行税收抵免而非上调汽油税。第二，更换灯泡，制定节能标准。目前的荧光灯和白炽灯的耗电量分别占了照明用电总量的37%和7%。新的节能标准在2012—2042年将会带来实质性的收益：每年最高可以为消费者节省40亿美元的照明用电开支，节省下的能源足以供每个美国家庭使用10个月之久，减少的用电量需求相当于14家火电厂的发电总量。②

（3）开发新能源，大力发展清洁能源产业

第一，制定目标，大力发展可再生清洁能源。奥巴马政府计划在未来

---

① 中国国际经济交流中心课题组．中国实施绿色发展的公共政策研究[M]．北京：中国经济出版社，2013：127.

② 资料来源：美国推广照明节能　白宫先换灯泡[EB/OL]. http://www.21ic.com/news/opto/200907/486828.htm。

三年内将太阳能、风能和地热能等可再生能源产量增加1倍，使其占美国电力比例由目前的8%提高到2012年的10%，到2025年进一步提高到25%。[①] 清洁能源产业的发展不仅有利于增加就业岗位、提高美国经济竞争力，而且有利于节约能源资源、保护生态环境。第二，发掘能效，重视能效对经济社会发展的作用。美国还注重发掘能效对社会经济发展的多重贡献，认为能效是最清洁、最廉价、最易获得的“第一能源”，强调把能效作为优先资源纳入国家和地区能源发展规划。[②] 第三，资金保障，提供绿色资金支持。今后十年，每年向可再生能源、清洁煤技术、二氧化碳回收储藏技术、环保车等低碳技术、绿色能源领域投资150亿美元。

(4) 积极应对气候变化，实施温室气体排放总量管制与排放权交易制度

第一，遏制气候变暖，减少温室气体的排放量。温室气体减排以2005年为基准，到2020年使温室气体排放量削减17%，到2050年削减83%。第二，建立一个以市场为基础的总量管制和排放交易体系，实行“限制排量与贸易许可”计划。从2012年起的十年中将碳总量通过拍卖等方式分配所产生的1.5亿美元的收益用于鼓励低碳技术创新。[③]

3. 德国治理污染，实施生态现代化战略的绿色发展模式

联邦德国是最早提出与实践“生态现代化”理念的西方工业化国家。早在1982年，柏林自由大学环境政策研究中心的马丁·耶内克教授首次使用了“生态现代化”这一概念。[④] 随后，“生态现代化”走出柏林，走向整个德国，并且被政党所接受。

第一，发动群众，治理污染。20世纪50年代到80年代，德国湖泊河

---

① 中国国际经济交流中心课题组．中国实施绿色发展的公共政策研究[M]．北京：中国经济出版社，2013：129.

② 谢艳丽，王北星．国际先进节能管理经验的启示与借鉴[J]．石油石化绿色低碳，2017(5)：1－3，13.

③ 蓝虹．奥巴马政府绿色经济新政及其启示[J]．中国地质大学学报(社会科学版)，2012(1)：13－18，138.

④ 郁庆治．国际比较视野下的绿色发展[J]．江西社会科学，2012(8)：5－11.

流污染严重，博登湖等出现富营养化问题，水中磷的含量严重超标。① 如果居民家庭承包一段河流的清理与保护工作，可以享受收入的减免税政策。②

第二，制定目标，降能减排增效。在降能、减排、增效等方面，德国提出了2020年碳排放量较1990年减少40%的减排承诺，2025年可再生能源发电量需占总用电量的40%～45%，2035年可再生能源目标进一步提高到55%～60%。③

第三，建立能效小组，降低二氧化碳排放量。德国计划到2020年，建立700个能效网络小组，以期减排二氧化碳1000万吨。④

第四，优化能源结构，大力发展可再生能源。德国是一个资源匮乏的国家，能源严重依赖进口。为了改变能源结构，德国大力发展可再生能源，绿电、生物燃料等可再生能源得到广泛应用。1995年，可再生能源占一次能源总消费的比重仅为1.9%；到2008年，可再生能源占一次能源总消费的比重提高到8.1%。德国环境部的“能源路线图”中，要求德国的能源需求在2020年30%由可再生能源提供。⑤

### （二）国内生态脆弱地区绿色发展本土化模式的经验借鉴

#### 1. 宁夏六盘山集中连片特困地区实施生态重建和发展生态经济并举的绿色发展模式

（1）宁夏六盘山集中连片特困地区生态脆弱，一方水土养不起一方人

宁夏六盘山集中连片特困地区是中国14个集中连片特困区域之一，该区面临贫困导致环境退化，环境退化进一步加剧贫困的恶性循环怪圈。⑥ 2012年，宁夏六盘山集中连片特困地区面积2.48万平方千米，占宁夏国

---

① 陈炳才．借鉴国外经验　推动绿色发展[N]．中国环境报，2018－06－28(003)．

② 庞玉萍，韩明明．国际经验对秦巴山地区绿色发展政策的启示[J]．创新科技，2017(1)：21－25．

③④ 谢艳丽，王北星．国际先进节能管理经验的启示与借鉴[J]．石油石化绿色低碳，2017(5)：1－3，13．

⑤ 朱光明，卢晨阳，李毅．生态文明建设中外经验研究（国际篇）[M]．北京：中国人口出版社，2014：207．

⑥ 李惠梅，张安录．生态环境保护与福祉[J]．生态学报，2013(3)：825－833．

土总面积的38.8%。宁夏六盘山片区总人口为262.7万，占宁夏总人口的41.5%；片区乡村常住人口为170.8万，占宁夏乡村常住人口的52.1%。[①]通过这些数据可以计算出：宁夏国土总面积为6.39万平方千米，宁夏总人口为633.0万，宁夏乡村常住人口为327.8万。根据这些数据可以算出：宁夏六盘山集中连片特困地区总人口密度为105.9人/平方千米，占宁夏总人口密度99.1人/平方千米的106.9%；宁夏六盘山集中连片特困地区乡村常住人口密度为68.9人/平方千米，占宁夏乡村常住人口密度51.3人/平方千米的134.3%，如表2－3所示。通过这些数据可以看出，宁夏六盘山集中连片特困地区总人口密度和乡村常住人口密度远远超过了宁夏的总人口密度和乡村常住人口密度，出现了一方水土养不起一方人的情况，这严重影响了宁夏六盘山集中连片特困地区的增收和脱贫。2012年，宁夏六盘山集中连片特困地区的人均地区生产总值只占宁夏的29.8%，只占全国的27.8%。该地区财政收入微薄，财政自给率仅为7.6%，是全国最为贫困地区之一。[②]

**表2－3 宁夏六盘山集中连片特困地区人口密度**

| | 面积/万平方千米 | 总人口/万人 | 乡村常住人口/万人 | 总人口密度（人/平方千米） | 乡村常住人口密度（人/平方千米） |
|---|---|---|---|---|---|
| 六盘山片区 | 2.48 | 262.7 | 170.8 | 105.9 | 68.9 |
| 宁夏 | 6.39 | 633.0 | 327.8 | 99.1 | 51.3 |
| 六盘山占宁夏的比重/% | 38.8 | 41.5 | 52.1 | 106.9 | 134.3 |

资料来源：王国庆，杨玉锋．宁夏六盘山集中连片特困地区绿色发展路径研究[J]．农业科学研究，2014（4）：67－70.

（2）宁夏六盘山集中连片特困地区实施生态移民、生态恢复重建等工程

宁夏回族自治区党委、政府十分重视片区生态安全，根据当地实际情况，实施了生态移民、生态重建等工程。一方面，实施有组织、有计划的

①② 王国庆，杨玉锋．宁夏六盘山集中连片特困地区绿色发展路径研究[J]．农业科学研究，2014(4)：67－70.

生态移民。早在20世纪80年代，宁夏就开始实施生态移民工程。历次的移民工程有：1983—1999年吊庄移民、1997—2002年扶贫扬黄灌溉工程移民、2001—2008年易地扶贫搬迁移民、2008—2011年中部干旱带县内移民、2011—2015年“十二五”生态移民，累计搬迁移民113万人左右，迁出区生态恢复达1272.1万亩。① 另一方面，实施生态恢复重建工程。首先，对迁入区进行生态建设，内容包括村庄绿化、道路护路林、景观林园设施建设，以及农田防护林网建设等。截至2015年6月底，迁入区绿化造林覆盖面积达到3.9万亩，完成批复任务110%。② 其次，对迁出地进行生态环境恢复建设。迁出区的生态恢复建设实施以封为主，针对退耕土地每亩补助150元，实施封山育林工程。③ 通过实施“三北”防护林、天然林保护、退牧还草、退耕还林、小流域综合治理等生态建设项目，截至2014年年底，迁出区植被覆盖率为31%，森林覆盖率平均为12.9%。④ 截至2015年6月底，迁出区实施生态恢复面积累计达到172.3万亩，完成批复任务的57%。⑤

（3）宁夏六盘山集中连片特困地区立足地方特色，发展生态经济

为了使移民能够迁得出、留得住、能致富，宁夏六盘山集中连片特困地区立足当地实际情况，大力发展规模化和集约化的特色种植业、养殖业、设施农业、旅游业等产业。第一，调整农业结构，发展特色农业。同心、隆德、海源等地积极发展奶牛养殖、现代设施农业、枸杞、花卉、中药材、马铃薯、酿酒葡萄等特色产业，增加了移民的收入。同心县2013年仅枸杞采摘一项就使移民村人均增收2000元。⑥ 第二，实施森林生态效益补偿金制度，大力发展林下经济。2004年，宁夏开始实施森林生态效益补偿金制度。宁夏六盘山片区是宁夏森林生态效益补偿金制度的主要区域，生态公益林补偿面积占整个宁夏的70%左右。⑦ 积极发展经济林、碳汇林

---

① 王全祥，杨进波．宁夏生态移民发展研究[M]．银川：阳光出版社，2015：前言．

②③ 王全祥，杨进波．宁夏生态移民发展研究[M]．银川：阳光出版社，2015：45.

④ 王全祥，杨进波．宁夏生态移民发展研究[M]．银川：阳光出版社，2015：46.

⑤ 王全祥，杨进波．宁夏生态移民发展研究[M]．银川：阳光出版社，2015：45.

⑥ 王全祥，杨进波．宁夏生态移民发展研究[M]．银川：阳光出版社，2015：44.

⑦ 杨玉锋．宁夏六盘山集中连片特困地区绿色扶贫路径研究[D]．银川：宁夏大学，2015：16.

等林下产业，提高了片区林地的经济效益。2012 年，宁夏六盘山片区林业总产值为 7.16 亿元，农户人均林业收入为 307 元。[①] 第三，将文化与生态相结合，大力发展文化旅游业。文化旅游业的红火发展，带动了当地经济发展。如泾源县的旅游产业，2012 年有农家乐 5 处，户均收入 4 万多元。[②] 特色生态经济的发展，既保护了当地的生态系统，又增加了居民收入。2013 年，宁夏六盘山片区农民人均纯收入为 5247 元，比 2012 年增长了 14.3%，比退耕前 1999 年的 1107 元增长约 3.74 倍[③]，如图 2－2 所示。

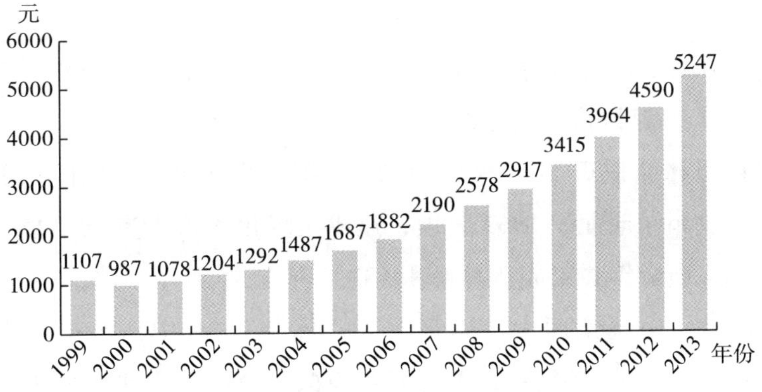


**图 2－2　宁夏六盘山片区农民人均收入变化情况**

资料来源：杨玉锋．宁夏六盘山集中连片特困地区绿色扶贫路径研究［D］．银川：宁夏大学，2015：16.

2. 鄂尔多斯从“沙进人退”到“绿进沙退”的绿色发展模式

（1）鄂尔多斯坚守发展经济与保护生态“两条底线”

鄂尔多斯位于内蒙古自治区西南部，处于黄河几字湾河套腹地，毗邻晋陕宁三省区，既是资源富足的地区，又是生态脆弱比较严重的地区。鄂尔多斯行政区域土地面积 8.68 万平方千米，2019 年常住人口为 208.76 万，其中城镇人口 156.74 万，乡村人口 52.02 万，城镇化率为 75.08%。[④] 2019 年，全市地区生产总值 3605.0 亿元。其中，第一、第二、第三产业

①② 王国庆，杨玉锋．宁夏六盘山集中连片特困地区绿色发展路径研究［J］．农业科学研究，2014（4）：67－70.

③ 杨玉锋．宁夏六盘山集中连片特困地区绿色扶贫路径研究［D］．银川：宁夏大学，2015：16.

④ 鄂尔多斯市统计局，国家统计局鄂尔多斯调查队．鄂尔多斯市 2019 年国民经济和社会发展统计公报［N］．鄂尔多斯日报，2020－03－17（004）.

增加值分别为123.7亿元、2092.3亿元、1389.1亿元；第一、第二、第三产业同比增长分别为1.5%、4.3%、3.6%；第一、第二、第三产业经济增长的贡献率分别为1.3%、63.8%、35.0%；第一、第二、第三产业拉动GDP分别增长0.1个、2.5个、1.4个百分点；第一、第二、第三产业比例分别为3.4%、58.0%、38.5%，如表2-4所示。① 鄂尔多斯境内有平原、丘陵山区、波状高原、毛乌素沙地、库布齐沙漠五大类型地貌。其中，库布齐、毛乌素两大沙漠总面积为3.5万多平方千米，库布齐沙漠面积为1万多平方千米，毛乌素沙漠面积为2.5万平方千米。② 长期以来，鄂尔多斯在发展经济的同时，高度重视生态文明建设，大力提高森林覆盖率。2018年，森林总面积为2334千公顷，森林覆盖率为26.86%，完成新一轮退耕还林面积0.23千公顷。③ 2018年，城市园林绿地面积11828公顷，其中公园绿地面积1967公顷，建成区绿化覆盖率为42.39%。④ 2019年，鄂尔多斯全年共完成造林面积137.1千公顷，⑤ 特别是经过多年的治沙，库布齐、毛乌素两大沙漠穿上了“绿装”。其中，库布齐沙漠约有23%的黄沙穿上了“绿装”，毛乌素沙漠的绿植面积达到了80%，成为世界上第一个被消灭的沙漠。如今在地图上，“毛乌素沙漠”已更名为“毛乌素沙地”。地处毛乌素沙地边缘的霍洛林场，如今被郁郁葱葱的绿色覆盖，呈现出水在城中、城在绿中、人在景中的绿意盎然景象。

**表2-4　2019年鄂尔多斯三大产业基本情况**

| 产业 | 产业增加值/亿元 | 同比增长/% | 经济增长的贡献率/% | 拉动GDP增长百分点/个 | 产业比例/% |
|---|---|---|---|---|---|
| 第一产业 | 123.7 | 1.5 | 1.3 | 0.1 | 3.4 |

① 鄂尔多斯市统计局，国家统计局鄂尔多斯调查队．鄂尔多斯市2019年国民经济和社会发展统计公报[N]．鄂尔多斯日报，2020-03-17(004).

② 鄂尔多斯地形地貌[EB/OL]. http://www.wutongzi.com/a/143031.html.

③ 鄂尔多斯市统计局，国家统计局鄂尔多斯调查队．鄂尔多斯市2018年国民经济和社会发展统计公报[N]．鄂尔多斯日报，2019-03-19(004).

④ 内蒙古自治区统计局．内蒙古统计年鉴(2019)[M]．北京：中国统计出版社，2019：331.

⑤ 鄂尔多斯市统计局，国家统计局鄂尔多斯调查队．鄂尔多斯市2019年国民经济和社会发展统计公报[N]．鄂尔多斯日报，2020-03-17(004).

续表

| 产业 | 产业增加值/亿元 | 同比增长/% | 经济增长的贡献率/% | 拉动 GDP 增长百分点/个 | 产业比例/% |
|---|---|---|---|---|---|
| 第二产业 | 2092.3 | 4.3 | 63.8 | 2.5 | 58.0 |
| 第三产业 | 1389.1 | 3.6 | 35.0 | 1.4 | 38.5 |

资料来源：鄂尔多斯市统计局，国家统计局鄂尔多斯调查队．鄂尔多斯市 2019 年国民经济和社会发展统计公报［N］．鄂尔多斯日报，2020-03-17（004）.

（2）鄂尔多斯从供给侧优化产业结构，提高第一、第三产业比例

鄂尔多斯作为资源型城市，依靠过度开发利用煤炭资源拉动经济发展。近年来，从供给侧调整产业结构，提高第一产业和第三产业的比例，降低第二产业的比例。第一产业比例由 2014 年的 2.4% 提高到 2019 年的 3.4%，第三产业比例由 2014 年的 38.4% 提高到 2019 年的 38.5%，第二产业比例由 2014 年的 59.2% 降低到 2019 年的 58.0%，如表 2-5 所示。

表 2-5 2014—2019 年鄂尔多斯第一、第二、第三产业比例 （%）

| 年份 | 第一产业比例 | 第二产业比例 | 第三产业比例 |
|---|---|---|---|
| 2014 | 2.4 | 59.2 | 38.4 |
| 2015 | 2.3 | 56.8 | 40.9 |
| 2016 | 2.4 | 55.7 | 41.9 |
| 2017 | 3.1 | 52.8 | 44.1 |
| 2018 | 3.1 | 52.3 | 44.6 |
| 2019 | 3.4 | 58.0 | 38.5 |

资料来源：《鄂尔多斯市 2014—2019 年国民经济和社会发展统计公报》。

（3）鄂尔多斯改善生态环境，提高人民收入

长期以来，鄂尔多斯是中国少数民族地区生态环境脆弱、人民生活贫困的一个缩影。全年降水量少，蒸发量大，十年九旱是常态。经过长期与沙漠的斗争，鄂尔多斯生态环境发生了翻天覆地的变化，曾经的大片黄沙如今变成了郁郁葱葱的大片林地，人民生活水平也得到明显改善。2015—2019 年城乡常住居民收入及增速如表 2-6所示。

表 2－6　2015—2019 年城乡常住居民收入及增速

| 年份 | 全体居民 | | 城镇居民 | | 农村牧区 | |
|---|---|---|---|---|---|---|
| | 收入/元 | 增速/% | 收入/元 | 增速/% | 收入/元 | 增速/% |
| 2015 | 30511 | 7.7 | 37432 | 7.0 | 14420 | 7.3 |
| 2016 | 32860 | 7.7 | 40221 | 7.4 | 15480 | 7.3 |
| 2017 | 35648 | 8.5 | 43559 | 8.3 | 16729 | 8.1 |
| 2018 | 38521 | 8.1 | 46834 | 7.5 | 18289 | 9.3 |
| 2019 | 41368 | 7.4 | 49768 | 6.3 | 20075 | 9.8 |

资料来源：鄂尔多斯市统计局，国家统计局鄂尔多斯调查队．鄂尔多斯市 2019 年国民经济和社会发展统计公报［N］．鄂尔多斯日报，2020－03－17（004）．

## 二、国内外生态脆弱地区绿色发展本土化模式的经验启示

### （一）政府主导是绿色发展落地生根的关键环节

第一，绿色发展是在反思传统黑色发展基础上，产生的一种人与自然和谐共生的崭新发展战略，需要国家站在人类文明发展历史进程中进行宏观把握。第二，良好的生态本身蕴含着无穷的经济价值，能够源源不断创造综合效益，需要国家重新审视生态本身的价值，从自然财富、生态财富、社会财富、经济财富等方面进行综合考量。第三，在面临发展经济与保护环境二者冲突激化的现实情况下，迫切需要国家重新考虑发展经济与保护环境二者之间的关系，重新认识到保护环境不仅不会阻碍经济发展，而且会促进经济发展。所有这些观念更新、思想认同、行为践行等都需要有一个强有力的政府从顶层设计开始进行周密规划，通过政策倾斜、税收优惠、碳排放交易等多项措施积极推动。以色列的绿色国会项目、美国的经济复苏计划、德国的生态现代化战略及国内宁夏六盘山集中连片特困地区的生态重建和发展经济并举措施，鄂尔多斯投资自然，将“绿水青山”转化成“金山银山”的典型实践，都说明了政府主导是绿色发展落地生根的关键环节。

滇桂黔生态脆弱地区可持续发展面临先天的脆弱环境、后天的经济发展“瓶颈”等问题，克服这些难题，迎难而上，并实现滇桂黔生态脆弱地区经济发展、环境保护、民生改善等多赢，需要中央和滇桂黔三省区立足滇桂黔生态脆弱地区的实际情况，科学规划滇桂黔生态脆弱地区发展思

路，并从产业结构调整、政策倾斜、资金优惠、技术培训等方面给予具体化的指导。

### （二）生态补偿制度是绿色发展落地生根的保障条件

生态补偿制度，是指为了保护生物多样性，向在经济活动中对生物多样性造成额外的、无法避免的损害提供补偿的一种制度。按照补偿实施主体，生态补偿可以分为政府购买模式、市场模式、第三方生态产品认证计划的间接交易模式。① 目前，政府购买模式在生态补偿制度中应用比较普遍，如以色列的绿色建筑，奥巴马经济复苏计划，德国易北河流域生态补偿，宁夏六盘山集中连片特困地区实施生态移民、生态恢复重建等工程，鄂尔多斯治沙的成功实践等都是实行政府购买模式的典型案例。

滇桂黔生态脆弱地区水土流失严重，石漠化问题突出，可持续性发展资本缺乏，生态恶化与经济发展呈恶性循环。为改善脆弱生态环境、增加可持续性发展资本，迫切需要投资自然，实施生态补偿制度。为此，需要滇桂黔生态脆弱地区相关部门进行宏观统筹，厘清生态补偿的主体，明确生态补偿的方式，界定生态补偿的范围，完善生态补偿的标准。关于石漠化治理生态补偿的标准，洪晓洋在《中国喀斯特石漠化治理生态补偿研究——基于贵州省黔西南布依族苗族自治州的调研》中指出，以贵州省黔西南布依族苗族自治州为例，按照国家标准：其喀斯特石漠化治理生态补偿的标准为 7640. 6 元/公顷。其中，轻度石漠化为 3648. 7 元/公顷，中度石漠化为 7296. 39 元/公顷，重度石漠化为 10946. 81 元/公顷，极重度石漠化为 14598. 44 元/公顷。按照省级标准：其喀斯特石漠化治理生态补偿的标准为 16784. 09 元/公顷。其中，轻度石漠化为 8015. 08 元/公顷，中度石漠化为 16027. 97 元/公顷，重度石漠化为 24046. 82 元/公顷，极重度石漠化为 32068. 35 元/公顷。② 广西生态移民补助标准：广西对扶贫生态移民工程进行住房补助和基础设施补助。其中，住房补助标准为：滇黔桂石漠化片区、国家扶贫开发重点县的贫困对象人均 1. 2 万元，非贫困对象人均

① 任世丹，杜群．国外生态补偿制度的实践［J］．环境经济，2009（11）：34－39.

② 洪晓洋．中国喀斯特石漠化治理生态补偿研究——基于贵州省黔西南布依族苗族自治州的调研［M］．北京：经济日报出版社，2020：210－211.

8000 元；其他县的贫困对象人均 8000 元，非贫困对象人均 6000 元。在此补助基础上，安置边境 0～3 千米范围内的搬迁对象人均增加 2000 元，较少民族（京族、毛南族、仫佬族）人均增加 1000 元。基础设施按人均 5000 元进行补助。①

### （三）绿色技术创新是绿色发展落地生根的驱动力

纵观人类历史发展历程，每一次产业变革和经济繁荣都是由技术创新引发的。只有强化绿色技术创新，才能使绿色发展落地生根，并在未来产业结构调整、经济发展动能转化、经济发展方式转变、国际竞争力增强等方面具有明显优势。绿色技术创新，又称生态技术创新、环境友好型技术创新，是遵循生态学原理，以保护环境为目标，从创意萌芽、技术研发到推向市场的整个创新过程，也是综合考虑生态需求、环境承载、资源利用、成本控制的管理创新和技术创新的统称。美国、德国等西方国家在碳捕获、洁净煤、智能电网、低碳汽车、节能建筑、可再生能源研发等绿色技术上投入了大量资金并保持领先优势。② 由此可知，绿色技术创新是绿色发展落地生根的驱动力。

第一，滇桂黔生态脆弱地区需要在提高植被覆盖率、缩减农业用水量等方面研发新技术。滇桂黔三省区降水量充沛、地表水资源量丰富，如表 2－7所示。但是，滇桂黔生态脆弱地区岩溶发育分布广，地面坡度大，涵养保水能力较低，农业用水量较高，如表 2－8 所示。为此，针对滇桂黔生态脆弱地区本身脆弱的生态环境，需要在保持水土、涵养水源、提高植被覆盖率、缩减农业用水量等方面研发新的技术。

---

① 农村经济司．广西今年扶贫生态移民搬迁 10.83 万人[EB/OL]．[2015－04－30]．https://www.ndrc.gov.cn/fggz/nyncjj/xczx/201504/t20150430_1106076.html.

② 中国国际经济交流中心课题组．中国实施绿色发展的公共政策研究[M]．北京：中国经济出版社，2013：174.

**表 2-7 2018 年滇桂黔三省区水资源量**

| 省级行政区 | 降水量/毫米 | 地表水资源量/亿立方米 | 地下水资源量/亿立方米 | 地下水与地表水资源不重复量/亿立方米 | 水资源总量/亿立方米 |
|---|---|---|---|---|---|
| 云南 | 1337.5 | 2206.5 | 772.8 | 0.0 | 2206.5 |
| 广西 | 1560.0 | 1829.7 | 440.9 | 1.3 | 1831.0 |
| 贵州 | 1162.9 | 978.7 | 252.7 | 0.0 | 978.7 |

资料来源：中华人民共和国水利部.2018 年中国水资源公报 [EB/OL]. 中华人民共和国水利部门户网站，2019-07-12.

**表 2-8 2018 年滇桂黔三省区供水量和用水量** 单位：亿立方米

| 省级行政区 | 供水量 | | | | 用水量 | | | | | |
|---|---|---|---|---|---|---|---|---|---|---|
| | 地表水 | 地下水 | 其他 | 供水总量 | 生活 | 工业 | 直流火（核）电 | 农业 | 人工生态环境补水 | 用水总量 |
| 云南 | 150.0 | 3.4 | 2.3 | 155.7 | 23.6 | 21.0 | 0.0 | 107.2 | 3.9 | 155.7 |
| 广西 | 276.1 | 10.0 | 1.8 | 287.8 | 40.8 | 47.6 | 14.9 | 196.4 | 3.0 | 287.8 |
| 贵州 | 104.3 | 1.8 | 0.6 | 106.8 | 19.5 | 25.2 | 0.0 | 61.2 | 0.9 | 106.8 |

资料来源：中华人民共和国水利部.2018 年中国水资源公报 [EB/OL]. 中华人民共和国水利部门户网站，2019-07-12.

第二，滇桂黔生态脆弱地区拥有以种植业、养殖业、畜牧业为主的产业结构，产业结构单一，农业抵抗风险能力低，农民增收难。为增加农民收入、提高农业抵抗风险能力，需要改变单一的产业结构、延长农业产业链、改进新品种、创造新工艺、防治病虫害等。例如，将分散的种桑养蚕、养鸭、养鱼，整合成桑—蚕—鱼—鸭生态循环产业模式；将孤立水稻种植，整合成稻—鱼—鸭生态循环产业模式；将孤立的退耕还林，整合成林—果—鸭、林—果—旅游观光等林下经济模式；将孤立的农户生产同加工、销售联系起来，走“龙头企业+农业生产合作社+农户”的生产加工销售经营模式。又如，提高八角产量，引进八角嫁接技术；改善杧果口味，培育杧果新品种；开展开花挂果病虫害防治，提高挂果率；等等。这些改变都需要有专门的绿色技术进行针对性指导。

# 第三章　滇桂黔生态脆弱地区绿色发展本土化模式的指标评价体系

## 第一节　滇桂黔生态脆弱地区绿色发展本土化模式指标评价体系构建的思路

### 一、遵循原则，构建指标评价体系

根据绿色发展的内涵，遵循科学性、系统性、层次性、可操作性、代表性、区域性等原则，构建涵盖资源利用、环境治理、环境质量、生态保护、增长质量、绿色生活、公众满意度等多层次的指标评价体系。

### 二、多方渠道，确定指标权数

指标权数确立的方法有两种：第一，依据国家《绿色发展指标体系》、《云南省绿色发展指标体系》《广西绿色发展指标体系》《贵州省绿色发展指标体系》中，资源利用、环境治理、环境质量、生态保护、增长质量、绿色生活六大类中各指标权数，确定滇桂黔生态脆弱地区绿色发展本土化模式指标评价体系中资源利用、环境治理、环境质量、生态保护、增长质量、绿色生活六大类中各对应指标权数。第二，从专家库中抽取25名相关领域的专家进行问卷调查，实际回收23份进行数据分析，再结合石漠化治理获得感、绿色生产方式获得感、绿色生活方式获得感对公众满意度的贡献度，确定石漠化治理获得感、绿色生产方式获得感、绿色生活方式获得感的指标权数。

### 三、收集数据，计算绿色发展水平

指标数据来源有两种：第一，来自官方数据。滇桂黔生态脆弱地区绿色发展本土化模式指标评价体系中资源利用、环境治理、环境质量、生态保护、增长质量、绿色生活六大类中各指标的数据主要来自官方渠道，如各省市县统计局、住房城乡建设厅、商务厅、水利厅等。第二，来自调研数据。滇桂黔生态脆弱地区绿色发展本土化模式指标评价体系中公众满意度数据主要来自问卷调查和个案访谈。通过官方网站、官方杂志、官方公开资料收集相应数据和实地调研，以获取一手数据，再结合各指标权数计算出滇桂黔生态脆弱地区绿色发展实际水平。

## 第二节 滇桂黔生态脆弱地区绿色发展本土化模式指标评价体系遵循的原则

### 一、科学性原则

滇桂黔生态脆弱地区绿色发展本土化模式指标评价体系的构建遵循科学性原则。其科学性主要体现在以下方面：第一，构建思路的科学性。滇桂黔生态脆弱地区绿色发展本土化模式指标评价体系的构建遵循马克思主义唯物史观，立足滇桂黔生态脆弱地区喀斯特地貌和面临水土流失、土地石漠化等严峻生态环境问题，从节约资源、提高资源利用率、投资自然、保护生态环境等方面构思其指标评价体系。第二，指标选择的科学性。滇桂黔生态脆弱地区绿色发展本土化模式指标评价体系的指标选择在参照国家《绿色发展指标体系》、《云南绿色发展指标体系》、《广西绿色发展指标体系》、《贵州绿色发展指标体系》的基础上，结合滇桂黔生态脆弱地区的实际情况，构建涵盖资源利用、环境治理、环境质量、生态保护、增长质量、绿色生活、公众满意度的多级指标体系。第三，体现内容的科学性。滇桂黔生态脆弱地区绿色发展本土化模式指标评价体系从客观和主观两个层面体现内容的科学性：其一，客观内容科学性。资源利用、环境治理、环境质量、生态保护、增长质量、绿色生活从客观上体现了滇桂黔生态脆弱地区资源利用、环境保护、发展质量等绿色发展情况。其二，主观内容科学性。公众满意度从主观上体现滇桂黔生态脆弱地区人民群众对滇桂黔生态脆弱地区绿色生产方式、绿色生活方式、石漠化治理等绿色发展的获得感。

## 二、系统性原则

滇桂黔生态脆弱地区绿色发展本土化模式指标评价体系的构建遵循系统性原则。其系统性主要体现在以下方面：第一，生态系统与生态系统的和谐共生。习近平总书记指出："山水林田湖草是一个生命共同体。"① 滇桂黔生态脆弱地区绿色发展本土化模式指标评价体系根据滇桂黔生态脆弱地区生态系统的环境性质和形态特征，从水生生态系统和陆地生态系统两个层面进行构建，将淡水生态系统、森林生态系统、草原生态系统、荒漠生态系统、农田生态系统、城市生态系统等纳入综合统筹。第二，生态系统与经济系统的和谐共生。习近平总书记指出："绿水青山就是金山银山。"② 滇桂黔生态脆弱地区绿色发展本土化模式指标评价体系根据滇桂黔生态脆弱地区空气、水、土壤、地貌、自然风光等自然资源，从投资自然层面，将滇桂黔生态脆弱地区资源变资产、资金变股金、农民变股民，促进滇桂黔生态脆弱地区"绿水青山"变"金山银山"。第三，生态系统与社会系统的和谐共生。习近平总书记指出："人民群众对清新空气、清澈水质、清洁环境等生态产品的需求越来越迫切，生态环境越来越珍贵。"③ 滇桂黔生态脆弱地区绿色发展本土化模式指标评价体系将废水、废气、废渣等"三废"排放量的减少，废弃物综合利用等纳入考核指标，为满足滇桂黔生态脆弱地区人民群众对清新空气、清澈水质、清洁环境等生态产品的需求创造了条件。

---

① 中共中央文献研究室．习近平关于社会主义生态文明建设论述摘编[M]．北京：中央文献出版社，2017：47.

② 习近平．习近平谈治国理政：第二卷[M]．北京：外文出版社，2017：544.

③ 中共中央文献研究室．习近平关于社会主义生态文明建设论述摘编[M]．北京：中央文献出版社，2017：25.

## 三、层次性原则

滇桂黔生态脆弱地区绿色发展本土化模式指标评价体系的构建遵循层次性原则。马克思在《资本论》第一卷第二版跋中指出："在形式上，叙述方法必须与研究方法不同。"① 滇桂黔生态脆弱地区绿色发展本土化模式指标评价体系根据马克思的从具体到抽象研究方法、从抽象到具体叙述方法，构建了三层指标评价体系。第一，从具体到抽象研究方法。通过梳理文献和实地调研，抽象出滇桂黔生态脆弱地区绿色发展的本质：资源高效利用和石漠化治理，促进滇桂黔生态脆弱地区经济高质量发展，满足滇桂黔生态脆弱地区人民群众对生态产品的需求。第二，从抽象到具体叙述方法。根据滇桂黔生态脆弱地区绿色发展的本质，构建反映滇桂黔生态脆弱地区绿色发展本质的三级指标体系。首先，第一级包含客观和主观两个层面。其次，第二级是对第一级的具体化，客观具体化为资源利用、环境治理、环境质量、生态保护、增长质量、绿色生活六大方面。主观具体化为公众对生态环境质量满意程度。最后，第三级是对第二级的具体化。例如，第二级公众对生态环境质量满意程度，可以具体化为石漠化治理获得感、绿色生产方式获得感、绿色生活方式获得感。

## 四、可操作性原则

滇桂黔生态脆弱地区绿色发展本土化模式指标评价体系的构建遵循可操作性原则。其可操作性主要体现在以下方面：第一，指标数据易获得性。滇桂黔生态脆弱地区绿色发展本土化模式指标评价体系的指标数据，一方面容易从官方公开的渠道获取，另一方面容易从实地调研中获取。第二，指标评价体系易计算性。滇桂黔生态脆弱地区绿色发展本土化模式指标评价体系的计算方法简单，只需将各指标数据与各指标相应权数相乘，再将各指标相乘后的结果加总，即可得到绿色发展水平数据。第三，指标评价结果易应用性。将滇桂黔生态脆弱地区绿色发展本土化模式指标评价

---

① 中共中央马克思恩格斯列宁斯大林著作编译局，编译．马克思恩格斯文集：第五卷［M］．北京：人民出版社，2009：21.

计算的结果分为优秀、良好、合格、不合格四个等次。考核等次，一方面，将合格及合格以上等次作为评价领导干部政绩、年度考核和选拔任用的重要依据；另一方面，将不合格等次作为按照相关规定追究生态环境损害明显、责任事件多发地区的党政主要负责人和相关负责人有关责任的重要参考。

## 五、代表性原则

滇桂黔生态脆弱地区绿色发展本土化模式指标评价体系的构建遵循代表性原则。其代表性主要体现在以下方面：第一，指标少。在滇桂黔生态脆弱地区绿色发展本土化模式指标评价体系指标选取过程中，宜少不宜多。第二，指标精。在滇桂黔生态脆弱地区绿色发展本土化模式指标评价体系指标选取过程中，用最少的指标代表更多的内容。第三，指标准。在滇桂黔生态脆弱地区绿色发展本土化模式指标评价体系指标选取过程中，根据评价内容选择精准的指标，即用精准的指标反映精准的内容。

## 六、区域性原则

滇桂黔生态脆弱地区绿色发展本土化模式指标评价体系的构建遵循区域性原则。其区域性主要体现在以下方面：第一，指标的地域性。在滇桂黔生态脆弱地区绿色发展本土化模式指标评价体系指标选取过程中，要选择体现滇桂黔生态脆弱地区喀斯特地貌、石漠化等地域性的指标。第二，指标的针对性。在滇桂黔生态脆弱地区绿色发展本土化模式指标评价体系指标选取过程中，要选择体现滇桂黔生态脆弱地区石漠化治理、土壤改良等针对性的指标。第三，指标的具体性。在滇桂黔生态脆弱地区绿色发展本土化模式指标评价体系指标选取过程中，要选择体现滇桂黔生态脆弱地区节能减排、绿色质量等具体性的指标。

# 第三节　滇桂黔生态脆弱地区绿色发展本土化模式指标评价体系的基本内容

## 一、指标选择的内容、指标权数及数据来源

### （一）指标选择的内容

根据绿色发展的内涵，依据《绿色发展指标体系》《生态文明建设考核目标体系》[①]《广西绿色发展指标体系》《广西生态文明建设考核目标体系》[②]《云南省绿色发展指标体系》《云南省生态文明建设考核目标体系》[③]《中共中央关于制定国民经济和社会发展第十四个五年规划和二〇三五年远景目标的建议》《中国共产党广西壮族自治区委员会关于制定国民经济和社会发展第十四个五年规划和二〇三五年远景目标的建议》《中共贵州省委关于制定贵州省国民经济和社会发展第十四个五年规划和二〇三五年远景目标的建议》《中共云南省委关于制定云南省国民经济和社会发展第十四个五年规划和二〇三五年远景目标的建议》《2019 中国绿色发展指数报告——区域比较》以及《长江经济带绿色发展指数报告（2020）》等，构建滇桂黔生态脆弱地区绿色发展本土化模式指标评价体系。

滇桂黔生态脆弱地区绿色发展本土化模式指标评价体系分为三级指标，其中一级指标是客观指标和主观指标。客观指标是滇桂黔生态脆弱地区绿色发展程度的客观反映，一般通过统计指标表现出来，如能源消耗总量、单位 GDP 能耗、科学技术支出、节能环保支出、人均公园绿地面积、城乡生活垃圾无害化处理率等。主观指标是通过数量表现人们对生态环境质量的感受、愿望、评价、态度等方面的滇桂黔生态脆弱地区绿色发展指

① 中华人民共和国中央人民政府．发展改革委印发《绿色发展指标体系》《生态文明建设考核目标体系》[EB/OL]. http://www. gov. cn/xinwen/2016 - 12/22/content_5151575. htm.

② 广西壮族自治区发展和改革委员会．广西壮族自治区发展和改革委员会等4 部门关于印发《广西绿色发展指标体系》《广西生态文明建设考核目标体系》的通知[EB/OL]. http://fgw. gxzf. gov. cn/cszz/hzc/zcfg_57522/t2488358. shtml.

③ 云南省发展和改革委员会．解读《生态文明建设目标评价考核实施办法》[EB/OL]. http://yndrc. yn. gov. cn/zcjd/32231.

标，如人们对石漠化治理、绿色生产方式、绿色生活方式等方面的感受和评价。这一指标一般通过问卷调查满意或不满意的程度或用评分的方法来测定人们的感受、评价和态度。①

二级指标是在一级指标设置的基础上为衡量一级指标而对指标的选择。从资源高效利用、保护生态环境、提高发展质量、增强人们的获得感等层面进行构建，分别为资源利用、环境治理、环境质量、生态保护、增长质量、绿色生活、公众满意度。其中，资源利用、环境治理、环境质量、生态保护、增长质量、绿色生活属于客观指标，公众满意度属于主观指标。

三级指标是在二级指标设置的基础上为衡量二级指标而对指标的选择。资源利用反映的是滇桂黔生态脆弱地区节约能源资源、提高能源资源利用效率情况，因此选取能源消耗总量、能源消耗总量降低、单位 GDP 能耗、单位 GDP 能耗下降率、新能源交通工具作为其支撑指标；环境治理反映的是滇桂黔生态脆弱地区投资自然，治理水土流失、石漠化等情况，因此选取新增水土流失治理面积、新增石漠化治理面积、科学技术支出、科学技术支出同比增长率、节能环保支出、节能环保支出同比增长率作为其支撑指标；环境质量反映的是滇桂黔生态脆弱地区空气清新、水体洁净、土壤安全情况，因此选取空气质量优良率、地表水达到或好于Ⅲ类水体比例、地表水劣Ⅴ类水体比例、重要江河湖泊水功能区水质达标率、化肥施用量（折纯）作为其支撑指标；生态保护反映的是滇桂黔生态脆弱地区森林覆盖率、退耕还林、封山育林、人工造林情况，因此选取森林面积、森林覆盖率、陆域自然保护区面积、新增退耕还林面积、新增封山育林面积、新增人工造林面积作为其支撑指标；增长质量反映的是滇桂黔生态脆弱地区经济发展、人均收入、产业结构情况，因此选取地区生产总值、人均地区生产总值、年末常住人口、第三产业增加值、第三产业对 GDP 增长的贡献率、城镇居民人均可支配收入、农村居民人均可支配收入作为其支撑指标；绿色生活反映的是滇桂黔生态脆弱地区生活垃圾处理情况、污水

① 朱庆芳，吴寒光．社会指标体系［M］．北京：中国社会科学出版社，2001：10.

处理情况、人均公园绿地情况，因此选取城乡生活垃圾无害化处理率、城镇污水集中处理率、建成区绿化覆盖率、人均公园绿地面积、农村卫生厕所普及率、集中式饮用水水源地水质达标率作为其支撑指标；公众满意度反映的是滇桂黔生态脆弱地区公众对环境治理、绿色生产、绿色生活满意情况，因此选取石漠化治理获得感、绿色生产方式获得感、绿色生活方式获得感作为其支撑指标，如表 3－1 所示。

**表 3－1　滇桂黔生态脆弱地区绿色发展本土化模式指标评价体系**

| 一级指标 | 二级指标 | 三级指标 | 单位 | 权数（%） | 数据来源 |
|---|---|---|---|---|---|
| 客观指标（权数＝85%） | 资源利用（权数＝11.91%） | 能源消耗总量 | 万吨标准煤 | 1.83 | 各省市县统计局、各省市县能源局 |
| | | 能源消耗总量降低/% | | 2.75 | 各省市县统计局、各省市县能源局 |
| | | 单位 GDP 能耗 | 吨标准煤/万元 | 1.83 | 各省市县统计局、各省市县能源局 |
| | | 单位 GDP 能耗下降率/% | | 2.75 | 各省市县统计局、各省市县能源局 |
| | | 新能源交通工具 | 辆 | 2.75 | 各省市县统计局、各省市县能源局 |
| | 环境治理（权数＝16.5%） | 新增水土流失治理面积 | 平方千米 | 2.75 | 各省市县统计局、各省市县林业厅 |
| | | 新增石漠化治理面积 | 万亩 | 2.75 | 国土资源厅 |
| | | 科学技术支出 | 万元 | 2.75 | 各省市县统计局、各省市县科技厅 |
| | | 科学技术支出同比增长率/% | | 2.75 | 各省市县统计局、各省市县科技厅 |
| | | 节能环保支出 | 万元 | 2.75 | 各省市县统计局、各省市县生态环境厅 |
| | | 节能环保支出同比增长率/% | | 2.75 | 各省市县统计局、各省市县生态环境厅 |

续表

| 一级指标 | 二级指标 | 三级指标 | 单位 | 权数（%） | 数据来源 |
|---|---|---|---|---|---|
| 客观指标（权数=85%） | 环境质量（权数=12.41%） | 空气质量优良率/% | | 2.75 | 各省市县统计局、各省市县生态环境厅 |
| | | 地表水达到或好于Ⅲ类水体比例/% | | 2.75 | 各省市县统计局、各省市县生态环境厅 |
| | | 地表水劣Ⅴ类水体比例/% | | 2.75 | 各省市县统计局、各省市县生态环境厅 |
| | | 重要江河湖泊水功能区水质达标率/% | | 2.75 | 各省市县统计局、各省市县水利厅 |
| | | 化肥施用量（折纯） | 吨 | 1.41 | 各省市县统计局、国土资源厅 |
| | 生态保护（权数=15.58%） | 森林面积 | 公顷 | 2.75 | 各省市县统计局、各省市县林业厅 |
| | | 森林覆盖率/% | | 2.75 | 各省市县统计局、各省市县林业厅 |
| | | 陆域自然保护区面积 | 公顷 | 1.83 | 各省市县统计局、各省市县林业厅 |
| | | 新增退耕还林面积 | 公顷 | 2.75 | 农业农村厅 |
| | | 新增封山育林面积 | 万亩 | 2.75 | 各省市县统计局、各省市县林业厅 |
| | | 新增人工造林面积 | 万亩 | 2.75 | 各省市县统计局、各省市县水利厅 |
| | 增长质量（权数=12.1%） | 地区生产总值 | 亿元 | 1.83 | 各省市县统计局 |
| | | 人均地区生产总值 | 元 | 1.83 | 各省市县统计局 |
| | | 年末常住人口 | 万人 | 1.83 | 各省市县统计局 |
| | | 第三产业增加值 | 亿元 | 1.83 | 各省市县统计局 |
| | | 第三产业对GDP增长的贡献率/% | | 1.12 | 各省市县统计局 |

**续表**

| 一级指标 | 二级指标 | 三级指标 | 单位 | 权数（%） | 数据来源 |
|---|---|---|---|---|---|
| 客观指标（权数 = 85%） | 增长质量（权数 = 12.1%） | 城镇居民人均可支配收入 | 元 | 1.83 | 各省市县统计局 |
| | | 农村居民人均可支配收入 | 元 | 1.83 | 各省市县统计局 |
| | 绿色生活（权数 = 16.5%） | 城乡生活垃圾无害化处理率/% | | 2.75 | 各省市县统计局、各省市住房城乡建设厅 |
| | | 城镇污水集中处理率/% | | 2.75 | 各省市县统计局、各省市住房城乡建设厅、各省市生态环境厅 |
| | | 建成区绿化覆盖率/% | | 2.75 | 各省市县住房城乡建设厅 |
| | | 人均公园绿地面积 | 平方米 | 2.75 | 各省市县住房城乡建设厅 |
| | | 农村卫生厕所普及率/% | | 2.75 | 各省市县卫生计生委、各省市县住房城乡建设厅 |
| | | 集中式饮用水水源地水质达标率/% | | 2.75 | 各省市县统计局、各省市县水利厅 |
| 主观指标（权数 = 15%） | 公众对生态环境质量满意程度（权数 = 15%） | 石漠化治理获得感/% | | 5 | 问卷调查、个案访谈 |
| | | 绿色生产方式获得感/% | | 5 | 问卷调查、个案访谈 |
| | | 绿色生活方式获得感/% | | 5 | 问卷调查、个案访谈 |

### （二）指标权数

指标权数总计为100%。指标权数确立的依据有两种：第一，滇桂黔生态脆弱地区绿色发展本土化模式指标评价体系中资源利用、环境治理、环境质量、生态保护、增长质量、绿色生活六大类中各指标权数依据国家《绿色发展指标体系》《云南省绿色发展指标体系》《广西绿色发展指标体系》《贵州省绿色发展指标体系》中的资源利用、环境治理、环境质量、生态保护、增长质量、绿色生活六大类中各对应指标权数确定。第二，滇桂黔生态脆弱地区绿色发展本土化模式指标评价体系中公众满意度指标权数，是通过咨询专家确定的。具体方法是从专家库中抽取 25 名相关领域的专家进行问卷调查，实际回收了 23 份进行数据分析，再结合石漠化治理获得感、绿色生产方式获得感、绿色生活方式获得感对公众满意度的贡献度，确定石漠化治理获得感、绿色生产方式获得感、绿色生活方式获得感的权数。

### （三）数据来源

滇桂黔生态脆弱地区绿色发展本土化模式指标评价体系中各指标数据来源主要有两类：一类是来自官方，资源利用、环境治理、环境质量、生态保护、增长质量、绿色生活六大类中各指标均来自官方，另一类是来自调研，公众满意度中石漠化治理获得感、绿色生产方式获得感、绿色生活方式获得感数据主要来源于问卷调查、个案访谈。

## 二、指标计算的方法、考核等次及实际应用

### （一）指标计算的方法

滇桂黔生态脆弱地区绿色发展本土化模式指标评价体系涉及 2 个一级指标、7 个二级指标、38 个三级指标。对于滇桂黔生态脆弱地区绿色发展水平实际情况，计算的方法是将各指标数据与各指标相应权数相乘，再将各指标相乘后的结果加总。以三级指标为计算对象，假设第 $n$ 个指标的数据为 $I_n$，权重为 $W_n$，那么第 $n$ 个指标计算的结果为 $T_n = I_n W_n$。

滇桂黔生态脆弱地区绿色发展本土化模式指标评价体系中共有 38 个三级指标，那么滇桂黔生态脆弱地区绿色发展水平计算的公式为：

$$T = I_1 W_1 + I_2 W_2 + I_3 W_3 + \cdots + I_n W_n = \sum I_n W_n \quad (n = 1, \cdots, 38) \qquad (3-1)$$

### （二）考核等次分类

将滇桂黔生态脆弱地区绿色发展本土化模式指标评价计算的结果分为优秀、良好、合格、不合格四个等次。其中，90 分及以上为优秀等次，80 ~ 89 分为良好等次，60 ~ 79 分为合格等次，60 分以下为不合格等次。

### （三）考核等次实际应用

对于滇桂黔生态脆弱地区绿色发展考核等次，一方面，将合格及合格以上等次作为评价领导干部政绩、年度考核和选拔任用的重要依据；另一

方面，将不合格等次作为按照相关规定追究生态环境损害明显、责任事件多发地区的党政主要负责人和相关负责人有关责任的重要参考。

## 三、绿色发展实际水平——以滇桂黔生态脆弱地区部分片区为例

### （一）滇桂黔生态脆弱地区云南片区部分区域绿色发展实际水平

1. 滇桂黔生态脆弱地区云南片区曲靖市师宗县绿色发展实际水平

滇桂黔生态脆弱地区云南片区曲靖市师宗县高度重视改善乡村人居环境和提高生态环境质量。具体做法如下：第一，改善乡村人居环境，新建行政村公厕 5 户、改造农村无害化卫生户厕 2216 户。第二，持续改善生态环境质量，县城区环境空气质量优良率达 100%。第三，推行“河（湖）长制”，全县 39 条河流、库渠未出现劣Ⅴ类水质，县城集中式饮用水水源地水质全部达标。第四，强化生态建设，完成人工造林 0.8 万亩，治理石漠化 2.43 万亩，全县森林覆盖率增至 49.9%。[①] 滇桂黔生态脆弱地区云南片区曲靖市师宗县绿色发展水平显著提高，牛宿、红土、淑基 3 个村被评选为“市级美丽村庄”，如表 3－2所示。

**表 3－2 滇桂黔生态脆弱地区云南片区曲靖市师宗县绿色发展实际水平**

| 一级指标 | 二级指标 | 三级指标 | 单位 | 权数（%） | 2018 年数据 | 2019 年数据 | 数据来源 |
|---|---|---|---|---|---|---|---|
| 客观指标（权数 = 85%） | 资源利用（权数 = 11.91%） | 能源消耗总量 | 万吨标准煤 | 1.83 | 104.14 | 102.92 | 曲靖市能源报告 |
| | | 能源消耗总量降低/% | | 2.75 | 10.73 | －0.76 | 曲靖市能源报告 |
| | | 单位 GDP 能耗 | 吨标准煤/万元 | 1.83 | 0.8745 | 0.6779 | 曲靖市能源报告 |
| | | 单位 GDP 能耗下降率/% | | 2.75 | 0.09 | －0.22 | 曲靖市能源报告 |
| | | 新能源交通工具 | 辆 | 2.75 | — | — | |

① 2020 年师宗县人民政府工作报告[EB/OL]. http://www.ynsz.gov.cn/news/a/202007/0375983957.htm.

续表

| 一级指标 | 二级指标 | 三级指标 | 单位 | 权数（%） | 2018 年数据 | 2019 年数据 | 数据来源 |
|---|---|---|---|---|---|---|---|
| 客观指标（权数=85%） | 环境治理（权数=16.5%） | 新增水土流失治理面积 | 平方千米 | 2.75 | — | — | |
| | | 新增石漠化治理面积 | 万亩 | 2.75 | 2.5 | 2.43 | 师宗县政府工作报告 |
| | | 科学技术支出 | 万元 | 2.75 | 874 | 880 | 师宗县财政局 |
| | | 科学技术支出同比增长率/% | | 2.75 | -39.68 | 0.69 | 师宗县财政局 |
| | | 节能环保支出 | 万元 | 2.75 | 7874 | 4166 | 师宗县财政局 |
| | | 节能环保支出同比增长率/% | | 2.75 | -21.28 | -47.09 | 师宗县财政局 |
| | 环境质量（权数=12.41%） | 空气质量优良率/% | | 2.75 | 100 | 100 | 师宗县政府工作报告 |
| | | 地表水达到或好于Ⅲ类水体比例/% | | 2.75 | 100 | 100 | 师宗县政府工作报告 |
| | | 地表水劣Ⅴ类水体比例/% | | 2.75 | 0 | 0 | 师宗县政府工作报告 |
| | | 重要江河湖泊水功能区水质达标率/% | | 2.75 | 100 | 100 | 师宗县政府工作报告 |
| | | 化肥施用量（折纯） | 吨 | 1.41 | 减施化肥 150 | — | 师宗县政府工作报告 |
| | 生态保护（权数=15.58%） | 森林面积 | 公顷 | 2.75 | 133882.35 | — | 曲靖市林业和草原局 |
| | | 森林覆盖率/% | | 2.75 | 48.16 | 49.9 | 师宗县政府工作报告 |
| | | 陆域自然保护区面积 | 公顷 | 1.83 | 57620 | 57620 | 师宗县人民政府 |
| | | 新增退耕还林面积 | 公顷 | 2.75 | — | — | |

**续表**

| 一级指标 | 二级指标 | 三级指标 | 单位 | 权数（%） | 2018年数据 | 2019年数据 | 数据来源 |
| --- | --- | --- | --- | --- | --- | --- | --- |
| 客观指标（权数=85%） | 生态保护（权数=15.58%） | 新增封山育林面积 | 万亩 | 2.75 | 2.3 | — | 师宗县政府工作报告 |
| | | 新增人工造林面积 | 万亩 | 2.75 | 4 | 0.8 | 师宗县政府工作报告 |
| | 增长质量（权数=12.1%） | 地区生产总值 | 亿元 | 1.83 | 119.08 | 151.82 | 云南统计年鉴 |
| | | 人均地区生产总值 | 元 | 1.83 | 33261 | 36958 | 云南统计年鉴 |
| | | 年末常住人口 | 万人 | 1.83 | 41.09 | 41.06 | 云南统计年鉴 |
| | | 第三产业增加值 | 亿元 | 1.83 | 46.88 | 64.47 | 云南统计年鉴、师宗县统计公报 |
| | | 第三产业对GDP增长的贡献率/% | | 1.12 | 53.1 | — | 曲靖市统计局 |
| | | 城镇居民人均可支配收入 | 元 | 1.83 | — | 33922 | 师宗县统计公报 |
| | | 农村居民人均可支配收入 | 元 | 1.83 | 11851 | 13048 | 云南统计年鉴、师宗县统计公报 |
| | 绿色生活（权数=16.5%） | 城乡生活垃圾无害化处理率/% | | 2.75 | — | 70 | 师宗县创建国家卫生县城工作领导小组办公室 |
| | | 城镇污水集中处理率/% | | 2.75 | 90 | 100 | 师宗县政府工作报告、师宗县统计公报 |
| | | 建成区绿化覆盖率/% | | 2.75 | — | 37.33 | 师宗县财政局 |
| | | 人均公园绿地面积 | 平方米 | 2.75 | — | 11.51 | 师宗县财政局 |
| | | 农村卫生厕所普及率/% | | 2.75 | — | 70 | 师宗县创建国家卫生县城工作领导小组办公室 |
| | | 集中式饮用水水源地水质达标率/% | | 2.75 | 100 | 100 | 师宗县政府工作报告 |

续表

| 一级指标 | 二级指标 | 三级指标 | 单位 | 权数（%） | 2018 年数据 | 2019 年数据 | 数据来源 |
|---|---|---|---|---|---|---|---|
| 主观指标（权数 = 15%） | 公众对生态环境质量满意程度（权数 = 15%） | 石漠化治理获得感/% | | 5 | 100 | 100 | 问卷调查、个案访谈 |
| | | 绿色生产方式获得感/% | | 5 | 100 | 100 | 问卷调查、个案访谈 |
| | | 绿色生活方式获得感/% | | 5 | 100 | 100 | 问卷调查、个案访谈 |

2. 滇桂黔生态脆弱地区云南片区曲靖市罗平县绿色发展实际水平

滇桂黔生态脆弱地区云南片区曲靖市罗平县高度重视改善乡村人居环境和提高生态环境质量。具体做法如下：第一，改善人居环境，改造城区公厕 68 座、农村公厕 51 座，城镇污水集中处理率达 90.58%，城乡生活垃圾无害化处理率达 100%。第二，生态建设成效显著，完成人工造林 3.28 万亩、新增石漠化综合治理 2.5 万亩、废弃矿山土地复垦 899.48 亩，治理水土流失面积 38 平方千米。[①] 滇桂黔生态脆弱地区云南片区曲靖市罗平县绿色发展成效显著，板桥镇品德村、旧屋基乡法湾村、长底乡长底社区进入“国家森林乡村”候选名单，如表 3 –3 所示。

**表 3 –3　滇桂黔生态脆弱地区云南片区曲靖市罗平县绿色发展实际水平**

| 一级指标 | 二级指标 | 三级指标 | 单位 | 权数（%） | 2018 年数据 | 2019 年数据 | 数据来源 |
|---|---|---|---|---|---|---|---|
| 客观指标（权数 = 85%） | 资源利用（权数 = 11.91%） | 能源消耗总量 | 万吨标准煤 | 1.83 | 25.87 | 32.96 | 曲靖市能源报告 |
| | | 能源消耗总量降低/% | | 2.75 | –38.43 | 36.10 | 曲靖市能源报告 |
| | | 单位 GDP 能耗 | 吨标准煤/万元 | 1.83 | 0.1448 | 0.1344 | 曲靖市能源报告 |
| | | 单位 GDP 能耗下降率/% | | 2.75 | –0.49 | –0.07 | 曲靖市能源报告 |
| | | 新能源交通工具 | 辆 | 2.75 | — | — | |

① 2020 年罗平县人民政府工作报告［EB/OL］. http://www.luoping.gov.cn/html/2020/gggs_0219/40833.html.

**续表**

| 一级指标 | 二级指标 | 三级指标 | 单位 | 权数（%） | 2018 年数据 | 2019 年数据 | 数据来源 |
|---|---|---|---|---|---|---|---|
| 客观指标（权数=85%） | 环境治理（权数=16.5%） | 新增水土流失治理面积 | 平方千米 | 2.75 | — | 38 | 罗平县政府工作报告 |
| 客观指标（权数=85%） | 环境治理（权数=16.5%） | 新增石漠化治理面积 | 万亩 | 2.75 | — | 2.5 | 罗平县政府工作报告 |
| 客观指标（权数=85%） | 环境治理（权数=16.5%） | 科学技术支出 | 万元 | 2.75 | 264 | 700 | 罗平县财政局、罗平县统计公报 |
| 客观指标（权数=85%） | 环境治理（权数=16.5%） | 科学技术支出同比增长率/% | | 2.75 | -95.74 | 59.1 | 罗平县财政局、罗平县统计公报 |
| 客观指标（权数=85%） | 环境治理（权数=16.5%） | 节能环保支出 | 万元 | 2.75 | 6073 | 4100 | 罗平县财政局、罗平县统计公报 |
| 客观指标（权数=85%） | 环境治理（权数=16.5%） | 节能环保支出同比增长率/% | | 2.75 | -70.01 | -32.6 | 罗平县财政局、罗平县统计公报 |
| 客观指标（权数=85%） | 环境质量（权数=12.41%） | 空气质量优良率/% | | 2.75 | 97.7 | 99.16 | 罗平县政府工作报告 |
| 客观指标（权数=85%） | 环境质量（权数=12.41%） | 地表水达到或好于Ⅲ类水体比例/% | | 2.75 | 100 | 100 | 罗平县政府工作报告 |
| 客观指标（权数=85%） | 环境质量（权数=12.41%） | 地表水劣Ⅴ类水体比例/% | | 2.75 | 0 | 0 | 罗平县政府工作报告 |
| 客观指标（权数=85%） | 环境质量（权数=12.41%） | 重要江河湖泊水功能区水质达标率/% | | 2.75 | 100 | 100 | 罗平县政府工作报告 |
| 客观指标（权数=85%） | 环境质量（权数=12.41%） | 化肥施用量（折纯） | 吨 | 1.41 | 零增长 | 50818 | 罗平县统计公报 |

续表

| 一级指标 | 二级指标 | 三级指标 | 单位 | 权数（%） | 2018年数据 | 2019年数据 | 数据来源 |
|---|---|---|---|---|---|---|---|
| 客观指标（权数=85%） | 生态保护（权数=15.58%） | 森林面积 | 公顷 | 2.75 | — | 125431.66 | 罗平县林业和草原局 |
| | | 森林覆盖率/% | | 2.75 | 48 | 41.56 | 罗平县统计公报 |
| | | 陆域自然保护区面积 | 公顷 | 1.83 | 58327 | 58327 | 罗平县人大常委会 |
| | | 新增退耕还林面积 | 公顷 | 2.75 | 0.4 | — | 罗平县林业局 |
| | | 新增封山育林面积 | 万亩 | 2.75 | 3.3 | — | 罗平县林业局 |
| | | 新增人工造林面积 | 万亩 | 2.75 | 9.15 | 3.28 | 罗平县政府工作报告 |
| | 增长质量（权数=12.1%） | 地区生产总值 | 亿元 | 1.83 | 178.63 | 245.29 | 云南统计年鉴 |
| | | 人均地区生产总值 | 元 | 1.83 | 36678 | 41512 | 云南统计年鉴 |
| | | 年末常住人口 | 万人 | 1.83 | 57.88 | 60.30 | 云南统计年鉴 |
| | | 第三产业增加值 | 亿元 | 1.83 | 80.19 | 110.83 | 罗平县统计公报 |
| | | 第三产业对GDP增长的贡献率/% | | 1.12 | 37.5 | 36.83 | 曲靖市统计局、罗平县统计公报 |
| | | 城镇居民人均可支配收入 | 元 | 1.83 | 32790 | 35414 | 罗平县统计公报 |
| | | 农村居民人均可支配收入 | 元 | 1.83 | 14733 | 16206 | 罗平县统计公报 |
| | 绿色生活（权数=16.5%） | 城乡生活垃圾无害化处理率/% | | 2.75 | 98.2 | 100 | 罗平县政府工作报告 |
| | | 城镇污水集中处理率/% | | 2.75 | 90.4 | 90.58 | 罗平县统计公报 |

续表

| 一级指标 | 二级指标 | 三级指标 | 单位 | 权数（%） | 2018 年数据 | 2019 年数据 | 数据来源 |
|---|---|---|---|---|---|---|---|
| 客观指标（权数 = 85%） | 绿色生活（权数 = 16.5%） | 建成区绿化覆盖率/% | | 2.75 | 35.87 | — | 罗平县住房和城乡建设局 |
| | | 人均公园绿地面积 | 平方米 | 2.75 | 11.3 | — | 罗平县住房和城乡建设局 |
| | | 农村卫生厕所普及率/% | | 2.75 | 72.85 | — | 曲靖市政府办公室 |
| | | 集中式饮用水水源地水质达标率/% | | 2.75 | 100 | 100 | 罗平县政府工作报告 |
| 主观指标（权数 = 15%） | 公众对生态环境质量满意程度（权数 = 15%） | 石漠化治理获得感/% | | 5 | 100 | 100 | 问卷调查、个案访谈 |
| | | 绿色生产方式获得感/% | | 5 | 100 | 100 | 问卷调查、个案访谈 |
| | | 绿色生活方式获得感/% | | 5 | 100 | 100 | 问卷调查、个案访谈 |

### 3. 滇桂黔生态脆弱地区云南片区文山壮族苗族自治州西畴县绿色发展实际水平

滇桂黔生态脆弱地区云南片区文山壮族苗族自治州西畴县高度重视绿色发展。具体做法如下：第一，城镇污水集中处理率、城乡生活垃圾无害化处理率均达 100%，第二，划定生态保护红线 4.6 万公顷，确定基本农田 1.8 万公顷。第三，完成土地整治 1.58 万亩，新增补充耕地 825 亩。第四，大力实施退耕还林还草、生态造林、封山育林等保护工程，森林覆盖率和林草植被覆盖度分别达 53.3%、86%。[①] 滇桂黔生态脆弱地区云南片区文山壮族苗族自治州西畴县绿色发展成效显著，创建法斗、董马等 6 个生态文明乡镇，瓦厂、香坪山入选“国家森林乡村”，如表 3-4 所示。

① 2020 年西畴县人民政府工作报告［EB/OL］. https://www.xczw.gov.cn/zwyw/tzgg/content_11818.

**表3-4　滇桂黔生态脆弱地区云南片区文山壮族苗族自治州西畴县绿色发展实际水平**

| 一级指标 | 二级指标 | 三级指标 | 单位 | 权数（%） | 2018年数据 | 2019年数据 | 数据来源 |
| --- | --- | --- | --- | --- | --- | --- | --- |
| 客观指标（权数=85%） | 资源利用（权数=11.91%） | 能源消耗总量 | 万吨标准煤 | 1.83 | — | — | |
| | | 能源消耗总量降低/% | | 2.75 | — | -8.47 | 文山州生态环境局 |
| | | 单位GDP能耗 | 吨标准煤/万元 | 1.83 | — | — | |
| | | 单位GDP能耗下降率/% | | 2.75 | — | — | |
| | | 新能源交通工具 | 辆 | 2.75 | — | — | |
| | 环境治理（权数=16.5%） | 新增水土流失治理面积 | 平方千米 | 2.75 | — | — | |
| | | 新增石漠化治理面积 | 万亩 | 2.75 | — | 21 | |
| | | 科学技术支出 | 万元 | 2.75 | 948 | 432 | 西畴县财政局 |
| | | 科学技术支出同比增长率/% | | 2.75 | -45.98 | -54.43 | 西畴县财政局 |
| | | 节能环保支出 | 万元 | 2.75 | 11655 | 9745 | 西畴县财政局 |
| | | 节能环保支出同比增长率/% | | 2.75 | 18 | -16.39 | 西畴县财政局 |
| | 环境质量（权数=12.41%） | 空气质量优良率/% | | 2.75 | 100 | 100 | 西畴县环境保护局 |
| | | 地表水达到或好于Ⅲ类水体比例/% | | 2.75 | 100 | 100 | 西畴县政府工作报告 |
| | | 地表水劣Ⅴ类水体比例/% | | 2.75 | 0 | 0 | 西畴县政府工作报告 |
| | | 重要江河湖泊水功能区水质达标率/% | | 2.75 | 100 | 100 | 西畴县政府工作报告 |
| | | 化肥施用量（折纯） | 吨 | 1.41 | 13832 | 13806 | 西畴县统计公报 |

续表

| 一级指标 | 二级指标 | 三级指标 | 单位 | 权数（%） | 2018年数据 | 2019年数据 | 数据来源 |
|---|---|---|---|---|---|---|---|
| 客观指标（权数=85%） | 生态保护（权数=15.58%） | 森林面积 | 公顷 | 2.75 | | | |
| | | 森林覆盖率/% | | 2.75 | 46.1 | 53.3 | 西畴县政府工作报告 |
| | | 陆域自然保护区面积 | 公顷 | 1.83 | 458.62 | 460.00 | 西畴县政府工作报告 |
| | | 新增退耕还林面积 | 公顷 | 2.75 | — | — | |
| | | 新增封山育林面积 | 万亩 | 2.75 | — | 87 | 文山州生态环境局 |
| | | 新增人工造林面积 | 万亩 | 2.75 | 1.42 | 5.77 | 西畴县统计公报 |
| | 增长质量（权数=12.1%） | 地区生产总值 | 亿元 | 1.83 | 39.5057 | 50.24 | 云南统计年鉴 |
| | | 人均地区生产总值 | 元 | 1.83 | 16830 | 18937 | 云南统计年鉴 |
| | | 年末常住人口 | 万人 | 1.83 | 26.43 | 26.63 | 云南统计年鉴 |
| | | 第三产业增加值 | 亿元 | 1.83 | 19.0086 | 24.2541 | 西畴县统计公报 |
| | | 第三产业对GDP增长的贡献率/% | | 1.12 | 30.6 | 38.0 | 西畴县统计公报 |
| | | 城镇居民人均可支配收入 | 元 | 1.83 | 27333 | 29492 | 西畴县统计公报 |
| | | 农村居民人均可支配收入 | 元 | 1.83 | 9552 | 10565 | 西畴县统计公报 |
| | 绿色生活（权数=16.5%） | 城乡生活垃圾无害化处理率/% | | 2.75 | 100 | 100 | 西畴县政府工作报告 |
| | | 城镇污水集中处理率/% | | 2.75 | 92 | 100 | 西畴县政府工作报告 |
| | | 建成区绿化覆盖率/% | | 2.75 | — | 36 | 文山州生态环境局 |
| | | 人均公园绿地面积 | 平方米 | 2.75 | — | — | |

续表

| 一级指标 | 二级指标 | 三级指标 | 单位 | 权数（%） | 2018年数据 | 2019年数据 | 数据来源 |
|---|---|---|---|---|---|---|---|
| 客观指标（权数=85%） | 绿色生活（权数=16.5%） | 农村卫生厕所普及率/% | | 2.75 | — | 89 | 文山州生态环境局 |
| 客观指标（权数=85%） | 绿色生活（权数=16.5%） | 集中式饮用水水源地水质达标率/% | | 2.75 | 100 | 100 | 西畴县政府工作报告 |
| 主观指标（权数=15%） | 公众对生态环境质量满意程度（权数=15%） | 石漠化治理获得感/% | | 5 | 100 | 100 | 问卷调查、个案访谈 |
| 主观指标（权数=15%） | 公众对生态环境质量满意程度（权数=15%） | 绿色生产方式获得感/% | | 5 | 100 | 100 | 问卷调查、个案访谈 |
| 主观指标（权数=15%） | 公众对生态环境质量满意程度（权数=15%） | 绿色生活方式获得感/% | | 5 | 100 | 100 | 问卷调查、个案访谈 |

## （二）滇桂黔生态脆弱地区广西片区部分区域绿色发展实际水平

### 1. 滇桂黔生态脆弱地区广西片区南宁市隆安县绿色发展实际水平

滇桂黔生态脆弱地区广西片区南宁市隆安县高度重视绿色发展。具体做法如下：第一，落实“水十条”“气十条”“土十条”，县级集中式饮用水水源地水质达标率为100%，主要河流水质优良率（达到或优于Ⅲ类）为100%。第二，空气质量优良率为95.3%。第三，推进山水林田湖草生态修复工程，人工造林面积1.45万亩，森林覆盖率达60.92%。[①] 滇桂黔生态脆弱地区广西片区南宁市隆安县绿色发展成效显著，如表3－5所示。

**表3－5 滇桂黔生态脆弱地区广西片区南宁市隆安县绿色发展实际水平**

| 一级指标 | 二级指标 | 三级指标 | 单位 | 权数（%） | 2018年数据 | 2019年数据 | 数据来源 |
|---|---|---|---|---|---|---|---|
| 客观指标（权数=85%） | 资源利用（权数=11.91%） | 能源消耗总量 | 万吨标准煤 | 1.83 | — | 38.85 | 南宁市统计局 |
| 客观指标（权数=85%） | 资源利用（权数=11.91%） | 能源消耗总量降低/% | | 2.75 | — | 10.23 | 南宁市统计局 |
| 客观指标（权数=85%） | 资源利用（权数=11.91%） | 单位GDP能耗 | 吨标准煤/万元 | 1.83 | — | 0.84 | 隆安县人民政府办公室 |

① 2020年隆安县人民政府工作报告[EB/OL]. http://www.lax.gov.cn/hdhy/zcjd/t4332167.html.

**续表**

| 一级指标 | 二级指标 | 三级指标 | 单位 | 权数（%） | 2018年数据 | 2019年数据 | 数据来源 |
|---|---|---|---|---|---|---|---|
| 客观指标（权数=85%） | 资源利用（权数=11.91%） | 单位GDP能耗下降率/% | | 2.75 | — | -3.09 | 隆安县人民政府办公室 |
| | | 新能源交通工具 | 辆 | 2.75 | — | 新增及更新公交车中新能源公交车比重不低于30% | 隆安县交通局 |
| | 环境治理（权数=16.5%） | 新增水土流失治理面积 | 平方千米 | 2.75 | — | — | |
| | | 新增石漠化治理面积 | 万亩 | 2.75 | — | — | |
| | | 科学技术支出 | 万元 | 2.75 | 254 | 291 | 隆安县财政局 |
| | | 科学技术支出同比增长率/% | | 2.75 | -65.5 | 14.6 | 隆安县统计公报 |
| | | 节能环保支出 | 万元 | 2.75 | 1428 | 3279 | 隆安县财政局 |
| | | 节能环保支出同比增长率/% | | 2.75 | -16.7 | 144.8 | 隆安县统计公报 |
| | 环境质量（权数=12.41%） | 空气质量优良率/% | | 2.75 | 97 | 95.3 | 隆安县环境保护局、隆安县政府工作报告 |
| | | 地表水达到或好于Ⅲ类水体比例/% | | 2.75 | 100 | 100 | 隆安县政府工作报告 |
| | | 地表水劣Ⅴ类水体比例/% | | 2.75 | 0 | 0 | 隆安县政府工作报告 |
| | | 重要江河湖泊水功能区水质达标率/% | | 2.75 | 100 | 100 | 隆安县政府工作报告 |
| | | 化肥施用量（折纯） | 吨 | 1.41 | 40000 | 38800 | 隆安县统计公报 |
| | 生态保护（权数=15.58%） | 森林面积 | 公顷 | 2.75 | 104781 | 104767 | 广西统计年鉴 |
| | | 森林覆盖率/% | | 2.75 | 58.35 | 60.92 | 隆安县政府工作报告 |
| | | 陆域自然保护区面积 | 公顷 | 1.83 | 2256 | 2256 | 广西统计年鉴 |

续表

| 一级指标 | 二级指标 | 三级指标 | 单位 | 权数（%） | 2018 年数据 | 2019 年数据 | 数据来源 |
|---|---|---|---|---|---|---|---|
| 客观指标（权数 = 85%） | 生态保护（权数 = 15.58%） | 新增退耕还林面积 | 公顷 | 2.75 | — | — | |
| | | 新增封山育林面积 | 万亩 | 2.75 | — | — | |
| | | 新增人工造林面积 | 万亩 | 2.75 | 0.0495 | 1.45 | 隆安县统计公报、隆安县政府工作报告 |
| | 增长质量（权数 = 12.1%） | 地区生产总值 | 亿元 | 1.83 | 89.69 | 94.27 | 隆安县统计公报 |
| | | 人均地区生产总值 | 元 | 1.83 | 28168.97 | 29522 | 隆安县统计公报 |
| | | 年末常住人口 | 万人 | 1.83 | 31.84 | 32.02 | 隆安县统计公报 |
| | | 第三产业增加值 | 亿元 | 1.83 | 32.47 | 33.87 | 隆安县统计公报 |
| | | 第三产业对 GDP 增长的贡献率/% | | 1.12 | — | — | |
| | | 城镇居民人均可支配收入 | 元 | 1.83 | 27415 | 29197 | 隆安县统计公报 |
| | | 农村居民人均可支配收入 | 元 | 1.83 | 11674 | 12876 | 隆安县统计公报 |
| | 绿色生活（权数 = 16.5%） | 城乡生活垃圾无害化处理率/% | | 2.75 | 100 | 100 | 隆安县人民政府办公室 |
| | | 城镇污水集中处理率/% | | 2.75 | 71.10 | 90.67 | 广西建设年鉴、隆安县人民政府办公室 |
| | | 建成区绿化覆盖率/% | | 2.75 | 38.97 | 43.3 | 广西建设年鉴、南宁市林业和园林局 |
| | | 人均公园绿地面积 | 平方米 | 2.75 | 5.97 | 12.15 | 广西建设年鉴、南宁市林业和园林局 |
| | | 农村卫生厕所普及率/% | | 2.75 | 90 | — | 隆安县住建局 |
| | | 集中式饮用水水源地水质达标率/% | | 2.75 | 100 | 100 | 隆安县政府工作报告 |

续表

| 一级指标 | 二级指标 | 三级指标 | 单位 | 权数（%） | 2018 年数据 | 2019 年数据 | 数据来源 |
|---|---|---|---|---|---|---|---|
| 主观指标（权数 = 15%） | 公众对生态环境质量满意程度（权数 = 15%） | 石漠化治理获得感/% | | 5 | 100 | 100 | 问卷调查、个案访谈 |
| | | 绿色生产方式获得感/% | | 5 | 100 | 100 | 问卷调查、个案访谈 |
| | | 绿色生活方式获得感/% | | 5 | 100 | 100 | 问卷调查、个案访谈 |

2. 滇桂黔生态脆弱地区广西片区柳州市融安县绿色发展实际水平

滇桂黔生态脆弱地区广西片区柳州市融安县践行“绿水青山就是金山银山”发展理念。具体做法如下：第一，实行最严格水资源管理制度，县城集中式饮用水水源地水质达标率为 100%。第二，推进“厕所革命”，完成改厕、改厨任务各 1.15 万户。第三，持续推进生态乡村和特色小镇建设，2 个乡镇获“2018 年度区级生态乡镇”命名。① 滇桂黔生态脆弱地区广西片区柳州市融安县绿色发展成效显著，全县生态乡镇率达 60%，如表 3-6 所示。

**表 3-6 滇桂黔生态脆弱地区广西片区柳州市融安县绿色发展实际水平**

| 一级指标 | 二级指标 | 三级指标 | 单位 | 权数（%） | 2018 年数据 | 2019 年数据 | 数据来源 |
|---|---|---|---|---|---|---|---|
| 客观指标（权数 = 85%） | 资源利用（权数 = 11.91%） | 能源消耗总量 | 万吨标准煤 | 1.83 | 35.20 | 38.29 | 融安县统计资料汇编 |
| | | 能源消耗总量降低/% | | 2.75 | 12.10 | 8.78 | 融安县统计资料汇编、柳州统计年鉴 |
| | | 单位 GDP 能耗 | 吨标准煤/万元 | 1.83 | 0.4203 | 0.4288 | 融安县统计资料汇编、柳州统计年鉴 |

① 2019 年融安县人民政府工作报告[EB/OL]. http://rongan.gov.cn/xxgk/fdzdgknr/zfgzbg/202101/t20210109_2406706.shtml.

续表

| 一级指标 | 二级指标 | 三级指标 | 单位 | 权数（%） | 2018 年数据 | 2019 年数据 | 数据来源 |
|---|---|---|---|---|---|---|---|
| 客观指标（权数 = 85%） | 资源利用（权数 = 11.91%） | 单位 GDP 能耗下降率/% | | 2.75 | -3.8361 | -1.0842 | 融安县统计资料汇编、柳州统计年鉴 |
| | | 新能源交通工具 | 辆 | 2.75 | — | — | |
| | 环境治理（权数 = 16.5%） | 新增水土流失治理面积 | 平方千米 | 2.75 | — | — | |
| | | 新增石漠化治理面积 | 万亩 | 2.75 | — | — | |
| | | 科学技术支出 | 万元 | 2.75 | 291 | 262 | 融安县财政局 |
| | | 科学技术支出同比增长率/% | | 2.75 | 15.48 | -9.97 | 融安县财政局 |
| | | 节能环保支出 | 万元 | 2.75 | 1484 | 1297 | 融安县财政局 |
| | | 节能环保支出同比增长率/% | | 2.75 | -37.25 | -12.6 | 融安县财政局 |
| | 环境质量（权数 = 12.41%） | 空气质量优良率/% | | 2.75 | 89.6 | 91.2 | 环保局 |
| | | 地表水达到或好于Ⅲ类水体比例/% | | 2.75 | 100 | 100 | 融安县政府工作报告 |
| | | 地表水劣Ⅴ类水体比例/% | | 2.75 | 0 | 0 | 融安县政府工作报告 |
| | | 重要江河湖泊水功能区水质达标率/% | | 2.75 | 100 | 100 | 融安县政府工作报告 |
| | | 化肥施用量（折纯） | 吨 | 1.41 | 24229 | 24079 | 柳州统计年鉴 |
| | 生态保护（权数 = 15.58%） | 森林面积 | 公顷 | 2.75 | 227661 | 226597 | 广西统计年鉴 |
| | | 森林覆盖率/% | | 2.75 | 79.2 | 79.35 | 融安年鉴 |
| | | 陆域自然保护区面积 | 公顷 | 1.83 | 5000 | 5000 | 广西统计年鉴 |
| | | 新增退耕还林面积 | 公顷 | 2.75 | — | — | |

续表

| 一级指标 | 二级指标 | 三级指标 | 单位 | 权数（%） | 2018 年数据 | 2019 年数据 | 数据来源 |
|---|---|---|---|---|---|---|---|
| 客观指标（权数 = 85%） | 生态保护（权数 = 15.58%） | 新增封山育林面积 | 万亩 | 2.75 | — | — | |
| | | 新增人工造林面积 | 万亩 | 2.75 | — | — | |
| | 增长质量（权数 = 12.1%） | 地区生产总值 | 亿元 | 1.83 | 83.7555 | 103.8823 | 融安县统计公报 |
| | | 人均地区生产总值 | 元 | 1.83 | 27770 | 34133 | 融安县统计公报 |
| | | 年末常住人口 | 万人 | 1.83 | 30.31 | 30.56 | 融安县统计公报 |
| | | 第三产业增加值 | 亿元 | 1.83 | 34.8882 | 43.94 | 融安县统计公报 |
| | | 第三产业对GDP增长的贡献率/% | | 1.12 | — | 44.1 | 融安县统计资料汇编 |
| | | 城镇居民人均可支配收入 | 元 | 1.83 | 29021 | 31285 | 融安县统计公报 |
| | | 农村居民人均可支配收入 | 元 | 1.83 | 12958 | 14280 | 融安县统计公报 |
| | 绿色生活（权数 = 16.5%） | 城乡生活垃圾无害化处理率/% | | 2.75 | 100 | 100 | 柳州统计年鉴 |
| | | 城镇污水集中处理率/% | | 2.75 | 93.5 | 95 | 柳州统计年鉴 |
| | | 建成区绿化覆盖率/% | | 2.75 | 19.40 | — | 柳州统计年鉴 |
| | | 人均公园绿地面积 | 平方米 | 2.75 | 12.75 | — | 柳州统计年鉴 |
| | | 农村卫生厕所普及率/% | | 2.75 | 86.77 | 90 | 融安县人民政府办公室 |
| | | 集中式饮用水水源地水质达标率/% | | 2.75 | 100 | 100 | 融安县政府工作报告 |

续表

| 一级指标 | 二级指标 | 三级指标 | 单位 | 权数（%） | 2018 年数据 | 2019 年数据 | 数据来源 |
|---|---|---|---|---|---|---|---|
| 主观指标（权数 = 15%） | 公众对生态环境质量满意程度（权数 = 15%） | 石漠化治理获得感/% | | 5 | 100 | 100 | 问卷调查、个案访谈 |
| | | 绿色生产方式获得感/% | | 5 | 100 | 100 | 问卷调查、个案访谈 |
| | | 绿色生活方式获得感/% | | 5 | 100 | 100 | 问卷调查、个案访谈 |

3. 滇桂黔生态脆弱地区广西片区桂林市龙胜各族自治县绿色发展实际水平

滇桂黔生态脆弱地区广西片区桂林市龙胜各族自治县高度重视绿色发展。具体做法如下：第一，2019 年共完成人工造林 1.15 万亩，义务植树 38 万株，实施生态公益林 107.35 万亩，全县森林覆盖率保持在 80.48%。第二，2019 年县城环境空气质量优良天数 338 天，优良率为 93%。第三，全县饮用水、地表水水质达标率均为 100%。[①] 滇桂黔生态脆弱地区广西片区桂林市龙胜各族自治县绿色发展成效显著，整体环境质量保持优良，如表 3－7 所示。

**表 3－7　滇桂黔生态脆弱地区广西片区桂林市龙胜各族自治县绿色发展实际水平**

| 一级指标 | 二级指标 | 三级指标 | 单位 | 权数（%） | 2018 年数据 | 2019 年数据 | 数据来源 |
|---|---|---|---|---|---|---|---|
| 客观指标（权数 = 85%） | 资源利用（权数 = 11.91%） | 能源消耗总量 | 万吨标准煤 | 1.83 | 2.3165 | — | 桂林经济社会统计年鉴 |
| | | 能源消耗总量降低/% | | 2.75 | — | — | |
| | | 单位 GDP 能耗 | 吨标准煤/万元 | 1.83 | — | — | |

① 2020 年龙胜各族自治县人民政府工作报告［EB/OL］. http://www.glls.gov.cn/zwgk/gdzdgk/jcxxgk/zfgzbg/202011/t20201103_1923749.html.

续表

| 一级指标 | 二级指标 | 三级指标 | 单位 | 权数（%） | 2018 年数据 | 2019 年数据 | 数据来源 |
|---|---|---|---|---|---|---|---|
| 客观指标（权数=85%） | 资源利用（权数=11.91%） | 单位 GDP 能耗下降率/% | | 2.75 | — | — | |
| | | 新能源交通工具 | 辆 | 2.75 | — | — | |
| | 环境治理（权数=16.5%） | 新增水土流失治理面积 | 平方千米 | 2.75 | — | — | |
| | | 新增石漠化治理面积 | 万亩 | 2.75 | 67.92 | — | 桂林经济社会统计年鉴 |
| | | 科学技术支出 | 万元 | 2.75 | 236 | 258 | 龙胜各族自治县财政局 |
| | | 科学技术支出同比增长率/% | | 2.75 | -9.58 | 9.32 | 龙胜各族自治县财政局 |
| | | 节能环保支出 | 万元 | 2.75 | 2473 | 6973 | 龙胜各族自治县财政局 |
| | | 节能环保支出同比增长率/% | | 2.75 | -37.15 | 181.97 | 龙胜各族自治县财政局 |
| | 环境质量（权数=12.41%） | 空气质量优良率/% | | 2.75 | 98.06 | 93 | 龙胜各族自治县政府工作报告 |
| | | 地表水达到或好于Ⅲ类水体比例/% | | 2.75 | 100 | 100 | 龙胜各族自治县政府工作报告 |
| | | 地表水劣Ⅴ类水体比例/% | | 2.75 | 0 | 0 | 龙胜各族自治县政府工作报告 |
| | | 重要江河湖泊水功能区水质达标率/% | | 2.75 | 100 | 100 | 龙胜各族自治县政府工作报告 |
| | | 化肥施用量（折纯） | 吨 | 1.41 | 19065 | 19281 | 龙胜各族自治县统计公报 |
| | 生态保护（权数=15.58%） | 森林面积 | 公顷 | 2.75 | 194193 | 200665 | 广西统计年鉴 |
| | | 森林覆盖率/% | | 2.75 | 79.12 | 80.48 | 龙胜各族自治县政府工作报告 |

续表

| 一级指标 | 二级指标 | 三级指标 | 单位 | 权数（%） | 2018 年数据 | 2019 年数据 | 数据来源 |
|---|---|---|---|---|---|---|---|
| 客观指标（权数 = 85%） | 生态保护（权数 = 15.58%） | 陆域自然保护区面积 | 公顷 | 1.83 | 11115 | 11125 | 广西统计年鉴 |
| | | 新增退耕还林面积 | 公顷 | 2.75 | — | — | |
| | | 新增封山育林面积 | 万亩 | 2.75 | — | — | |
| | | 新增人工造林面积 | 万亩 | 2.75 | 1.4254 | 1.15 | 龙胜各族自治县政府工作报告 |
| | 增长质量（权数 = 12.1%） | 地区生产总值 | 亿元 | 1.83 | 53.4721 | 58.82 | 龙胜各族自治县统计公报 |
| | | 人均地区生产总值 | 元 | 1.83 | 35182 | 36273 | 龙胜各族自治县统计公报 |
| | | 年末常住人口 | 万人 | 1.83 | 16.15 | 16.28 | 龙胜各族自治县统计公报 |
| | | 第三产业增加值 | 亿元 | 1.83 | 22.16 | 32.52 | 桂林经济社会统计年鉴、龙胜各族自治县统计公报 |
| | | 第三产业对 GDP 增长的贡献率/% | | 1.12 | 56.2 | 62.3 | 龙胜各族自治县统计公报 |
| | | 城镇居民人均可支配收入 | 元 | 1.83 | 32699 | 35315 | 龙胜各族自治县统计公报 |
| | | 农村居民人均可支配收入 | 元 | 1.83 | 11640 | 12816 | 龙胜各族自治县统计公报 |
| | 绿色生活（权数 = 16.5%） | 城乡生活垃圾无害化处理率/% | | 2.75 | 100 | 100 | 桂林经济社会统计年鉴 |
| | | 城镇污水集中处理率/% | | 2.75 | 99.3 | 99.3 | 桂林经济社会统计年鉴 |

续表

| 一级指标 | 二级指标 | 三级指标 | 单位 | 权数（%） | 2018 年数据 | 2019 年数据 | 数据来源 |
|---|---|---|---|---|---|---|---|
| 客观指标（权数 = 85%） | 绿色生活（权数 = 16.5%） | 建成区绿化覆盖率/% | | 2.75 | 25.24 | 41.21 | 广西建设年鉴、桂林经济社会统计年鉴 |
| | | 人均公园绿地面积 | 平方米 | 2.75 | 8.80 | 13.18 | 广西建设年鉴、桂林经济社会统计年鉴 |
| | | 农村卫生厕所普及率/% | | 2.75 | 90 | 90 | 龙胜各族自治县政府工作报告 |
| | | 集中式饮用水水源地水质达标率/% | | 2.75 | 100 | 100 | 龙胜各族自治县政府工作报告 |
| 主观指标（权数 = 15%） | 公众对生态环境质量满意程度（权数 = 15%） | 石漠化治理获得感/% | | 5 | 100 | 100 | 问卷调查、个案访谈 |
| | | 绿色生产方式获得感/% | | 5 | 100 | 100 | 问卷调查、个案访谈 |
| | | 绿色生活方式获得感/% | | 5 | 100 | 100 | 问卷调查、个案访谈 |

4. 滇桂黔生态脆弱地区广西片区百色市凌云县绿色发展实际水平

滇桂黔生态脆弱地区广西片区百色市凌云县高度重视绿色发展。具体做法如下：第一，持续深入开展“蓝天、碧水、净土”三大保卫战，全县森林覆盖率达 84.28%，空气质量优良率达 98.6%，地表水水质达标率为 100%。第二，推行“林长制”，大力开展绿化造林，完成人工造林 2.5 万亩、义务植树 60 万株。[①] 滇桂黔生态脆弱地区广西片区百色市凌云县绿色发展成效显著，污染防治成效明显，如表 3 – 8 所示。

① 2020 年凌云县人民政府工作报告［EB/OL］. http://www.lingyun.gov.cn/zwgk/zwxx/gzbg/t5231524.shtml.

**表 3－8　滇桂黔生态脆弱地区广西片区百色市凌云县绿色发展实际水平**

| 一级指标 | 二级指标 | 三级指标 | 单位 | 权数（%） | 2018 年数据 | 2019 年数据 | 数据来源 |
|---|---|---|---|---|---|---|---|
| 客观指标（权数＝85%） | 资源利用（权数＝11.91%） | 能源消耗总量 | 万吨标准煤 | 1.83 | 12.45 | — | 百色统计年鉴 |
| | | 能源消耗总量降低/% | | 2.75 | — | — | |
| | | 单位 GDP 能耗 | 吨标准煤/万元 | 1.83 | — | — | |
| | | 单位 GDP 能耗下降率/% | | 2.75 | — | — | |
| | | 新能源交通工具 | 辆 | 2.75 | — | 8 | 凌云县交通运输局 |
| | 环境治理（权数＝16.5%） | 新增水土流失治理面积 | 平方千米 | 2.75 | — | — | |
| | | 新增石漠化治理面积 | 万亩 | 2.75 | — | — | |
| | | 科学技术支出 | 万元 | 2.75 | 1116 | 1886 | 凌云县财政局 |
| | | 科学技术支出同比增长率/% | | 2.75 | －24.29 | 68.99 | 凌云县财政局 |
| | | 节能环保支出 | 万元 | 2.75 | 3598 | 2011 | 凌云县财政局 |
| | | 节能环保支出同比增长率/% | | 2.75 | －53.3 | －44.11 | 凌云县财政局 |
| | 环境质量（权数＝12.41%） | 空气质量优良率/% | | 2.75 | 98.6 | 98.6 | 凌云县政府工作报告 |
| | | 地表水达到或好于Ⅲ类水体比例/% | | 2.75 | 100 | 100 | 凌云县政府工作报告 |
| | | 地表水劣Ⅴ类水体比例/% | | 2.75 | 0 | 0 | 凌云县政府工作报告 |
| | | 重要江河湖泊水功能区水质达标率/% | | 2.75 | 100 | 100 | 凌云县政府工作报告 |
| | | 化肥施用量（折纯） | 吨 | 1.41 | 4436 | 4521.17 | 百色统计年鉴 |

**续表**

| 一级指标 | 二级指标 | 三级指标 | 单位 | 权数（%） | 2018 年数据 | 2019 年数据 | 数据来源 |
|---|---|---|---|---|---|---|---|
| 客观指标（权数=85%） | 生态保护（权数=15.58%） | 森林面积 | 公顷 | 2.75 | 171613 | 171600 | 广西统计年鉴 |
| | | 森林覆盖率/% | | 2.75 | 78 | 84.28 | 凌云县政府工作报告 |
| | | 陆域自然保护区面积 | 公顷 | 1.83 | 18346 | 19030 | 广西统计年鉴 |
| | | 新增退耕还林面积 | 公顷 | 2.75 | — | — | |
| | | 新增封山育林面积 | 万亩 | 2.75 | 2.8 | 1.2 | 凌云县政府工作报告 |
| | | 新增人工造林面积 | 万亩 | 2.75 | 6 | 2.5 | 凌云县政府工作报告 |
| | 增长质量（权数=12.1%） | 地区生产总值 | 亿元 | 1.83 | 35.28 | 44.97 | 广西统计年鉴 |
| | | 人均地区生产总值 | 元 | 1.83 | 16421 | 22777 | 广西统计年鉴 |
| | | 年末常住人口 | 万人 | 1.83 | 19.69 | 19.80 | 广西统计年鉴 |
| | | 第三产业增加值 | 亿元 | 1.83 | 14.64 | 22.34 | 广西统计年鉴 |
| | | 第三产业对GDP增长的贡献率/% | | 1.12 | 90 | — | 百色市统计局 |
| | | 城镇居民人均可支配收入 | 元 | 1.83 | 27878 | 29803 | 凌云县政府工作报告 |
| | | 农村居民人均可支配收入 | 元 | 1.83 | 9151 | 9789 | 凌云县政府工作报告 |
| | 绿色生活（权数=16.5%） | 城乡生活垃圾无害化处理率/% | | 2.75 | 100 | 100 | 凌云县政府工作报告 |
| | | 城镇污水集中处理率/% | | 2.75 | 94.19 | 95.02 | 百色统计年鉴 |
| | | 建成区绿化覆盖率/% | | 2.75 | 40.00 | 40.00 | 广西建设年鉴、百色统计年鉴 |

续表

| 一级指标 | 二级指标 | 三级指标 | 单位 | 权数（%） | 2018 年数据 | 2019 年数据 | 数据来源 |
|---|---|---|---|---|---|---|---|
| 客观指标（权数 = 85%） | 绿色生活（权数 = 16.5%） | 人均公园绿地面积 | 平方米 | 2.75 | 11.77 | 11.96 | 广西建设年鉴、百色统计年鉴 |
| | | 农村卫生厕所普及率/% | | 2.75 | — | 98 | 凌云县住建局 |
| | | 集中式饮用水水源地水质达标率/% | | 2.75 | 100 | 100 | 凌云县政府工作报告 |
| 主观指标（权数 = 15%） | 公众对生态环境质量满意程度（权数 = 15%） | 石漠化治理获得感/% | | 5 | 100 | 100 | 问卷调查、个案访谈 |
| | | 绿色生产方式获得感/% | | 5 | 100 | 100 | 问卷调查、个案访谈 |
| | | 绿色生活方式获得感/% | | 5 | 100 | 100 | 问卷调查、个案访谈 |

### （三）滇桂黔生态脆弱地区贵州片区部分区域绿色发展实际水平

#### 1. 滇桂黔生态脆弱地区贵州片区六盘水市水城区绿色发展实际水平

滇桂黔生态脆弱地区贵州片区六盘水市水城区高度重视绿色发展。具体做法如下：第一，空气质量优良率达 100%。第二，千人以上集中式饮用水水源地水质达标率达 100%。第三，完成人工造林 21.03 万亩，治理水土流失 14.6 平方千米。① 滇桂黔生态脆弱地区贵州片区六盘水市水城区绿色发展成效显著，森林覆盖率达 62.5%，如表 3－9 所示。

① 2020 年水城区人民政府工作报告[EB/OL]. http://www.shuicheng.gov.cn/xxgk/zdlygk/zfgzbg/202005/t20200526_60597799.html.

**表3-9 滇桂黔生态脆弱地区贵州片区六盘水市水城区绿色发展实际水平**

| 一级指标 | 二级指标 | 三级指标 | 单位 | 权数（%） | 2018年数据 | 2019年数据 | 数据来源 |
|---|---|---|---|---|---|---|---|
| 客观指标（权数=85%） | 资源利用（权数=11.91%） | 能源消耗总量 | 万吨标准煤 | 1.83 | — | — | |
| | | 能源消耗总量降低/% | | 2.75 | — | — | |
| | | 单位GDP能耗 | 吨标准煤/万元 | 1.83 | — | — | |
| | | 单位GDP能耗下降率/% | | 2.75 | — | — | |
| | | 新能源交通工具 | 辆 | 2.75 | — | 新能源公交车占比不低于50% | 水城区人民政府办公室 |
| | 环境治理（权数=16.5%） | 新增水土流失治理面积 | 平方千米 | 2.75 | — | 14.6 | 水城区政府工作报告 |
| | | 新增石漠化治理面积 | 万亩 | 2.75 | — | — | |
| | | 科学技术支出 | 万元 | 2.75 | 11863 | 4972 | 水城区财政局 |
| | | 科学技术支出同比增长率/% | | 2.75 | 1.34 | -58.09 | 水城区财政局 |
| | | 节能环保支出 | 万元 | 2.75 | 33459 | 13582 | 水城区财政局 |
| | | 节能环保支出同比增长率/% | | 2.75 | 10.30 | -59.41 | 水城区财政局 |
| | 环境质量（权数=12.41%） | 空气质量优良率/% | | 2.75 | 96.7 | 100 | 水城区政府工作报告 |
| | | 地表水达到或好于Ⅲ类水体比例/% | | 2.75 | 100 | 100 | 水城区政府工作报告 |
| | | 地表水劣Ⅴ类水体比例/% | | 2.75 | 0 | 0 | 水城区政府工作报告 |
| | | 重要江河湖泊水功能区水质达标率/% | | 2.75 | 100 | 100 | 水城区政府工作报告 |
| | | 化肥施用量（折纯） | 吨 | 1.41 | 11061 | 11016 | 六盘水统计年鉴 |

续表

| 一级指标 | 二级指标 | 三级指标 | 单位 | 权数（%） | 2018年数据 | 2019年数据 | 数据来源 |
|---|---|---|---|---|---|---|---|
| 客观指标（权数=85%） | 生态保护（权数=15.58%） | 森林面积 | 公顷 | 2.75 | — | — | |
| | | 森林覆盖率/% | | 2.75 | 60 | 62.5 | 水城区政府工作报告 |
| | | 陆域自然保护区面积 | 公顷 | 1.83 | — | — | |
| | | 新增退耕还林面积 | 公顷 | 2.75 | — | — | |
| | | 新增封山育林面积 | 万亩 | 2.75 | — | — | |
| | | 新增人工造林面积 | 万亩 | 2.75 | 17 | 21.03 | 水城区政府工作报告 |
| | 增长质量（权数=12.1%） | 地区生产总值 | 亿元 | 1.83 | 288.05 | 309.98 | 贵州统计年鉴 |
| | | 人均地区生产总值 | 元 | 1.83 | 38107 | 40856 | 贵州统计年鉴 |
| | | 年末常住人口 | 万人 | 1.83 | 75.69 | 76.05 | 贵州统计年鉴 |
| | | 第三产业增加值 | 亿元 | 1.83 | 96.87 | 84.43 | 贵州统计年鉴 |
| | | 第三产业对GDP增长的贡献率/% | | 1.12 | — | — | |
| | | 城镇居民人均可支配收入 | 元 | 1.83 | 28195 | 30789 | 水城区主要经济指标 |
| | | 农村居民人均可支配收入 | 元 | 1.83 | 9402 | 10351 | 水城区主要经济指标 |
| | 绿色生活（权数=16.5%） | 城乡生活垃圾无害化处理率/% | | 2.75 | — | 62 | 水城区政府工作报告 |
| | | 城镇污水集中处理率/% | | 2.75 | — | 85 | 水城区发展规划 |
| | | 建成区绿化覆盖率/% | | 2.75 | 34.8 | — | 水城区林业局 |

续表

| 一级指标 | 二级指标 | 三级指标 | 单位 | 权数（%） | 2018 年数据 | 2019 年数据 | 数据来源 |
|---|---|---|---|---|---|---|---|
| 客观指标（权数 = 85%） | 绿色生活（权数 = 16.5%） | 人均公园绿地面积 | 平方米 | 2.75 | 10.02 | — | 水城区林业局 |
| | | 农村卫生厕所普及率/% | | 2.75 | 75 | 改厕 52000 户 | 水城区发展规划、水城县政府工作报告 |
| | | 集中式饮用水水源地水质达标率/% | | 2.75 | 100 | 100 | 水城区政府工作报告 |
| 主观指标（权数 = 15%） | 公众对生态环境质量满意程度（权数 = 15%） | 石漠化治理获得感/% | | 5 | 100 | 100 | 问卷调查、个案访谈 |
| | | 绿色生产方式获得感/% | | 5 | 100 | 100 | 问卷调查、个案访谈 |
| | | 绿色生活方式获得感/% | | 5 | 100 | 100 | 问卷调查、个案访谈 |

### 2. 滇桂黔生态脆弱地区贵州片区黔西南布依族苗族自治州普安县绿色发展实际水平

滇桂黔生态脆弱地区贵州片区黔西南布依族苗族自治州普安县高度重视绿色发展。具体做法如下：第一，城镇污水集中处理率提高到 89%。第二，主要河流、集中式饮用水水源地水质达标率均保持在 100%。第三，空气质量优良率达 99.1%。第四，治理水土流失 30.3 平方千米，完成天然林禁伐管护界定 4.3 万亩、石漠化治理 3 万亩、低产低效林改造 1 万亩，申报退耕还林 11.35 公顷。[①] 滇桂黔生态脆弱地区贵州片区黔西南布依族苗族自治州普安县绿色发展成效显著，生态优势日益凸显，如表 3 - 10 所示。

① 2020 年普安县人民政府工作报告[EB/OL]. http://www.puan.gov.cn/zfxxgk/fdzdgknr/ghjh/xzfgzbg/202008/t20200826_64696799.html.

**表 3－10　滇桂黔生态脆弱地区贵州片区黔西南布依族苗族自治州普安县绿色发展实际水平**

| 一级指标 | 二级指标 | 三级指标 | 单位 | 权数（%） | 2018 年数据 | 2019 年数据 | 数据来源 |
|---|---|---|---|---|---|---|---|
| 客观指标（权数＝85%） | 资源利用（权数＝11.91%） | 能源消耗总量 | 万吨标准煤 | 1.83 | 37.04 | 70.03 | 黔西南州统计年鉴、普安县政府工作报告 |
| | | 能源消耗总量降低/% | | 2.75 | — | 89.07 | 黔西南州统计年鉴、普安县政府工作报告 |
| | | 单位 GDP 能耗 | 吨标准煤/万元 | 1.83 | 0.4145 | 0.7471 | 黔西南州统计年鉴 |
| | | 单位 GDP 能耗下降率/% | | 2.75 | 10.00 | 0.51 | 黔西南州统计年鉴、黔西南布依族苗族自治州发展和改革委员会 |
| | | 新能源交通工具 | 辆 | 2.75 | — | — | |
| | 环境治理（权数＝16.5%） | 新增水土流失治理面积 | 平方千米 | 2.75 | 20.58 | 30.3 | 普安县政府工作报告 |
| | | 新增石漠化治理面积 | 万亩 | 2.75 | — | 3 | 普安县政府工作报告 |
| | | 科学技术支出 | 万元 | 2.75 | 8013 | 1540 | 普安县财政局 |
| | | 科学技术支出同比增长率/% | | 2.75 | 31.32 | －80.78 | 普安县财政局 |
| | | 节能环保支出 | 万元 | 2.75 | 3540 | 10220 | 普安县财政局 |
| | | 节能环保支出同比增长率/% | | 2.75 | －45.69 | 188.78 | 普安县财政局 |
| | 环境质量（权数＝12.41%） | 空气质量优良率/% | | 2.75 | 98.9 | 99.1 | 普安县政府工作报告 |
| | | 地表水达到或好于Ⅲ类水体比例/% | | 2.75 | 100 | 100 | 普安县政府工作报告 |
| | | 地表水劣Ⅴ类水体比例/% | | 2.75 | 0 | 0 | 普安县政府工作报告 |

**续表**

| 一级指标 | 二级指标 | 三级指标 | 单位 | 权数(%) | 2018年数据 | 2019年数据 | 数据来源 |
|---|---|---|---|---|---|---|---|
| 客观指标(权数=85%) | 环境质量(权数=12.41%) | 重要江河湖泊水功能区水质达标率/% | | 2.75 | 100 | 100 | 普安县政府工作报告 |
| | | 化肥施用量(折纯) | 吨 | 1.41 | 6888 | 7511 | 黔西南州统计年鉴 |
| | 生态保护(权数=15.58%) | 森林面积 | 公顷 | 2.75 | — | — | |
| | | 森林覆盖率/% | | 2.75 | 52 | 55.31 | 普安县政府工作报告、黔西南州林业局 |
| | | 陆域自然保护区面积 | 公顷 | 1.83 | — | — | |
| | | 新增退耕还林面积 | 公顷 | 2.75 | — | 11.35 | 普安县政府工作报告 |
| | | 新增封山育林面积 | 万亩 | 2.75 | — | — | |
| | | 新增人工造林面积 | 万亩 | 2.75 | 10.5 | | 普安县政府工作报告 |
| | 增长质量(权数=12.1%) | 地区生产总值 | 亿元 | 1.83 | 89.35 | 93.74 | 普安县政府工作报告 |
| | | 人均地区生产总值 | 元 | 1.83 | 34565 | 35874 | 贵州统计年鉴 |
| | | 年末常住人口 | 万人 | 1.83 | 26.05 | 26.21 | 贵州统计年鉴 |
| | | 第三产业增加值 | 亿元 | 1.83 | 34.75 | 41.61 | 普安县主要经济指标 |
| | | 第三产业对GDP增长的贡献率/% | | 1.12 | — | — | |
| | | 城镇居民人均可支配收入 | 元 | 1.83 | 29164 | 31993 | 普安县政府工作报告 |
| | | 农村居民人均可支配收入 | 元 | 1.83 | 8822 | 9811 | 普安县政府工作报告 |

续表

| 一级指标 | 二级指标 | 三级指标 | 单位 | 权数（%） | 2018 年数据 | 2019 年数据 | 数据来源 |
|---|---|---|---|---|---|---|---|
| 客观指标（权数 = 85%） | 绿色生活（权数 = 16.5%） | 城乡生活垃圾无害化处理率/% | | 2.75 | 81.88 | 100 | 普安县政府工作报告 |
| | | 城镇污水集中处理率/% | | 2.75 | 89 | 89 | 普安县政府工作报告 |
| | | 建成区绿化覆盖率/% | | 2.75 | 25 | — | 普安县城市建设 |
| | | 人均公园绿地面积 | 平方米 | 2.75 | 2.89 | — | 普安县城市建设 |
| | | 农村卫生厕所普及率/% | | 2.75 | — | — | |
| | | 集中式饮用水水源地水质达标率/% | | 2.75 | 100 | 100 | 普安县政府工作报告 |
| 主观指标（权数 = 15%） | 公众对生态环境质量满意程度（权数 = 15%） | 石漠化治理获得感/% | | 5 | 100 | 100 | 问卷调查、个案访谈 |
| | | 绿色生产方式获得感/% | | 5 | 100 | 100 | 问卷调查、个案访谈 |
| | | 绿色生活方式获得感/% | | 5 | 100 | 100 | 问卷调查、个案访谈 |

3. 滇桂黔生态脆弱地区贵州片区黔东南苗族侗族自治州黄平县绿色发展实际水平

滇桂黔生态脆弱地区贵州片区黔东南苗族侗族自治州黄平县高度重视绿色发展。具体做法如下：第一，污水处理量为 307.45 万吨，集中处理率达 93.27%。第二，生活垃圾处理量为 5.32 万吨，同比下降 26%。第三，全年植树造林 1.37 万亩。其中石漠化综合治理试点工程 5800 亩，同比增长 54.5%；县级植被恢复人工造林 100 亩，同比下降 57.4%；社会造林 3500 亩，同比增长 11.7%。第四，全县森林覆盖率为 60.2%，同比提高 0.56 个百分点。[①] 滇桂黔生态脆弱地区贵州片区黔东南苗族侗族自治州黄平县绿色发展成效显著，如表 3 – 11 所示。

① 2019 年黄平县国民经济和社会发展统计公报[EB/OL]. http://www.qdnhp.gov.cn/zfxxgk/fdzdgknr/tjxx_5621975/tjnb_5621979/202007/t20200713_61585616.html.

**表 3－11 滇桂黔生态脆弱地区贵州片区黔东南苗族侗族自治州黄平县绿色发展实际水平**

| 一级指标 | 二级指标 | 三级指标 | 单位 | 权数（%） | 2018 年数据 | 2019 年数据 | 数据来源 |
|---|---|---|---|---|---|---|---|
| 客观指标（权数 = 85%） | 资源利用（权数 = 11.91%） | 能源消耗总量 | 万吨标准煤 | 1.83 | 25.46 | — | 黄平县统计年鉴 |
| | | 能源消耗总量降低/% | | 2.75 | — | — | |
| | | 单位 GDP 能耗 | 吨标准煤/万元 | 1.83 | 0.4396 | — | 黄平县统计公报 |
| | | 单位 GDP 能耗下降率/% | | 2.75 | －3.95 | — | 黄平县统计公报 |
| | | 新能源交通工具 | 辆 | 2.75 | — | — | |
| | 环境治理（权数 = 16.5%） | 新增水土流失治理面积 | 平方千米 | 2.75 | — | — | |
| | | 新增石漠化治理面积 | 万亩 | 2.75 | 2.2492 | 0.58 | 黄平县统计公报 |
| | | 科学技术支出 | 万元 | 2.75 | 2951 | 3595 | 黄平县财政局 |
| | | 科学技术支出同比增长率/% | | 2.75 | 2.3 | 21.8 | 黄平县财政局 |
| | | 节能环保支出 | 万元 | 2.75 | 6208 | 13746 | 黄平县财政局 |
| | | 节能环保支出同比增长率/% | | 2.75 | 4.1 | 121.4 | 黄平县财政局 |
| | 环境质量（权数 = 12.41%） | 空气质量优良率/% | | 2.75 | 98.6 | 99.2 | 黔东南州环境状况公报 |
| | | 地表水达到或好于Ⅲ类水体比例/% | | 2.75 | 100 | 100 | 黄平县统计公报 |
| | | 地表水劣Ⅴ类水体比例/% | | 2.75 | 0 | 0 | 黄平县统计公报 |
| | | 重要江河湖泊水功能区水质达标率/% | | 2.75 | 100 | 100 | 黄平县统计公报 |
| | | 化肥施用量（折纯） | 吨 | 1.41 | 6375 | 6282 | 黔东南州统计年鉴 |

续表

| 一级指标 | 二级指标 | 三级指标 | 单位 | 权数（%） | 2018年数据 | 2019年数据 | 数据来源 |
|---|---|---|---|---|---|---|---|
| 客观指标（权数=85%） | 生态保护（权数=15.58%） | 森林面积 | 公顷 | 2.75 | — | 95000 | 黄平县人民政府办公室 |
| | | 森林覆盖率/% | | 2.75 | 59.64 | 60.2 | 黄平县统计公报 |
| | | 陆域自然保护区面积 | 公顷 | 1.83 | — | — | |
| | | 新增退耕还林面积 | 公顷 | 2.75 | 3 | 0 | 黄平县统计公报 |
| | | 新增封山育林面积 | 万亩 | 2.75 | — | — | |
| | | 新增人工造林面积 | 万亩 | 2.75 | 4.57 | 1.37 | 黄平县统计公报 |
| | 增长质量（权数=12.1%） | 地区生产总值 | 亿元 | 1.83 | 60.62 | 65.05 | 黄平县统计公报 |
| | | 人均地区生产总值 | 元 | 1.83 | 22871 | 24333 | 黄平县统计公报 |
| | | 年末常住人口 | 万人 | 1.83 | 26.68 | 26.78 | 黄平县统计公报 |
| | | 第三产业增加值 | 亿元 | 1.83 | 34.92 | 33.00 | 黄平县统计公报、贵州统计年鉴 |
| | | 第三产业对GDP增长的贡献率/% | | 1.12 | 62.4 | 49.16 | 黄平县统计公报 |
| | | 城镇居民人均可支配收入 | 元 | 1.83 | 29790 | 32411 | 黄平县统计公报 |
| | | 农村居民人均可支配收入 | 元 | 1.83 | 8788 | 9773 | 黄平县统计公报 |
| | 绿色生活（权数=16.5%） | 城乡生活垃圾无害化处理率/% | | 2.75 | 30.72 | — | 黄平县政府工作报告 |
| | | 城镇污水集中处理率/% | | 2.75 | 93.1 | 93.27 | 黄平县统计公报 |

**续表**

| 一级指标 | 二级指标 | 三级指标 | 单位 | 权数（%） | 2018年数据 | 2019年数据 | 数据来源 |
|---|---|---|---|---|---|---|---|
| 客观指标（权数=85%） | 绿色生活（权数=16.5%） | 建成区绿化覆盖率/% | | 2.75 | — | — | |
| | | 人均公园绿地面积 | 平方米 | 2.75 | — | — | |
| | | 农村卫生厕所普及率/% | | 2.75 | 68 | 75.2 | 黄平县人民政府办公室、黄平县农业农村局 |
| | | 集中式饮用水水源地水质达标率/% | | 2.75 | 100 | 100 | 黄平县统计公报 |
| 主观指标（权数=15%） | 公众对生态环境质量满意程度（权数=15%） | 石漠化治理获得感/% | | 5 | 100 | 100 | 问卷调查、个案访谈 |
| | | 绿色生产方式获得感/% | | 5 | 100 | 100 | 问卷调查、个案访谈 |
| | | 绿色生活方式获得感/% | | 5 | 100 | 100 | 问卷调查、个案访谈 |

# 第四章　滇桂黔生态脆弱地区绿色发展本土化模式的制约因素分析

从自然、历史、人为、经济四个方面分析滇桂黔生态脆弱地区绿色发展本土化模式的制约因素。

## 第一节　自然因素

### 一、滇桂黔生态脆弱地区植被发育缓慢

滇桂黔生态脆弱地区位于世界三大喀斯特集中分布区之一的东亚片区中心，处于中—南亚—北热带气候区，气候温暖湿润，雨热同期，加之碳酸盐岩大面积暴露，岩溶作用强烈形成了特殊的岩溶生态环境，其主要特征为钙、镁含量很高，不溶物占其比例低于10%，这一化学成分决定了该区域属于富钙偏碱性的环境，如表4－1所示。

**表4－1　滇桂黔生态脆弱地区不同时代碳酸盐岩的平均成分**　（%）

| 地区 | 地质时代 | $CaCO_3$ | $CaMg(CO_3)_2$ | 不溶物 |
|---|---|---|---|---|
| 贵州 | T | 46.90 | 47.07 | 4.26 |
| | P | 89.62 | 7.47 | 2.12 |
| | C | 4.54 | 92.65 | 1.28 |
| | $D_3$ | 2.04 | 87.75 | 7.00 |
| | O | 78.65 | 17.16 | 7.03 |
| 云南东部 | T | 48.78 | 48.12 | 2.05 |
| | P | 85.02 | 13.57 | 4.17 |
| | C | 88.60 | 9.55 | 1.81 |
| | $D_3$ | 38.50 | 61.75 | 1.15 |

**续表**

| 地区 | 地质时代 | $CaCO_3$ (%) | $CaMg(CO_3)_2$ (%) | 不溶物 (%) |
|---|---|---|---|---|
| 广西 | T | 61.62 | 29.80 | 8.68 |
| | P | 87.86 | 10.21 | 1.45 |
| | C | 70.08 | 28.71 | 1.06 |
| | D | 72.06 | 25.29 | 1.42 |

资料来源：袁道光，蔡桂鸿．岩溶环境学［M］．重庆：重庆出版社，1998：26.

这种环境的特点有以下几个方面：一是改变地下水中的化学成分，使水中含有较高的钙，具有较高的硬度；二是影响大气降水的化学成分，雨点与富钙的大气尘粒相碰撞，使雨水中含有较高的钙；三是不溶物比例低于10%，碳酸盐岩在风化搬运作用中，90%以上的物质溶解于水中而被带走，而能残留下来变成土壤部分的比例十分低；① 四是土壤成土速率极慢，多零星分布，土层稀薄，厚度一般在40厘米以下；② 五是土壤中缺乏N、P、K等生命所需的营养元素，有效营养元素供给不足；六是降水量大，多年平均降水量1000~2250毫米③，水稳性差，具有地表、地下“二元三维”的双层储水结构，地表水漏失严重；④ 七是土壤一经流失，很难恢复；八是地表植被是经过较长时期的环境适应不断演化的结果，如表4-2所示。⑤

**表4-2 植物群落的旱生演替及岩石生境的变化**

| 植物群落演替 ⟹ | | | | |
|---|---|---|---|---|
| 裸露岩石 | 地衣植物群落 | 苔藓植物群落 | 草本植物群落 | 木本植物群落 |
| | | ↓ | | |
| 风化作用 | 分泌有机酸腐蚀岩石表面，植物群体参加土壤的聚集和水分含蓄 | 聚集土壤能力更强，土壤、水分、养分条件改善 | 土壤增厚，土壤蒸发减少，土壤细菌、真菌、小动物活动增强 | 腐殖层增厚、土壤涵蓄水能力增强、植物根系发育，固土能力增强 |
| 岩石生境变化 ⟹ | | | | |

资料来源：袁道光，蔡桂鸿．岩溶环境学［M］．重庆：重庆出版社，1998：198.

---

① 袁道光，蔡桂鸿．岩溶环境学［M］．重庆：重庆出版社，1998：25-26.

②③ 吴洪伟．对滇黔桂石漠化地区实施农发水保项目的认识［J］．中国水土保持，2012（5）：17-18，75.

④ 罗少君，王惠琴．滇桂黔石漠化地区社会—生态系统脆弱性及其治理问题研究［J］．农村经济与科技，2016（23）：4-7.

⑤ 袁道光，蔡桂鸿．岩溶环境学［M］．重庆：重庆出版社，1998：198.

滇桂黔生态脆弱地区植被系统具有石生、旱生、喜钙的特性，且植被生物量低，易受外界干扰而退化，且破坏后极难恢复，是典型的生态脆弱区，如表4－3和表4－4所示。①

**表4－3　喀斯特地区生物生产力与湿润亚热带地区平均值比较**

| | 乔木 [t (hm² · a⁻¹)] | | | | | 灌木林疏林 [t (hm² · a⁻¹)] | 草丛 [g (hm² · a⁻¹)] |
|---|---|---|---|---|---|---|---|
| | 平均 | 杨树 | 栎类 | 马尾松 | 杉木 | | |
| 普定喀斯特区 | 5.612 | 6.657 | 1.13 | 4.82 | 5.81 | 2.86 | 146～205 |
| 全国平均 | 9.76 | 10.43 | 8.85 | 8.56 | 8.41 | 10.2 | 310 |

资料来源：苏维词，朱文孝．贵州喀斯特山区生态环境脆弱性分析［J］．山地学报，2000（5）：429－434.

由表4－3可知，喀斯特地区乔木生产力平均为5.612［t（$hm^2$·$a^{-1}$）］，远低于全国平均值9.76［t（$hm^2$·$a^{-1}$）］；喀斯特地区灌木林疏林生产力平均为2.86［t（$hm^2$·$a^{-1}$）］，远低于全国平均值10.2［t（$hm^2$·$a^{-1}$）］；喀斯特地区草丛生产力平均为146～205［g（$m^2$·$a^{-1}$）］，远低于全国平均值310［g（$m^2$·$a^{-1}$）］。

**表4－4　贵州喀斯特环境下的生物量（乔木层）与相似气候条件下的非喀斯特区比较**

| 地点及森林类型 | 经纬度（E.N） | 土壤状况 | 乔木层地上部分生物量（吨/公顷） |
|---|---|---|---|
| 哀牢山木界石栎木 | 101，24 | 山地黄棕壤（土厚＞150厘米） | 348.7 |
| 湖南会同56a杉木林 | 110，27 | 山地黄壤（土厚＞100厘米） | 274.9 |
| 贵州茂兰喀斯特原始森林 | 108，25 | 岩缝、黄壤（裸岩率为95%） | 89.2 |

资料来源：苏维词，朱文孝．贵州喀斯特山区生态环境脆弱性分析［J］．山地学报，2000（5）：429－434.

由表4－4可知，在岩缝、黄壤（裸岩率为95%）中乔木层地上部分生物量为89.2吨/公顷，在山地黄壤（土厚＞100厘米）中乔木层地上部分生物量为274.9吨/公顷，在山地黄棕壤（土厚＞150厘米）中乔木层地

① 罗少君，王惠琴．滇桂黔石漠化地区社会—生态系统脆弱性及其治理问题研究[J]．农村经济与科技，2016(23)：4－7.

上部分生物量为348.7吨/公顷。总之，相似气候条件下，喀斯特环境下生物量（乔木层）相对较少。

## 二、滇桂黔生态脆弱地区环境承载能力低

环境承载能力，是指在一定时期内，在维持相对稳定的前提下，环境资源所能容纳的人口数量和经济规模的大小。由于裸岩喀斯特的土壤奇缺，植物为了适应这种恶劣生境，发生了许多生态变异，如为了摄取养分和水分，其根沿岩缝生长可超过树干长度1~2倍。倒地之后，树干可以“生出新根”来维持生存。[①] 总体来说，滇桂黔生态脆弱地区的土壤瘠薄，单位面积的绿色产量低，食物链的金字塔规模小，寄宿的动物也少，环境提供的食物养活的人口数低。[②] 如贵州生态脆弱地区，从生产粮食的角度、现有耕作技术的生产量看，人口超过了环境承载容量1~3倍。[③]

## 三、滇桂黔生态脆弱地区抗污染能力低

滇桂黔生态脆弱地区由于喀斯特地表结构崎岖破碎、喀斯特水文地质条件特殊，其地表土壤储水保水能力差，地下水体易受污染，其污染途径是地表污水经落水洞、岩体裂缝、漏斗渗入岩块中，其曝光、氧的条件突变，一般而言自净力低于地表水。[④] 有报道提及，喀斯特水一经污染，难以恢复，因为地下水的循环很缓慢，管流与渗流重叠，排掉污水换成清洁水至少得30年。[⑤]

## 四、滇桂黔生态脆弱地区地面易发生塌陷

滇桂黔生态脆弱地区特殊的地质结构，易因大量抽取地下水而造成地面塌陷。如安顺、水城等地因地面塌陷，给工农业生产、交通、基础设施

---

① 杨汉奎，朱文孝，李坡，等．喀斯特环境质量变异[M]．贵阳：贵州科技出版社，1994：12.

② 杨明德，毛健全，杨汉奎．贵州喀斯特环境与经济发展的初步探讨[M]//贵州省环境科学学会．贵州喀斯特环境研究．贵阳：贵州人民出版社，1988：3.

③ 杨汉奎．脆弱的喀斯特环境[M]//贵州省环境科学学会．贵州喀斯特环境研究．贵阳：贵州人民出版社，1988：15.

④ 杨汉奎，朱文孝，李坡，等．喀斯特环境质量变异[M]．贵阳：贵州科技出版社，1994：12.

⑤ 杨汉奎．脆弱的喀斯特环境[M]//贵州省环境科学学会．贵州喀斯特环境研究．贵阳：贵州人民出版社，1988：18.

建设等带来严重不便。①

## 五、滇桂黔生态脆弱地区自我修复能力低

滇桂黔生态脆弱地区的森林一旦遭到破坏，生态系统将由森林向藤本灌丛及裸岩化逆向演化，一旦成了裸岩及半裸岩山地，生态系统将很难恢复。② 以黔中的普定县石灰岩采石区自然恢复为例：进行封山后，前3～5年只能生长少数禾本类、菊科类杂草，后才有藤刺灌丛侵入生长，随着草被覆盖率的不断提高和小生境的逐渐改善，化香、朴树、月月青等树种开始侵入，再慢慢发展成喀斯特灌木林地，该过程至少需要30年，经对样区附近胸径为15厘米的树种进行样本分析，其树龄已达32年。由此推测，喀斯特石漠化地区发展成乔木林地至少需要60年。③ 全国岩溶地区第三次石漠化监测结果显示，截至2016年年底，广西岩溶地区石漠化土地总面积为153.29万公顷，占全区土地面积的6.5%。广西石漠化土地相对集中于河池和百色两个市，面积分别为57.91万公顷和35.07万公顷，分别占全区石漠化土地面积的37.8%和22.9%。④ 贵州省石漠化土地面积247.01万公顷⑤，云南省石漠化土地面积235.2万公顷，潜在石漠化土地面积204.2万公顷。⑥ 石漠化的广泛分布及潜在石漠化的大量存在，说明土地裸岩化趋势还在继续，主要原因是喀斯特生态环境系统的物质能量转换途径脆弱，灰岩的物质、化学、生物风化和成土过程与砂、页岩相比是极其缓慢的，抗击外来干扰能力差、响应程度高、敏感性强。⑦

---

①② 杨明德，毛健全，杨汉奎．贵州喀斯特环境与经济发展的初步探讨[M]//贵州省环境科学学会．贵州喀斯特环境研究．贵阳：贵州人民出版社，1988：3.

③ 苏维词，朱文孝．贵州喀斯特山区生态环境脆弱性分析[J]．山地学报，2000(5)：429－434.

④ 广西石漠化土地5年减38.72万公顷 治理成效全国居首[EB/OL]．http://www.gxzf.gov.cn/xwfbhzt/qgyrdqdscsmhjcjggxzlcxwfbh/mtbd/20190429－745992.shtml.

⑤ 贵州省岩溶地区第三次石漠化监测综合评定为"优"[EB/OL]．http://zgsc.china.com.cn/2019－02/25/content_40671849.html.

⑥ 云南省（岩溶地区）石漠化状况公报[EB/OL]．https://wenku.baidu.com/view/fbf5fd4be109581b6bd97f19227916888586b905.html.

⑦ 杨明德，毛健全，杨汉奎．贵州喀斯特环境与经济发展的初步探讨[M]//贵州省环境科学学会．贵州喀斯特环境研究．贵阳：贵州人民出版社，1988：3.

## 第二节 历史因素

### 一、滇桂黔生态脆弱地区长期受战争困扰，经济基础薄弱

#### （一）新中国成立前，滇桂黔生态脆弱地区面临帝国主义的疯狂掠夺和内部的军阀混战

1. 英法对滇桂黔的疯狂掠夺

（1）倾销商品，掠夺原料

19 世纪初，英国入侵缅甸后，便计划开辟与我国西南的交通，以便由此入侵我国西南和长江流域。1886 年和 1894 年，法、英两国先后胁迫清政府签订了《中法越南边界通商章程》和《中英续议滇缅界约商务条款》。根据这些条约，英、法两国由云南、广西边境进出口的货物税从减免 1/3 到全部减免，如云南自 1889 年开为商埠后，当年进口商品额仅为 6.2 万两，1893 年便猛增到 152.4 万两，主要是棉纱、棉布、香烟、火柴等日用工业品。被掠夺输出的主要有黄丝、石磺等土特产品和麝香、田七等名贵药材。①

（2）输出资本，掠夺产权

19 世纪末 20 世纪初，帝国主义对我国滇桂黔进行资本输出最主要的形式是攫取铁路修筑权和矿山开采权。第一，攫取铁路修筑权。1901—1909 年法国费时 9 年修筑了河口至昆明的滇越铁路，此条铁路的修建，一方面方便法国掠夺中国的物质财富，1909—1923 年通过这条铁路被掠夺走的个旧锡矿达 22 万多吨。另一方面方便法国任意提高运价，获得高额垄断利润。第二，攫取矿山开采权。1899 年，英、法两国相互勾结，联合组成英法水银公司，在贵州铜仁、万山两地开采水银、朱砂。1901 年，两国合资 5000 万元，联合筹建了隆兴公司，次年与清政府签订了《隆兴公司承办云南矿力章程》二十四款，条约中注明：所到各府、州、县境内无矿可采，则可以另指其他地区开采。这就意味着云南全省矿产的开采权全部交

---

① 刘晓春．中国少数民族经济史概论[M]．北京：知识产权出版社，2011：181.

由英法隆兴公司控制。①

（3）发行纸币，掠夺财富

据1904年调查，由越南河内输入云南的法国纸币每年约合纹银200万两，占云南全省收入之半数以上。法国东方汇理银行正式成立后，纸币发行额大幅增加。1912—1916年，云南省内发行额增长约15%，1916—1925年，增长了14倍。而同期内，该行资本额仅增长约50%。这表明，法国东方汇理银行企图通过滥发纸币来掠夺人民财富。②

2. 日本给滇桂黔带来严重的生态灾难

抗日战争前，贵州森林覆盖率很高。20世纪30年代至1945年，森林因战争及作为能源而被消耗。仅镇远城郊森林的分布就后退了5千米。③

3. 滇桂黔片区的军阀混战

以1917年川、滇、黔军阀混战为起点，开始了西南地区军阀割据、战乱迭起的新形势。④ 以权力和金钱为目的的军阀混战，造成了民不聊生、经济发展严重滞后的局面。正如孙中山先生所指出的那样，西南地区的大小军阀和北洋军阀一样，都是一丘之貉，在祸国殃民这一点上，是完全一致的。⑤

### （二）新中国成立时，新中国“一穷二白”和滇桂黔生态脆弱地区“一贫如洗”

1. 新中国成立时，底子薄、生产力水平低

中国的社会主义脱胎于半殖民地半封建社会，生产力水平远远落后于发达资本主义国家的水平。这也决定了中国需要经历一个相当长的社会主义初级阶段，去实现工业化和生产的商品化、社会化以及现代化。毛泽东同志说：“中国的人口多，底子薄，经济落后，要使生产力很大地发展起来，要赶上和超过世界上最先进的资本主义国家，没有一百多年的时间，我看是不行的。”⑥

---

① 刘晓春．中国少数民族经济史概论[M]．北京：知识产权出版社，2011：181.

② 刘晓春．中国少数民族经济史概论[M]．北京：知识产权出版社，2011：182.

③ 杨汉奎．脆弱的喀斯特环境[A]//贵州省环境科学学会．贵州喀斯特环境研究[M]．贵阳：贵州人民出版社，1988：15.

④⑤ 李双璧．试论一九一七年的川、滇、黔军阀混战[J]．贵州文史丛刊，1984(2)：52－58.

⑥ 毛泽东．毛泽东文集：第8卷[M]．北京：人民出版社，1999：302.

第一，从横向比较看，各主要工业化国家在开始工业化时，人均国内生产总值比较高，按1965年价格，其变动范围从215美元、227美元到欧洲海外后裔国家的474美元、760美元，每一个现在的发达国家，除日本外，是在按人口平均产值超过200美元时开始其现代经济增长时期的。[①] 新中国在进行工业化建设时，国内生产总值占世界国内生产总值的比重和人均国内生产总值占世界人均国内生产总值的比重都比较低。

一方面，新中国成立初期中国经济占世界经济比重不高。1950年，中国国内生产总值占世界国内生产总值的比重为4.5%，而同时期美国国内生产总值占世界国内生产总值的比重为27.3%，苏联国内生产总值占世界国内生产总值的比重为9.6%，英国国内生产总值占世界国内生产总值的比重为6.5%，如图4-1所示。

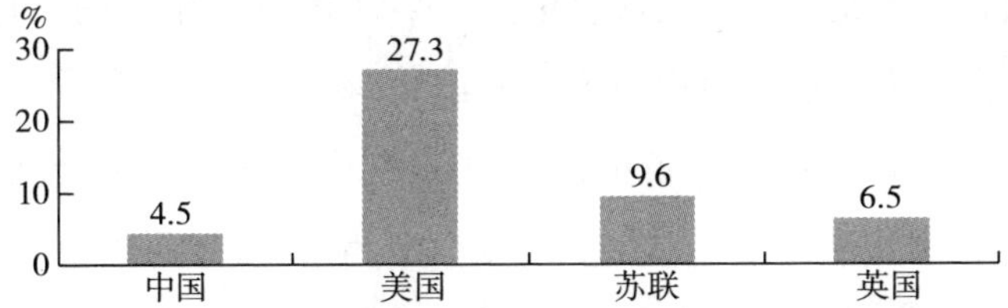


**图4-1 1950年中国、美国、苏联、英国国内生产总值占世界国内生产总值的比重**

资料来源：[英] 安格斯·麦迪森（Angus Maddison）. 世界经济千年统计 [M]. 伍晓鹰，施发启，译. 北京：北京大学出版社，2009：269.

另一方面，中国的人均国内生产总值较低。新中国在进行现代经济发展时，人均国内生产总值占世界人均国内生产总值的比重不高。1950年，中国人均国内生产总值占世界人均国内生产总值的比重为0.21%，而同时期美国人均国内生产总值占世界人均国内生产总值的比重为4.53%，苏联人均国内生产总值占世界人均国内生产总值的比重为1.35%，英国人均国内生产总值占世界人均国内生产总值的比重为3.29%，如图4-2所示。

此外，新中国成立初期，不仅中国的工业化水平很低，而且中国的人均资源之间的矛盾也很突出。1949年，中国的耕地面积仅占国土总面积的

① [美]西蒙·库兹涅茨. 各国的经济增长:总产值和生产结构[M]. 常勋,等,译. 北京:商务印书馆,1985:29-30.

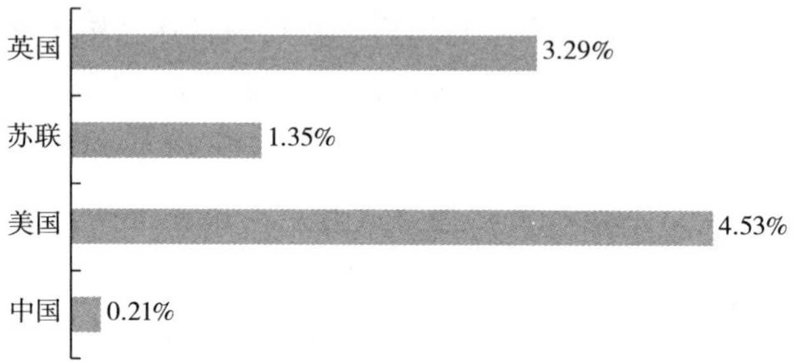


**图4－2　1950年中国、美国、苏联、英国人均国内生产总值占世界人均国内生产总值的比重**

资料来源：［英］安格斯·麦迪森（Angus Maddison）. 世界经济千年统计［M］. 伍晓鹰，施发启，译. 北京：北京大学出版社，2009：270－271.

10.2%，而当时中国的人口已达5.4亿，占世界人口总数的25%，中国的人均耕地面积还不到世界人均占有量的一半（1949年中国的人均耕地面积为2.7亩，世界人均耕地面积为5.5亩）。①

第二，从纵向比较看，新中国成立初期中国经济发展水平处于最低端。1950年，中国国内生产总值占世界国内生产总值的比重（4.5%）比1913年的8.8%低4.3个百分点，比1973年的4.6%低0.1个百分点，与中国经济最繁荣时期1820年的32.9%相比，二者相差28.4个百分点，如图4－3所示。

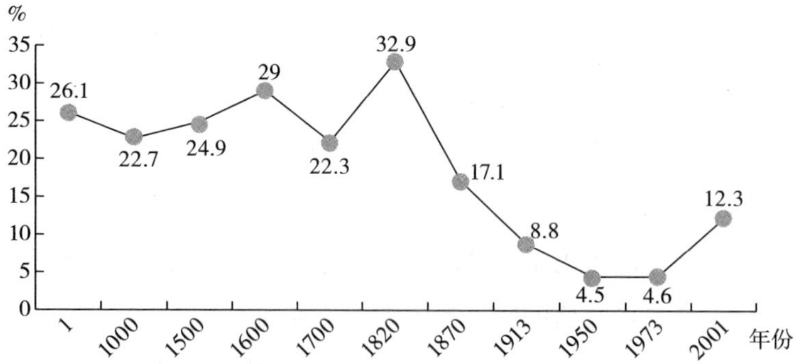


**图4－3　中国国内生产总值占世界国内生产总值的比重**

资料来源：［英］安格斯·麦迪森（Angus Maddison）. 世界经济千年统计［M］. 伍晓鹰，施发启，译. 北京：北京大学出版社，2009：269.

① 武力，肜新春．中国共产党治国经济方略研究［M］. 北京：中国人民大学出版社，2009：7.

1950年，中国人均国内生产总值占世界人均国内生产总值的比重（0.21%）比1913年的0.36%低0.15个百分点，与1973年持平，与中国经济最繁荣时期1500年的1.06%相比，二者相差0.85个百分点，如图4-4所示。

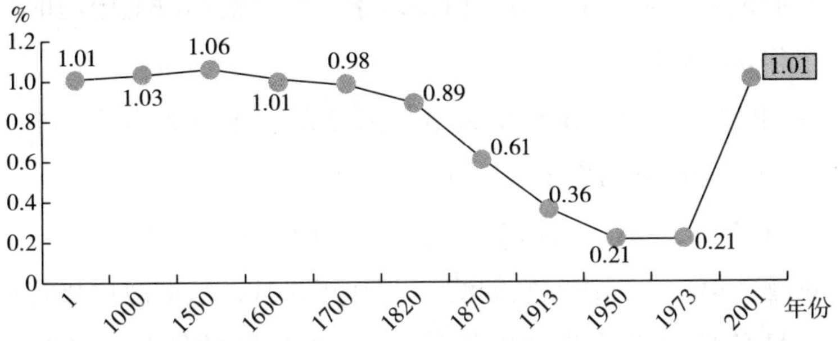


**图4-4 中国人均国内生产总值占世界人均国内生产总值的比重**

资料来源：［英］安格斯·麦迪森（Angus Maddison）．世界经济千年统计［M］．伍晓鹰，施发启，译．北京：北京大学出版社，2009：271.

第三，新中国成立初期中国经济发展缓慢。1952年，国内生产总值为679亿元，人均国内生产总值为119元①，黄金储备为500万盎司，外汇储备为1.39亿美元②。1960年，国内生产总值为1457.5亿元，人均国内生产总值为218元③，黄金储备为400万盎司，外汇储备为1.02亿美元④。另外，中国人口受教育水平比例不高。1952年，中国总人口为57482万人⑤，各级学校在校学生数为5443.6万人⑥，占总人口的比重为9.47%。在校生人数远低于同期世界平均水平。所以，1960年10月22日，毛泽东同志在《同斯诺的谈话》一文中指出："我们的基本情况就是一穷二白。所谓穷就是生活水平低下。为什么生活水平低呢？因为生产力水平低。什

① 国家统计局国民经济综合统计司．新中国六十年统计资料汇编［M］．北京：中国统计出版社，2009：9.

② 国家统计局国民经济综合统计司．新中国六十年统计资料汇编［M］．北京：中国统计出版社，2009：68.

③ 国家统计局国民经济综合统计司．新中国六十年统计资料汇编［M］．北京：中国统计出版社，2009：9.

④ 国家统计局国民经济综合统计司．新中国六十年统计资料汇编［M］．北京：中国统计出版社，2009：68.

⑤ 国家统计局．中国统计年鉴（1981）［M］．北京：中国统计出版社，1982：89.

⑥ 国家统计局．中国统计年鉴（1981）［M］．北京：中国统计出版社，1982：441.

么是生产力呢？除人力以外就是机器。工业、农业都要机械化，工业、农业要同时发展。所谓‘白’，就是文盲还没有完全消灭，不但是识字的问题，还有提高科学水平的问题。有很多科学项目，我们还没有着手进行。因此，我们说我们是一个一穷二白的国家。”① “根本改变中国的经济面貌需要一个很长的时间。”②

2. 新中国成立时，滇桂黔三省区底子薄、生产力水平低下

（1）新中国成立初期云南的基本经济情况

1950 年 2 月 24 日，云南全境解放。云南省人民政府成立初期，面临一系列难题。第一，国库亏空如洗。1950 年 3 月，从旧政府接管过来的云南财政，只有 1200 吨大米，还背着 133.3 万银圆的债务，1950 年全省财政收入只有 0.7 亿元。第二，工业基础薄弱。1950 年，全省仅有工业企业 1479 户，职工不到 6 万人，工业总产值仅为 1.95 亿元。第三，农业生产条件落后。全省农业以种植业为主，且耕地资源不足，加之农田水利设施落后，导致“靠天吃饭”现象明显，部分边疆地区还存在“刀耕火种”种植方式。1952 年全省农业总产值仅为 9.60 亿元，且 86% 为种植业，结构单一。全省农业生产条件落后，几乎没有农业机械动力。第四，城镇化水平低。全省城镇化水平很低，城镇人口占总人口的比重仅为 4.9%，远低于全国 10.6% 的水平。第五，资金匮乏。1950 年，全省固定资产投资仅为 0.07 亿元。第六，产业结构以农业为主。1952 年，第一、第二、第三产业增加值占国内生产总值的比重分别为 61.7%、15.4% 和 22.8%。第七，经济总量不足。1952 年，全省地区生产总值仅为 11.78 亿元，人均地区生产总值为 70 元，人均 GDP 仅为全国平均水平的 58.8%。③

（2）新中国成立初期广西的基本经济情况

1949 年 12 月 11 日，中国人民解放军将鲜艳的五星红旗插上关楼，宣告广西全境解放，一个新的时代就此开启。1950 年 2 月 8 日，广西壮族自

---

① 毛泽东. 毛泽东文集：第 8 卷[M]. 北京：人民出版社，1999：216.

② 毛泽东. 毛泽东文集：第 8 卷[M]. 北京：人民出版社，1999：217.

③ 风雨兼程七十年　砥砺奋进著华章——建国 70 周年云南经济社会发展成就[EB/OL]. [2019－09－24]. http://stats.yn.gov.cn/tjsj/jjxx/201909/t20190924_893133.html.

治区人民政府成立，南宁成为省会；1958 年 3 月 5 日，广西壮族自治区成立。1958 年自治区成立时，地区生产总值仅为 24.5 亿元。1958 年“南宁会议”上，毛主席指着远处的两根烟囱问时任省长韦国清：“那是什么地方?”韦国清回答：“一个砖厂。”毛主席说：“广西工业发展慢了，要加快!”1959 年，广西城镇人口为 239 万人，城镇化率为 10.8%。① 由于“大跃进”“三年国难时期”以及 20 世纪 60—70 年代援越抗美和对越自卫反击战中广西承担了大量的后勤工作等历史原因，1990 年，广西贫困人口占全国贫困人口的 1/10，人均国内生产总值居全国之末，广西城镇化率只有 15.1%，远低于全国城镇化率平均水平（26.4%）②，如表 4 – 5 所示。“老、少、边、山、穷”成了广西的代名词。③

**表 4 – 5　广西与全国城镇化率**　　（%）

| 年份 | 广西 | 全国 |
|---|---|---|
| 1953 | 8.5 | 12.5 |
| 1964 | 9.0 | 18.4 |
| 1982 | 11.8 | 21.1 |
| 1990 | 15.1 | 26.4 |

资料来源：广西城镇化发展浅析［EB/OL］. http：//tjj. gxzf. gov. cn/zwgk/zdgkml/sjfbjjda/yjbga/t2345938. shtml.

（3）新中国成立初期贵州的基本经济情况

1949 年，贵州国民生产总值为 6.23 亿元，人均地区生产总值仅 44 元，贫困人口 1840 万，全省粮食总产量为 296.55 万吨，农业增加值为 5.17 亿元，全省服务业增加值为 0.28 亿元，全省全社会就业人数为 600.89 万人，全省城镇居民人均可支配收入为 94.02 元，农村居民人均可支配收入为 48.34 元。1950 年，全省全社会固定资产投资仅为 303 万元。④ 贵州第一产业比重较高，第二产业和第三产业比重较低，如表 4 – 6 所示。

---

①② 广西城镇化发展浅析［EB/OL］. http://tjj. gxzf. gov. cn/zwgk/zdgkml/sjfbjjda/yjbga/t2345938. shtml.

③ 壮美新广西　奋进新时代——广西壮族自治区成立 60 年发展纪实［EB/OL］. http://www.gxnews. com. cn/staticpages/20181210/newgx5c0d9ded – 17877747. shtml? pcview = 1.

④ 数说贵州:70 年社会经济变化翻天覆地［EB/OL］. http://gz. people. com. cn/n2/2019/0606/c222152 – 33015772. html.

表 4-6　1949—1952 年贵州国民生产总值　单位：亿元

| 年份 | 国民生产总值 | 第一产业 | 第二产业 | 第三产业 |
|---|---|---|---|---|
| 1949 | 6.23 | 5.17 | 0.78 | 0.28 |
| 1950 | 6.39 | 5.20 | 0.85 | 0.34 |
| 1951 | 7.72 | 5.61 | 1.19 | 0.92 |
| 1952 | 8.55 | 5.85 | 1.59 | 1.11 |

资料来源：贵州省统计局．贵州奋进的四十年［M］．北京：中国统计出版社，1989：29.

（4）滇桂黔三省区生产力水平低

新中国成立时，滇桂黔三省区农业基础薄弱，农业生产条件落后，机械化几乎没有，主要是畜力和人力，农业生产效率极端低下，农民可支配收入极其低下，农民生活水平处于温饱不足阶段。1950 年，广西粮食总产量为 432 万吨。① 为了多产粮食，不得不毁林开荒、毁草开荒、填湖造地。② 脆弱的生态环境，给当地的生存和发展带来了严峻的挑战。“乱石旮旯地，牛都进不去。春耕一大坡，秋收几小箩。”这是喀斯特地貌和当地农民恶劣的生产生活条件的真实写照。“一年种，两年荒，三年只见大石头”的粗放生产方式，造成植被大量破坏，耕地被侵蚀，土壤肥力下降，粮食产量不稳定，使当地陷入了“越穷越垦，越垦越穷”的恶性循环怪圈。

**（三）新中国成立初期，面临国民党对新生政权的封锁、新中国无偿援助朝鲜、越南，滇桂黔生态脆弱区处于援越抗法、援越抗美、对越自卫反击战最前沿**

1. 面临国民党对新生政权的封锁、新中国无偿援助朝鲜和越南

（1）国民党对新生政权的封锁

为遏制新生的人民政权，蒋介石开始了“闭港政策”。按照这个计划，舟山岛国民党开始对大陆实施海上封锁和破坏。③ 据统计，1949 年 6—12 月，

---

① 苏永秀．新中国成立以来广西粮食产量变化特征初步分析［J］．广西农业科学，2000（5）：229－232.

② 中共中央文献研究室．习近平关于社会主义生态文明建设论述摘编［M］．北京：中央文献出版社，2017：14.

③ 陈忠杰．冲破封锁：粉碎美国指使台湾对大陆封锁禁运［M］．长春：吉林出版集团有限责任公司，2011：7.

仅半年时间，台海军就向长江口派出舰艇100余艘次，阻截外国商船41艘，多是欧美商船，劫夺大陆船只25艘，机帆渔船200多艘。①

（2）新中国无偿援助朝鲜和越南

新中国刚成立时，面对美帝国主义对朝鲜、越南的侵略，法国对越南的侵略，中国共产党从国际主义大局出发，从守卫周边领土安全出发，无偿援助朝鲜和法国。毛泽东告诉越南的同志："我们是一个战壕里的战友，我们的命运是连在一起的。有我们作你们的后盾，你们可以放心地打下去！"② 越南老革命家黄文欢在其回忆录《沧海一粟》中写道："1950年至1954年抗法战争时期，中国是唯一向我国提供军事援助的国家。越南军队的全部武器、弹药和装备、军需用品，都是由中国按照常年的储备量和越南各个战役的需求直接提供的。"③ 另外，中国顾问和专家在越南工作期间，越方只需供应膳食、住房和交通工具，至于薪金、补助费和其他开支都由中国方面自己解决。④

2. 滇桂黔处于援越抗法、援越抗美最前沿

新中国成立初期，中国对越南援助有两个最重要的历史时期：第一个历史时期是1950年1月至1956年3月的援越抗法；第二个历史时期是1965年6月至1973年8月的援越抗美。⑤ 1950年1月至1956年3月的援越抗法中，中国实行"间接参战"。鉴于越南人民军作战技能低、武器装备差等不足，中方同意帮助越方在中国云南、广西两省区提供整训地点，并对越南军队进行武器、弹药、医药和通信器材的全部装备的供应。⑥ 1965年6月至1973年8月的援越抗美中，鉴于抗美援朝直接参战的教训，针对"援越抗美"采取一种间接作战模式，即让北越出面同美国正面作战，中国在背后

---

① 陈忠杰．冲破封锁：粉碎美国指使台湾对大陆封锁禁运[M]．长春：吉林出版集团有限责任公司，2011：10.

② 李静轩．再举义师：中国人民解放军派部队援越抗美[M]．长春：吉林出版集团有限责任公司，2011：20.

③ 张麟．援越抗法、援越抗美及边境扫雷行动[M]．长沙：湖南人民出版社，2006：269.

④ 张麟．援越抗法、援越抗美及边境扫雷行动[M]．长沙：湖南人民出版社，2006：315.

⑤ 张麟．援越抗法、援越抗美及边境扫雷行动[M]．长沙：湖南人民出版社，2006：247.

⑥ 张麟．援越抗法、援越抗美及边境扫雷行动[M]．长沙：湖南人民出版社，2006：269.

全力提供战略、战术、人员和物资方面的支持。① 云南负责支援对面的老街、河江、莱州3个省区，广西、广东、湖南3个省区各支援一个省，帮助其发展生产建设，全力支援前线。②

3. 滇桂黔处于对越自卫反击战最前沿

对越自卫反击战是指1979年2月17日至1979年3月16日在中国和越南之间爆发的战争。20世纪70年代中叶，越南结束抗美战争、实现国家统一后，把中国视为“头号敌人”，中越关系急剧恶化，中国边疆的和平安定和人民生命财产遭到严重威胁。在此情况下，1979年2月17日，遵照中央军委命令，中国边防部队对侵犯中国领土的越南军队进行自卫反击作战。战争分为两个作战方向，分别是中国的云南省和广西壮族自治区。③ 作为与越南接壤的滇桂黔生态脆弱地区，在对越自卫反击战中做出了重要贡献。

综上可知，通过梳理历史，滇桂黔生态脆弱地区经历新中国成立前的帝国主义疯狂掠夺和内部军阀混战、新中国成立时的“一贫如洗”以及新中国成立后的无偿支援越南军事斗争和恢复生产等。这些客观历史条件造成的后果有：一方面缺乏建设资金，延缓了滇桂黔生态脆弱地区工业化发展进程；另一方面缺乏生计资本，加重了滇桂黔生态脆弱地区群众对生态资源的依赖程度。

## 二、滇桂黔生态脆弱地区人均粮食资源缺乏，无序开发破坏自然生态

### （一）新中国成立初期，人口数量增长过快

1. 新中国成立初期，人口呈高自然增长率态势

新中国成立后，国家安定、人民安居乐业。人口增长呈现出高出生率、

---

① 李静轩．再举义师：中国人民解放军派部队援越抗美[M]．长春：吉林出版集团有限责任公司，2011：30.

② 李静轩．再举义师：中国人民解放军派部队援越抗美[M]．长春：吉林出版集团有限责任公司，2011：37.

③ 对越自卫反击战[EB/OL]. https://baike. baidu. com/item/%E5%AF%B9%E8%B6%8A%E8%87%AA%E5%8D%AB%E5%8F%8D%E5%87%BB%E6%88%98/946798?fromtitle=%E5%AF%B9%E8%B6%8A%E8%87%AA%E5%8D%AB%E8%BF%98%E5%87%BB%E6%88%98&fromid=7698949&fr=aladdin.

高死亡率、高自然增长率态势。1949—1956 年，人口出生率高达 31.90‰以上，人口死亡率高达 11.40‰以上，自然增长率高达 16‰以上，如表 4－7所示。

**表 4－7 1949—1956 年中国人口出生率、死亡率、自然增长率** （‰）

| 年份 | 出生率 | 死亡率 | 自然增长率 |
|---|---|---|---|
| 1949 | 36.00 | 20.00 | 16.00 |
| 1950 | 37.00 | 18.00 | 19.00 |
| 1951 | 37.80 | 17.80 | 20.00 |
| 1952 | 37.00 | 17.00 | 20.00 |
| 1953 | 37.00 | 14.00 | 23.00 |
| 1954 | 37.97 | 13.18 | 24.79 |
| 1955 | 32.60 | 12.28 | 20.32 |
| 1956 | 31.90 | 11.40 | 20.50 |

资料来源：国家统计局官网。

2. 新中国成立后，滇桂黔三省区人口数量呈爆发式增长

滇桂黔生态脆弱地区结束了帝国主义的侵略和内部的军阀混战，人民过上了安居乐业的日子，人口数量急剧增加。从表 4－8 中可以看出，1953—1964 年人口增长率，全国超过滇桂黔三省区；1964—1982 年人口增长率和 1953—1982 年人口增长率，滇桂黔三省区超过全国。

**表 4－8 全国及滇桂黔 3 省区三次人口普查数及人口增长率**

| | 1953 年人口数量/人 | 1964 年人口数量/人 | 1982 年人口数量/人 | 1953—1964 年人口增长率/% | 1964—1982 年人口增长率/% | 1953—1982 年人口增长率/% |
|---|---|---|---|---|---|---|
| 全国 | 601938035 | 723070269 | 1031887961 | 0.20 | 0.43 | 0.714 |
| 广西 | 19560822 | 20845017 | 36421421 | 0.07 | 0.75 | 0.862 |
| 云南 | 17472737 | 20509525 | 32553699 | 0.17 | 0.59 | 0.863 |
| 贵州 | 15037310 | 17140521 | 28552942 | 0.14 | 0.67 | 0.899 |
| 滇桂黔 3 省区合计 | 52070869 | 58495063 | 97528062 | 0.12 | 0.67 | 0.873 |

资料来源：国家统计局人口统计司．中国人口统计年鉴（1988）［M］．北京：中国统计出版社，1988：272－843.

3. 新中国成立后，滇桂黔生态脆弱地区人口数量稳步增长

新中国成立后，滇桂黔生态脆弱地区人口数量稳步增长。由表 4－9 可

知，滇桂黔生态脆弱地区的大部分区域，1964—1982 年人口增长率比 1953—1964 年人口增长率略高一些，1953—1982 年人口增长率比 1964—1982 年人口增长率略高一些。

**表 4-9 滇桂黔生态脆弱地区三次人口普查数及人口增长率**

| 普查省（区） | 普查城市 | 生态脆弱地区 | 1953 年人口数量/人 | 1964 年人口数量/人 | 1982 年人口数量/人 | 1953—1964 年人口增长率/% | 1964—1982 年人口增长率/% | 1953—1982 年人口增长率/% |
|---|---|---|---|---|---|---|---|---|
| 广西壮族自治区 | 南宁市 | 隆安县 | 158890 | 203876 | 314745 | 0.28 | 0.54 | 0.980 |
| | | 马山县 | 253162 | 286212 | 461628 | 0.13 | 0.61 | 0.823 |
| | | 上林县 | 201220 | 247427 | 365209 | 0.23 | 0.48 | 0.815 |
| | 柳州市 | 融安县 | 141597 | 177609 | 265727 | 0.25 | 0.50 | 0.877 |
| | | 融水苗族自治县 | 209894 | 228338 | 380952 | 0.09 | 0.67 | 0.815 |
| | | 三江侗族自治县 | 179935 | 172212 | 279928 | -0.04 | 0.63 | 0.556 |
| | 桂林市 | 龙胜各族自治县 | 95004 | 104036 | 150808 | 0.10 | 0.45 | 0.587 |
| | | 资源县 | 200880 | 92793 | 145060 | -0.54 | 0.56 | -0.278 |
| | 百色市 | 田阳区 | 175786 | 194083 | 307336 | 0.10 | 0.58 | 0.748 |
| | | 德保县 | 246533 | 232087 | 322897 | -0.06 | 0.39 | 0.301 |
| | | 靖西市 | 280938 | 346955 | 510152 | 0.23 | 0.47 | 0.816 |
| | | 那坡县 | 104040 | 108702 | 175577 | 0.04 | 0.62 | 0.688 |
| | | 凌云县 | 132901 | 90937 | 144952 | 0.15 | 0.59 | 0.905 |
| | | 乐业县 | | 61606 | 108281 | | 0.76 | |
| | | 田林县 | 97305 | 108707 | 181351 | 0.12 | 0.67 | 0.864 |
| | | 西林县 | 193246 | 51375 | 100139 | 0.17 | 0.95 | 0.973 |
| | | 隆林各族自治县 | | 174480 | 281105 | | 0.61 | |
| | | 右江区 | 115414 | 151855 | 254474 | 0.32 | 0.68 | 1.205 |
| | | 田东县 | 205638 | 191358 | 328451 | -0.07 | 0.72 | 0.597 |
| | | 平果市 | 243913 | 229265 | 367275 | -0.06 | 0.60 | 0.506 |
| | 河池市 | 凤山县 | 118889 | 89956 | 144689 | -0.24 | 0.61 | 0.217 |
| | | 东兰县 | 199143 | 146505 | 242663 | -0.26 | 0.66 | 0.219 |
| | | 罗城仫佬族自治县 | 180413 | 182687 | 294530 | 0.01 | 0.61 | 0.633 |
| | | 环江毛南族自治县 | 154527 | 154169 | 279177 | -0.002 | 0.81 | 0.807 |
| | | 巴马瑶族自治县 | 118889 | 162455 | 242632 | 0.37 | 0.49 | 1.041 |
| | | 都安瑶族自治县 | 332376 | 617072 | 815829 | 0.86 | 0.32 | 1.455 |

续表

| 普查省（区） | 普查城市 | 生态脆弱地区 | 1953年人口数量/人 | 1964年人口数量/人 | 1982年人口数量/人 | 1953—1964年人口增长率/% | 1964—1982年人口增长率/% | 1953—1982年人口增长率/% |
|---|---|---|---|---|---|---|---|---|
| 广西壮族自治区 | 河池市 | 大化瑶族自治县 | 27510 | 37574 | 461628 | 0.37 | -1.00 | 15.780 |
| | | 金城江区 | 152781 | 131893 | 249934 | -0.14 | 0.89 | 0.636 |
| | | 南丹县 | 99046 | 138970 | 231347 | 0.40 | 0.66 | 1.336 |
| | | 天峨县 | 75853 | 68812 | 115883 | -0.09 | 0.68 | 0.528 |
| | 来宾市 | 忻城县 | 207517 | 229540 | 345122 | 0.11 | 0.50 | 0.663 |
| | 崇左市 | 宁明县 | 177500 | 194952 | 311470 | 0.10 | 0.60 | 0.755 |
| | | 龙州县 | 28776 | 169457 | 232764 | 4.89 | 0.37 | 7.089 |
| | | 大新县 | 198619 | 199741 | 312170 | 0.01 | 0.56 | 0.572 |
| | | 天等县 | 195928 | 230712 | 344238 | 0.18 | 0.49 | 0.757 |
| 贵州省 | 安顺市 | 西秀区 | 293318 | 334687 | 386207 | 0.14 | 0.15 | 0.317 |
| | | 平坝区 | 121763 | 140535 | 267567 | 0.15 | 0.90 | 1.197 |
| | | 普定县 | 177233 | 203549 | 306664 | 0.15 | 0.51 | 0.730 |
| | | 镇宁布依族苗族自治县 | 119658 | 175423 | 268218 | 0.47 | 0.53 | 1.241 |
| | | 关岭布依族苗族自治县 | 148484 | 157229 | 243211 | 0.06 | 0.55 | 0.638 |
| | | 紫云苗族布依族自治县 | 124314 | 150351 | 246887 | 0.21 | 0.64 | 0.986 |
| | 六盘水市 | 六枝特区 | 187473 | 247852 | 474524 | 0.32 | 0.91 | 1.531 |
| | | 水城县 | 324408 | 364060 | 796638 | 0.12 | 1.19 | 1.456 |
| | | 钟山区 | 324498 | 462431 | 818390 | 0.43 | 0.77 | 1.522 |
| | 黔西南布依族苗族自治州 | 兴仁市 | 160126 | 193964 | 322456 | 0.21 | 0.66 | 1.014 |
| | | 普安县 | 100254 | 127395 | 208756 | 0.27 | 0.64 | 1.082 |
| | | 晴隆县 | 100062 | 131078 | 207732 | 0.31 | 0.58 | 1.076 |
| | | 贞丰县 | 137160 | 158516 | 250323 | 0.16 | 0.58 | 0.825 |
| | | 望谟县 | 117039 | 130925 | 212646 | 0.12 | 0.62 | 0.817 |
| | | 册亨县 | 81094 | 94017 | 157564 | 0.16 | 0.68 | 0.943 |
| | | 安龙县 | 160416 | 193631 | 306564 | 0.21 | 0.58 | 0.911 |
| | | 兴义市 | 261638 | 315574 | 500296 | 0.21 | 0.59 | 0.912 |

续表

| 普查省（区） | 普查城市 | 生态脆弱地区 | 1953 年人口数量/人 | 1964 年人口数量/人 | 1982 年人口数量/人 | 1953—1964 年人口增长率/% | 1964—1982 年人口增长率/% | 1953—1982 年人口增长率/% |
|---|---|---|---|---|---|---|---|---|
| 贵州省 | 黔东南苗族侗族自治州 | 黄平县 | 160035 | 165884 | 275463 | 0.04 | 0.66 | 0.721 |
| | | 施秉县 | 62502 | 68749 | 117770 | 0.10 | 0.71 | 0.884 |
| | | 三穗县 | 87154 | 94285 | 153790 | 0.08 | 0.63 | 0.765 |
| | | 镇远县 | 100700 | 124719 | 198005 | 0.24 | 0.59 | 0.966 |
| | | 岑巩县 | 89418 | 106641 | 162570 | 0.19 | 0.52 | 0.818 |
| | | 天柱县 | 178048 | 194542 | 308261 | 0.10 | 0.58 | 0.731 |
| | | 锦屏县 | 94560 | 105530 | 165205 | 0.12 | 0.57 | 0.747 |
| | | 剑河县 | 88143 | 90940 | 157320 | 0.03 | 0.73 | 0.785 |
| | | 台江县 | 67409 | 71702 | 128239 | 0.06 | 0.79 | 0.902 |
| | | 黎平县 | 220902 | 238595 | 368630 | 0.08 | 0.55 | 0.669 |
| | | 榕江县 | 128020 | 140460 | 230426 | 0.10 | 0.64 | 0.800 |
| | | 从江县 | 152531 | 142741 | 239146 | -0.06 | 0.68 | 0.568 |
| | | 雷山县 | 50314 | 67454 | 113409 | 0.34 | 0.68 | 1.254 |
| | | 麻江县 | 111670 | 104489 | 174047 | -0.06 | 0.67 | 0.559 |
| | | 丹寨县 | 82056 | 79242 | 128109 | -0.03 | 0.62 | 0.561 |
| | | 凯里市 | 130802 | 160563 | 317503 | 0.23 | 0.98 | 1.427 |
| | 黔南布依族苗族自治州 | 荔波县 | 125346 | 73771 | 127489 | -0.41 | 0.73 | 0.017 |
| | | 贵定县 | 136816 | 142300 | 228862 | 0.04 | 0.61 | 0.673 |
| | | 独山县 | 169806 | 167895 | 258184 | -0.01 | 0.54 | 0.520 |
| | | 平塘县 | 128761 | 148051 | 240350 | 0.15 | 0.62 | 0.867 |
| | | 罗甸县 | 137243 | 146919 | 247908 | 0.07 | 0.69 | 0.806 |
| | | 长顺县 | 97563 | 117181 | 189488 | 0.20 | 0.62 | 0.942 |
| | | 龙里县 | 93114 | 101922 | 161964 | 0.09 | 0.59 | 0.739 |
| | | 惠水县 | 177215 | 205635 | 327833 | 0.16 | 0.59 | 0.850 |
| | | 三都水族自治县 | 88589 | 139341 | 231836 | 0.57 | 0.66 | 1.617 |
| | | 瓮安县 | 160765 | 195794 | 337976 | 0.22 | 0.73 | 1.102 |
| | | 都匀市 | 157006 | 224490 | 97620 | 0.43 | -0.57 | -0.378 |

**续表**

| 普查省（区） | 普查城市 | 生态脆弱地区 | 1953 年人口数量/人 | 1964 年人口数量/人 | 1982 年人口数量/人 | 1953—1964 年人口增长率/% | 1964—1982 年人口增长率/% | 1953—1982 年人口增长率/% |
|---|---|---|---|---|---|---|---|---|
| 云南省 | 曲靖市 | 师宗县 | 108544 | 159408 | 259162 | 0.47 | 0.63 | 1.388 |
| | | 罗平县 | 206857 | 229222 | 402363 | 0.11 | 0.76 | 0.945 |
| | 红河哈尼族彝族自治州 | 屏边苗族自治县 | 71273 | 77463 | 125633 | 0.09 | 0.62 | 0.762 |
| | | 泸西县 | 170260 | 169211 | 278489 | -0.01 | 0.65 | 0.636 |
| | 文山壮族苗族自治州 | 砚山县 | 137012 | 182269 | 327139 | 0.33 | 0.79 | 1.388 |
| | | 西畴县 | 116834 | 131222 | 208793 | 0.12 | 0.59 | 0.787 |
| | | 麻栗坡县 | 196332 | 135864 | 231089 | -0.31 | 0.70 | 0.177 |
| | | 马关县 | 155133 | 179317 | 299179 | 0.16 | 0.67 | 0.929 |
| | | 丘北县 | 124007 | 190535 | 331017 | 0.53 | 0.74 | 1.669 |
| | | 广南县 | 330300 | 354975 | 575330 | 0.07 | 0.62 | 0.742 |
| | | 富宁县 | 114385 | 192074 | 328950 | 0.68 | 0.71 | 1.876 |
| | | 文山市 | 154071 | 186830 | 311082 | 0.21 | 0.67 | 1.019 |
| 合计 | | | 13604497 | 15597850 | 25410395 | 0.15 | 0.63 | 0.868 |

资料来源：国家统计局人口统计司．中国人口统计年鉴（1988）［M］．北京：中国统计出版社，1988：272-843.

4. 新中国成立以来，滇桂黔生态脆弱地区人口增长速度急剧上升

由表4-8与表4-9数据可知，滇桂黔生态脆弱地区1953—1964年人口增长率为0.15%，略低于全国1953—1964年人口增长率0.20%、略高于滇桂黔3省区1953—1964年人口增长率0.12%；滇桂黔生态脆弱地区1964—1982年人口增长率为0.63%，高于全国1964—1982年人口增长率0.43%、略低于滇桂黔3省区1964—1982年人口增长率0.67%；滇桂黔生态脆弱地区1953—1982年人口增长率为0.868%，高于全国1953—1982年人口增长率0.714%、略低于滇桂黔三省区1953—1982年人口增长率。从图4-5中可以看出，滇桂黔生态脆弱地区人口增长率由低于全国到领先全国发展，由略低于滇桂黔三省区向跑步追赶并与滇桂黔三省区保持平衡迈进。

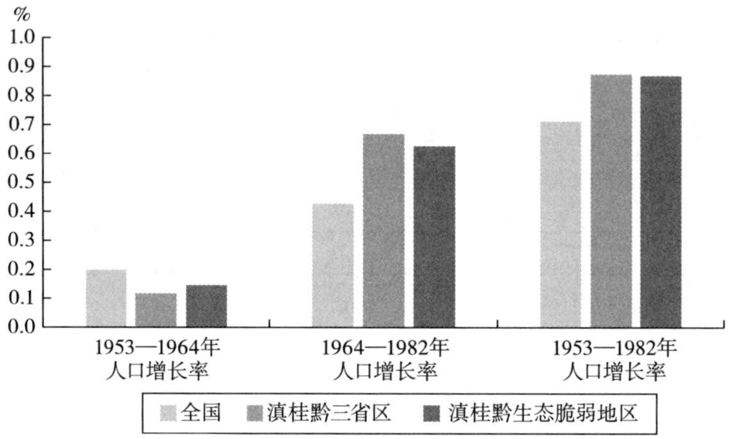


**图 4－5　全国及主要区域人口增长率**

### （二）新中国成立初期，粮食总产量增长相对较慢

新中国成立初期，粮食总产量有所增长，但是由于以下原因，增产相对较慢。一方面，滇桂黔生态脆弱地区耕地资源质量差，单位亩产远远低于水热条件相似的东部非喀斯特区。据统计，贵州近年全省耕地平均水稻单产约为 5250 千克/公顷，玉米单产为 3000 ~ 3750 千克/公顷，只相当于同纬度湘、赣、苏等省的 70% ~91%。① 另一方面，农业经济基础薄弱，农业机械化水平低，优良品种、农药、化肥等生产资料十分缺乏，“靠天吃饭”现象比较普遍。1949—1956 年，广西、云南、贵州、全国粮食产量在曲折中缓慢增长，如表 4－10 所示。

**表 4－10　1949—1956 年广西、云南、贵州、全国粮食产量**　单位：万吨

| 年份 | 广西 | 云南 | 贵州 | 全国 |
|---|---|---|---|---|
| 1949 | 332.50 | 374.00 | 295.00 | 11318.40 |
| 1950 | 393.50 | 383.00 | 296.00 | 13212.90 |
| 1951 | 445.00 | 407.50 | 318.50 | 14368.90 |
| 1952 | 508.00 | 450.50 | 343.50 | 16393.10 |
| 1953 | 545.50 | 478.60 | 374.10 | 16684.10 |
| 1954 | 629.60 | 512.50 | 400.10 | 16952.80 |

① 苏维词，朱文孝．贵州喀斯特山区生态环境脆弱性分析［J］．山地学报，2000（5）：429－434.

**续表**

| 年份 | 广西 | 云南 | 贵州 | 全国 |
|---|---|---|---|---|
| 1955 | 590.10 | 543.60 | 425.50 | 18394.60 |
| 1956 | 540.10 | 601.60 | 486.50 | 19275.60 |

资料来源：国家统计局官网。

1950—1956 年，广西、云南、贵州、全国粮食产量增长率呈现出不稳定的态势，广西粮食产量增长率呈现出下降—上升—下降的态势，云南、贵州粮食产量增长率呈现出上升—下降—上升的态势，全国粮食产量增长率呈现出下降—上升—下降—上升—下降的态势，如图 4-6 所示。

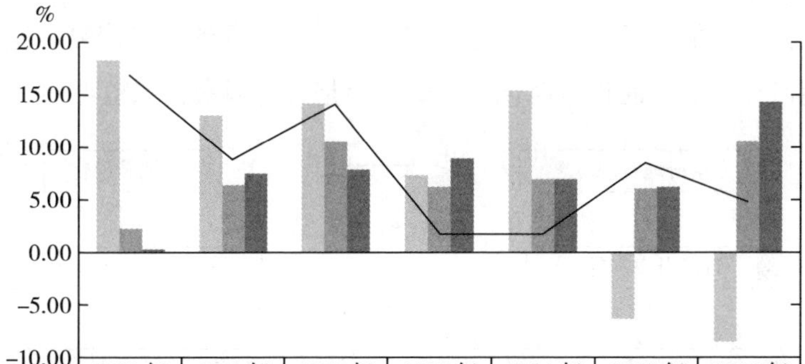


| | 1950 年 | 1951 年 | 1952 年 | 1953 年 | 1954 年 | 1955 年 | 1956 年 |
|---|---|---|---|---|---|---|---|
| 广西 | 18.35 | 13.09 | 14.16 | 7.38 | 15.42 | -6.27 | -8.47 |
| 云南 | 2.41 | 6.40 | 10.55 | 6.24 | 7.08 | 6.07 | 10.67 |
| 贵州 | 0.34 | 7.60 | 7.85 | 8.91 | 6.95 | 6.35 | 14.34 |
| 全国 | 16.74 | 8.75 | 14.09 | 1.78 | 1.61 | 8.50 | 4.79 |

**图 4-6 1950—1956 年广西、云南、贵州、全国粮食产量增长率**

资料来源：国家统计局官网。

## （三）新中国成立初期，无序开发破坏自然生态

随着人口的快速增长及粮食产量的缓慢增长，人均粮食产量不断下降。滇桂黔生态脆弱地区的群众为获取更多的粮食，一方面砍伐森林，用于出售，以换取粮食；另一方面通过毁林开荒、围湖造田等途径扩大耕地面积，增加粮食总产量。例如，云南省河口县林海茫茫，素有“风水宝地”之称。但是，如此浩瀚的热带雨林，却在违法开发中不断被蚕食。据云南省河口县林业局统计，仅 1995—1996 年，毁林面积就达 1.2 万亩，2007 年

1—4 月又毁林 4000 亩。[①] 起初，采用这种粗放外延式生产方式，粮食总产量有所增加。但是随着人类活动严重超过自然生态系统的自我修复能力，粮食总产量下降，岩石过度裸露，水土严重流失，土地生产力急剧下降，土壤石漠化问题严重。人类历史上，相似的事件在其他国家也同样发生过。恩格斯指出："美索不达米亚、希腊、小亚细亚以及其他各地的居民，为了得到耕地，毁灭了森林，但是他们做梦也想不到，这些地方今天竟因此而成为不毛之地，因为他们使这些地方失去了森林，也就失去了水分的积聚中心和贮藏库。"[②] 历史仍在重演，滇桂黔生态脆弱地区土壤多由碳酸盐岩风化形成，在人为不正确利用下，原始植被容易被破坏。由于碳酸盐岩的风化速度缓慢，植被恢复能力很差，一旦遭到破坏，便很难得到自然恢复。滇桂黔生态脆弱地区存在的大面积石漠化，主要原因是人为因素，如图 4－7 所示。

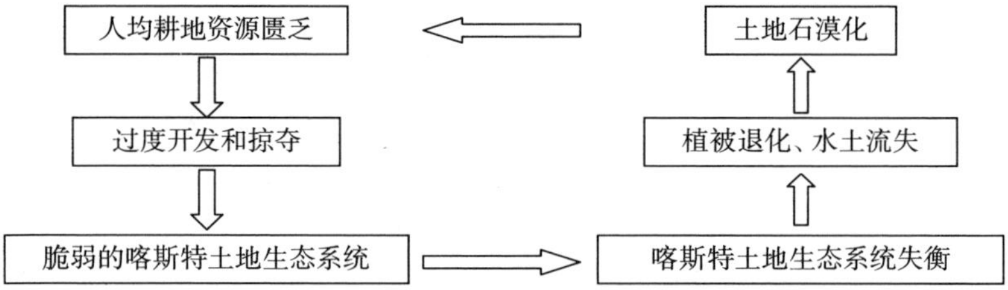


**图 4－7　滇桂黔生态脆弱地区土地石漠化逆向演变趋势**

1. 过度垦荒种植

为增加耕地面积，滇桂黔生态脆弱地区的群众在陡坡（坡度大于 16 度）、瘠薄石山、偏坡地、长垄沟等地开垦荒地，种植庄稼。过度垦荒种植，使原始植被遭到破坏，一是容易造成生物风化作用停止，成土速度下降。二是造成土壤蓄水能力下降，浅层地下水减少或者干枯[③]，水土流失严重，如贵州生态脆弱地区水土流失已发展到 5 万平方千米，每年外泄泥

① 护林．乱砍滥伐何时休——云南省河口县毁林纪实[J]．中国环境管理，1997(4)：46－47.

② 中共中央马克思恩格斯列宁斯大林著作编译局，编译．马克思恩格斯文集：第九卷[M]．北京：人民出版社，2009：560.

③ 刘家仁，况顺达，等．人为地质作用对中国西南地区石漠化的影响[J]．贵州地质，2008(4)：288－291.

沙7000万吨，相当于47万亩肥沃表土。[①] 森林覆盖率最低的六盘水市，水土流失面积高达495.6万亩，占比达到33.6%[②]，如表4-11所示。三是石漠化问题严重。针对云南、贵州、广西水土流失严重区域，如果不及时进行抢救性治理，将产生难以利用的裸岩。根据科学考察结果，按现在的流失速度，35年后西南岩溶区石漠化面积将翻一番。[③] 到那时，可供利用的耕地面积将更加匮乏。

**表4-11 六盘水市水土流失面积**

| | 六盘水市 | | | |
|---|---|---|---|---|
| | 六枝 | 盘州市 | 水城 | 全市 |
| 流失面积/万亩 | 94.91 | 186.87 | 213.82 | 495.6 |
| 占总面积比重/% | 35.7 | 30.25 | 36.16 | 33.6 |

资料来源：赵吉发．贵州喀斯特生态环境保护初探［M］//贵州省环境科学学会．贵州喀斯特环境研究．贵阳：贵州人民出版社，1988：48.

2. 过度滥伐森林

为了眼前利益而牺牲长远利益、为了局部利益而牺牲全局利益、为了物质利益而牺牲生态利益，滇桂黔生态脆弱地区的群众对森林资源的开发利用缺乏长远规划，使森林资源遭到严重破坏，如贵州生态脆弱地区的“森林赤字”每年达454.9万立方米[④]。近30年，桂西北地区森林覆盖率由30%下降到15%，滇东北地区森林覆盖率仅为6%，贵州石山区森林覆盖率只有12%。[⑤] 生态脆弱地区被过度滥伐森林，一方面容易造成水土流失严重，岩溶平原的干旱地区则可能使土地逐渐荒漠化，石山面积增加。在我国云贵高原干旱缺水的一些岩溶洼地、山间盆地，森林被砍伐后，这种现象很明显。如20世纪70—80年代初期，贵州喀斯特区每年有0.5%

① 杨明德，毛健全，杨汉奎．贵州喀斯特环境与经济发展的初步探讨[M]//贵州省环境科学学会．贵州喀斯特环境研究．贵阳：贵州人民出版社，1988：4.

② 赵吉发．贵州喀斯特生态环境保护初探[M]//贵州省环境科学学会．贵州喀斯特环境研究．贵阳：贵州人民出版社，1988：48.

③ 吴洪伟．对滇黔桂石漠化地区实施农发水保项目的认识[J]．中国水土保持，2012(5)：17-18，75.

④ 杨明德，毛健全，杨汉奎．贵州喀斯特环境与经济发展的初步探讨[M]//贵州省环境科学学会．贵州喀斯特环境研究．贵阳：贵州人民出版社，1988：4.

⑤ 王克林．资源约束型贫困地区农业产业化战略研究[J]．生态经济，1998(3)：19-21.

的土地变成光秃的石山。[①] 另一方面容易造成生物多样性被破坏，植被群落逆向演替发展，即由森林向干旱灌丛→稀疏草地→半荒漠的图式演变。[②] 鉴于森林资源被严重破坏，1980 年 12 月 5 日，国务院颁布《国务院关于坚决制止乱砍滥伐森林的紧急通知》[③]，以从制度上保护森林资源。

3. 过度放牧

岩溶山区土壤稀薄、植被稀少，过度放牧不仅会破坏珍贵的植被资源，而且会破坏土壤结构。

4. 过度樵采、过度采药

在农业生产力极端低下的情况下，岩溶山区往往是“靠山吃山”，不仅生活用品如做饭用的柴、盖房子用的木头等来自森林，而且经济收入主要依靠森林以及森林中的动植物，如森林中的名贵木材、药材、野生动物等。过度樵采、过度采药，易引发植被系统退化。1958 年前，贵州省水土流失面积为 3 万平方千米，主要是抗日战争后期对新炭需要增加，一度出现砍伐森林烧炭现象。贵州省森林覆盖率由新中国成立初的 30% 左右，下降到 1986 年的 12.6% 。[④]

5. 过度作业

过度抽取地下水、过度修建大型水利设施等过度作业，在一定程度上破坏了水文地质结构，易引发地面塌陷。

据调查，在过度樵采、乱砍滥伐、粗放耕作、过度开垦、过度放牧等人类活动所导致的石漠化过程中，过度樵采形成的占 31.4% ，不合理耕作形成的占 21.2% ，开垦形成的占 15.1% ，乱砍滥伐形成的占 13.4% ，过度放牧形成的占 8.2% ，乱开矿和无序工程建设形成的占 10.7% 。[⑤]

---

① 王克林．资源约束型贫困地区农业产业化战略研究[J]．生态经济，1998(3)：19－21.

② 袁道光，蔡桂鸿．岩溶环境学[M]．重庆：重庆出版社，1998：200－201.

③ 国务院关于坚决制止乱砍滥伐森林的紧急通知[J]．中华人民共和国国务院公报，1980(19)：591－592.

④ 杨汉奎，朱文孝，李坡，等．喀斯特环境质量变异[M]．贵阳：贵州科技出版社，1994：58.

⑤ 刘家仁，况顺达，等．人为地质作用对中国西南地区石漠化的影响[J]．贵州地质，2008(4)：288－291.

## 三、滇桂黔生态脆弱地区环境污染严重，植被被大量破坏

### （一）经济发展方式粗放外延，带来严重的生态环境问题

1. 新中国成立以来，我国经济发展迅速

新中国成立后，摆脱了半殖民地半封建的状态，建立了独立自主的社会主义国家，在很短的时间内恢复了国民经济。1976 年，中国建立了比较完整的工业体系，并成为世界第六大经济体。改革开放后，中国国民经济蓬勃发展，经济总量连上新台阶。2005 年，中国经济总量超过法国，居世界第五位；2006 年，中国经济总量超过英国，居世界第四位；2007 年，中国经济总量超过德国，居世界第三位；2009 年，中国经济总量超过日本，居世界第二位，仅次于美国。2010 年，中国的外汇储备超过日本，居世界第一位。2010 年，中国制造业规模超过美国，居世界第一位。中国综合国力和国际竞争力由弱变强，成功实现从低收入国家向中等收入国家的跨越，把一个半殖民地半封建国家变成一个屹立于世界东方的富强民主文明和谐的社会主义大国，把一个贫穷落后的国家变成一个繁荣富强的社会主义国家。

2. 中国经济快速发展的同时，也付出了沉重的环境代价

中国经济飞速发展，与之相伴的是资源消耗多、环境污染重。资源消耗多，以能源消耗为例。1978 年能源消费总量 57144 万吨标准煤，占能源生产总量 62770 万吨标准煤的 91%；2000 年能源消费总量 146964 万吨标准煤，占能源生产总量 138569.7 万吨标准煤的 106%；2018 年能源消费总量 471925.1 万吨标准煤，占能源生产总量 378859.3 万吨标准煤的 125%；2019 年能源消费总量 487000 万吨标准煤，占能源生产总量 397000 万吨标准煤的 123%。1979—2019 年，能源生产总量平均增长速度为 4.6%，而同时期能源消费总量平均增长速度为 5.4%；2001—2019 年，能源生产总量平均增长速度为 5.7%，而同时期能源消费总量平均增长速度为 6.5%，如表 4－12 所示。[①] 由此可以看出，能源消费总量平均增长速度一直领先

---

① 国家统计局．中国统计年鉴(2020)[M]．北京:中国统计出版社,2020:4－5.

于能源生产总量平均增长速度。

**表 4－12　中国能源情况**

| 指标 | 总量指标/万吨标准煤 | | | | 平均增长速度/% | |
|---|---|---|---|---|---|---|
| | 1978 年 | 2000 年 | 2018 年 | 2019 年 | 1979—2019 年 | 2001—2019 年 |
| 能源生产总量 | 62770 | 138569.7 | 378859.3 | 397000 | 4.6 | 5.7 |
| 能源消费总量 | 57144 | 146964 | 471925.1 | 487000 | 5.4 | 6.5 |

资料来源：国家统计局．中国统计年鉴（2020）［M］．北京：中国统计出版社，2020：4－5.

2019 年能源消费中，煤炭的比重为 57.7%，石油的比重为 18.9%，天然气的比重为 8.1%，一次电力及其他能源的比重为 15.3%。① “中国经济正处于以工业化和城镇化为主要特征的增长阶段，产业结构中重化工业和制造业比重高，完成同样 GDP 需要消耗的资源能源比以服务业为主的经济体要高。而且，受限于技术条件，我国资源能源利用效率较低。结果就是，我国单位 GDP 能源消耗和资源消耗都要高于发达经济体。”② “2012 年我国一次能源消费量 36.2 亿吨标准煤，消耗了全世界 20% 的能源，单位 GDP 能耗是世界平均水平的 2.5 倍、美国的 3.3 倍、日本的 7 倍，同时高于巴西、墨西哥等发展中国家。中国每消耗 1 吨标准煤的能源仅创造 14000 元 GDP，而全球平均水平是消耗 1 吨标准煤创造 25000 元 GDP，美国是 31000 元 GDP、日本是 50000 元 GDP。”③ “根据中国国务院发展研究中心和世界银行联合研究报告《2030 年的中国：建设现代、和谐、有创造力的社会》，中国目前环境恶化和资源消耗的经济代价，估计约占国民收入的 9%，比韩国和日本的相应水平高 10 倍以上。”④

环境污染重，以废水中化学需氧量排放量和废气中二氧化硫排放量为例。废水中化学需氧量排放量，2013 年为 2353 万吨，2014 年为 2295 万吨；

① 国家统计局．中国统计年鉴(2020)[M]．北京:中国统计出版社,2020:13.

② 赵晋中,张琦．中国发展对世界经济的影响[M]．北京:中国发展出版社,2014:78.

③ 中国单位 GDP 能耗达世界均值 2.5 倍[N]．21 世纪经济报道,2013－12－02(003).

④ 赵晋中,张琦．中国发展对世界经济的影响[M]．北京:中国发展出版社,2014:76.

废气中二氧化硫排放量，2013 年为 2044 万吨、2014 年为 1974 万吨。①

目前，我国有 1/4 人口的饮用水质量不合格，1/3 城市人口呼吸的空气质量不合格。② 与发达国家相比，中国每立方米空气中颗粒物含量（直径不足 10 微米的颗粒物）较高。2017 年，中国每立方米空气中颗粒物含量（直径不足 2.5 微米的颗粒物）为 52.7 微克/立方米，比世界 45.5 微克/立方米高 7.2 微克/立方米，比日本 11.7 微克/立方米高 41.0 微克/立方米，比美国 7.4 微克/立方米高 45.3 微克/立方米，比法国 11.8 微克/立方米高 40.9 微克/立方米，比德国 12.0 微克/立方米高 40.7 微克/立方米，比俄罗斯 16.2 微克/立方米高 36.5 微克/立方米，比英国 10.5 微克/立方米高 42.2 微克/立方米③，如表 4－13 所示。

**表 4－13　2017 年主要国家和地区每立方米空气中颗粒物含量**

单位：微克/立方米

| 国家或地区 | 2017 年 | 中国与其差额 |
|---|---|---|
| 中国 | 52.7 | |
| 世界 | 45.5 | 7.2 |
| 日本 | 11.7 | 41.0 |
| 美国 | 7.4 | 45.3 |
| 法国 | 11.8 | 40.9 |
| 德国 | 12.0 | 40.7 |
| 俄罗斯 | 16.2 | 36.5 |
| 英国 | 10.5 | 42.2 |

资料来源：国家统计局．国际统计年鉴（2019）［M］．北京：中国统计出版社，2020：12.

森林资源方面，森林覆盖率不高。2016 年，中国森林覆盖率为 22.4%，比世界平均水平的 30.7% 低 8.3%，比高收入国家的 29.0% 低 6.6%，比中等收入国家的 33.1% 低 10.7%，比低收入国家的 25.2% 低

① 国家统计局．中国统计年鉴(2015)[M]．北京:中国统计出版社,2015:4－5.

② 周四军,庄成杰．基于距离综合评价法的我国国民幸福指数 NHI 测评[J]．财经理论与实践,2008(5):112－115.

③ 国家统计局．国际统计年鉴(2019)[M]．北京:中国统计出版社,2020:12.

2.8%[①]，如表4－14所示。正如习近平总书记所言：“我国资源约束趋紧、环境污染严重、生态系统退化的问题十分严峻。”[②]

**表4－14　2016年主要国家和地区森林覆盖率　　（%）**

| 国家或地区 | 2016年 | 中国与其差额 |
|---|---|---|
| 中国 | 22.4 | |
| 世界 | 30.7 | －8.3 |
| 高收入国家 | 29.0 | －6.6 |
| 中等收入国家 | 33.1 | －10.7 |
| 低收入国家 | 25.2 | －2.8 |

资料来源：国家统计局．国际统计年鉴（2019）［M］．北京：中国统计出版社，2020：10.

### （二）滇桂黔生态脆弱地区“三废”粗放排放，森林植被大量破坏

人类活动中排放的各种废液、废气、粉尘等物质，也会影响森林的发育，甚至使树木枯萎死亡。其中最严重的是酸雨的危害。[③] 如贵州省的一些地区，因燃煤中释放的二氧化硫污染严重，在一定季节内，酸雨普降，一些地区的冬半年（10月至次年3月）降雨的pH为4.6。[④]

有毒的工业废气对植被有毒害作用，可使植被大片死亡，甚至使受害的土地完全变成没有任何生物的“死坡”。这种“死坡”完全没有植被的保护，任由流水肆意侵蚀，水土很快流失，石漠化十分迅速。在中国西南地区不少小冶炼厂、炼焦厂附近可以见到这种情况。过量抽取地下水和矿产的开采会导致地下水位下降，工业废水排放会毒化土壤环境，这些工业活动也可抑制植被生长甚至致其死亡，从而导致土地石漠化。例如，贵州省的乌江流域，水土流失面积达46321.3平方千米，占流域总面积的53.5%以上，平均侵蚀模数为2264t/（$km^2$·a），年均土壤侵蚀厚度达数毫米，已达到当地岩溶山地成土速度的上千倍。[⑤]

① 国家统计局．国际统计年鉴(2019)[M]．北京：中国统计出版社，2020：10.

② 习近平．在党的十八届五中全会第二次全体会议上的讲话(节选)[J]．求是，2016(1)：3－10.

③④ 袁道光，蔡桂鸿．岩溶环境学[M]．重庆：重庆出版社，1998：202.

⑤ 刘家仁，况顺达，等．人为地质作用对中国西南地区石漠化的影响[J]．贵州地质，2008(4)：288－291.

# 第三节 人为因素

## 一、滇桂黔生态脆弱地区人口数量有待下降

### （一）从纵向看，全国及主要地区人口自然增长率呈下降态势

随着计划生育的成功实施，全国及主要地区的人口自然增长率呈现出逐年下降的态势，全国人口自然增长率从2018年的3.81‰下降到2019年的3.34‰，北京人口自然增长率从2018年的2.66‰下降到2019年的2.63‰，上海人口自然增长率从2018年的1.80‰下降到2019年的1.50‰，云南人口自然增长率从2018年的6.87‰下降到2019年的6.43‰，广西人口自然增长率从2018年的8.16‰下降到2019年的7.17‰，贵州人口自然增长率从2018年的7.05‰下降到2019年的6.70‰，如表4-15所示。

**表4-15 2018—2019年全国及主要地区人口出生率、死亡率、自然增长率（‰）**

| 地区 | 2018年① | | | 2019年② | | |
|---|---|---|---|---|---|---|
| | 出生率 | 死亡率 | 自然增长率 | 出生率 | 死亡率 | 自然增长率 |
| 全国 | 10.94 | 7.13 | 3.81 | 10.48 | 7.14 | 3.34 |
| 北京 | 8.24 | 5.58 | 2.66 | 8.12 | 5.49 | 2.63 |
| 上海 | 7.20 | 5.40 | 1.80 | 7.00 | 6.50 | 1.50 |
| 云南 | 13.19 | 6.32 | 6.87 | 12.63 | 6.20 | 6.43 |
| 广西 | 14.12 | 5.96 | 8.16 | 13.31 | 6.14 | 7.17 |
| 贵州 | 13.90 | 6.85 | 7.05 | 13.65 | 6.95 | 6.70 |

资料来源：国家统计局．中国统计年鉴（2019）［M］．北京：中国统计出版社，2019：36；国家统计局．中国统计年鉴（2020）［M］．北京：中国统计出版社，2020：36.

### （二）从横向看，滇桂黔生态脆弱地区所在省（区）人口自然增长率高于全国及经济较发达地区人口自然增长率

2018年滇桂黔生态脆弱地区所在省（区）人口自然增长率分别高于全

① 国家统计局．中国统计年鉴(2019)[M]．北京:中国统计出版社,2019:36.
② 国家统计局．中国统计年鉴(2020)[M]．北京:中国统计出版社,2020:36.

国及经济较发达地区人口自然增长率，其中，2018 年云南人口自然增长率比全国人口自然增长率高 3.06 个千分点，比北京人口自然增长率高 4.21 个千分点，比上海人口自然增长率高 5.07 个千分点；广西人口自然增长率比全国人口自然增长率高 4.35 个千分点，比北京人口自然增长率高 5.50 个千分点，比上海人口自然增长率高 6.36 个千分点；贵州人口自然增长率比全国人口自然增长率高 3.24 个千分点，比北京人口自然增长率高 4.39 个千分点，比上海人口自然增长率高 5.25 个千分点。2019 年云南人口自然增长率比全国人口自然增长率高 3.09 个千分点，比北京人口自然增长率高 3.80 个千分点，比上海人口自然增长率高 4.93 个千分点；广西人口自然增长率比全国人口自然增长率高 3.83 个千分点，比北京人口自然增长率高 4.54 个千分点，比上海人口自然增长率高 5.67 个千分点；贵州人口自然增长率比全国人口自然增长率高 3.36 个千分点，比北京人口自然增长率高 4.07 个千分点，比上海人口自然增长率高 5.20 个千分点，如表 4－16 所示。

**表 4－16　2018—2019 年滇桂黔生态脆弱地区所在省（区）人口自然增长率与全国及经济较发达地区人口自然增长率的差额**　（‰）

| 地区 | 2018 年① | | | 2019 年② | | |
|---|---|---|---|---|---|---|
| | 与全国的差额 | 与北京的差额 | 与上海的差额 | 与全国的差额 | 与北京的差额 | 与上海的差额 |
| 云南 | 3.06 | 4.21 | 5.07 | 3.09 | 3.80 | 4.93 |
| 广西 | 4.35 | 5.50 | 6.36 | 3.83 | 4.54 | 5.67 |
| 贵州 | 3.24 | 4.39 | 5.25 | 3.36 | 4.07 | 5.20 |

资料来源：国家统计局．中国统计年鉴（2019）［M］．北京：中国统计出版社，2019：36；国家统计局．中国统计年鉴（2020）［M］．北京：中国统计出版社，2020：36.

## 二、滇桂黔生态脆弱地区受教育程度有待提升

### （一）滇桂黔生态脆弱地区所在省（区）15 岁及以上文盲人口比例相对较高

与全国其他地区相比，滇桂黔生态脆弱地区所在省（区）15 岁及以上

① 国家统计局．中国统计年鉴(2019)［M］．北京：中国统计出版社，2019：36.

② 国家统计局．中国统计年鉴(2020)［M］．北京：中国统计出版社，2020：36.

文盲人口比例较高。2019 年，云南文盲人口占 15 岁及以上人口的比重为 7.31%，比全国文盲人口占 15 岁及以上人口的比重 4.59% 高 2.72 个百分点，比北京文盲人口占 15 岁及以上人口的比重 1.73% 高 5.58 个百分点，比上海文盲人口占 15 岁及以上人口的比重 2.49% 高 4.82 个百分点；2019 年，广西文盲人口占 15 岁及以上人口的比重为 2.73%，比全国文盲人口占 15 岁及以上人口的比重 4.59% 低 1.86 个百分点，比北京文盲人口占 15 岁及以上人口的比重 1.73% 高 1 个百分点，比上海文盲人口占 15 岁及以上人口的比重 2.49% 高 0.24 个百分点；2019 年，贵州文盲人口占 15 岁及以上人口的比重为 10.19%，比全国文盲人口占 15 岁及以上人口的比重 4.59% 高 5.6 个百分点，比北京文盲人口占 15 岁及以上人口的比重 1.73% 高 8.46 个百分点，比上海文盲人口占 15 岁及以上人口的比重 2.49% 高 7.7 个百分点，如表 4－17 所示。

**表 4－17　2019 年全国及主要地区按性别分的 15 岁及以上文盲人口**

| 地区 | 15 岁及以上人口/人 | | | 文盲人口（人） | | | 文盲人口占 15 岁及以上人口的比重/% | | |
|---|---|---|---|---|---|---|---|---|---|
| | | 男 | 女 | | 男 | 女 | | 男 | 女 |
| 全国 | 908609 | 459235 | 449374 | 41696 | 10185 | 31511 | 4.59 | 2.22 | 7.01 |
| 北京 | 14929 | 7500 | 7429 | 258 | 90 | 168 | 1.73 | 1.19 | 2.26 |
| 上海 | 16901 | 8752 | 8149 | 420 | 93 | 327 | 2.49 | 1.07 | 4.01 |
| 云南 | 31042 | 15749 | 15293 | 2268 | 668 | 1600 | 7.31 | 4.24 | 10.46 |
| 广西 | 30215 | 15462 | 14753 | 826 | 156 | 670 | 2.73 | 1.01 | 4.54 |
| 贵州 | 21961 | 11202 | 10759 | 2237 | 534 | 1703 | 10.19 | 4.77 | 15.83 |

资料来源：国家统计局．中国统计年鉴（2019）［M］．北京：中国统计出版社，2019：48.

### （二）滇桂黔生态脆弱地区所在省（区）受高等教育的比例相对较低

与全国其他地区相比，如北京和上海，滇桂黔生态脆弱地区所在省（区）受高等教育的人数相对较少。2019 年，北京大学专科学历的人数为 2390 人，上海大学专科学历的人数为 2203 人，均高于滇桂黔生态脆弱地区所在省（区）大学专科学历的人数；2019 年，北京大学本科学历的人数为 4233 人，上海大学本科学历的人数为 2794 人，均高于滇桂黔生态脆弱地区所在省（区）大学本科学历的人数；2019 年，北京研究生学历的人数为 1327 人，上海研究生学历的人数为 500 人，均高于滇桂黔生态脆弱地区所在省（区）研究生学历的人数，如表 4－18 所示。

与全国高等教育人数相比，滇桂黔生态脆弱地区所在省（区）高等教育人数占全国相应高等教育人数的比例相对较低。2019 年，云南大学专科学历的人数为 1958 人，占全国大学专科学历的比例为 2.51%；云南大学本科学历的人数为 1914 人，占全国大学本科学历的比例为 3.00%；云南研究生学历的人数为 76 人，占全国研究生学历的比例为 1.17%。广西大学专科学历的人数为 1979 人，占全国大学专科学历的比例为 2.54%；广西大学本科学历的人数为 1274 人，占全国大学本科学历的比例为 2.00%；广西研究生学历的人数为 71 人，占全国研究生学历的比例为 1.09%。贵州大学专科学历的人数为 1148 人，占全国大学专科学历的比例为 1.47%；贵州大学本科学历的人数为 965 人，占全国大学本科学历的比例为 1.51%；贵州研究生学历的人数为 23 人，占全国研究生学历的比例为 0.35%，如表 4－18 所示。

**表 4－18　2019 年全国及主要地区按性别、受教育程度划分人口状况**

单位：人

| 地区 | 大学专科 | | | 大学本科 | | | 研究生 | | |
|---|---|---|---|---|---|---|---|---|---|
| | 小计 | 男 | 女 | 小计 | 男 | 女 | 小计 | 男 | 女 |
| 全国 | 77946 | 4395 | 36551 | 63739 | 32450 | 31289 | 6485 | 3341 | 3144 |
| 北京 | 2390 | 1187 | 1203 | 4233 | 2142 | 2091 | 1327 | 723 | 604 |
| 上海 | 2203 | 1143 | 1060 | 2794 | 1423 | 1371 | 500 | 272 | 228 |
| 云南 | 1958 | 1000 | 958 | 1914 | 822 | 1092 | 76 | 37 | 39 |
| 广西 | 1979 | 1020 | 959 | 1274 | 636 | 638 | 71 | 38 | 33 |
| 贵州 | 1148 | 640 | 508 | 965 | 489 | 476 | 23 | 15 | 8 |

资料来源：国家统计局．中国统计年鉴（2019）［M］．北京：中国统计出版社，2019：45－47.

## 三、滇桂黔生态脆弱地区生育观念有待改变

### （一）滇桂黔生态脆弱地区男女性别比高于全国平均男女性别比

新中国成立后，随着改革开放的深入推进，“妇女能顶半边天”的作

用日益凸显，男女平等观念逐渐深入人心。从2018—2019年全国及滇桂黔生态脆弱地区所在省（区）分性别人口状况可以看出，全国2019年男女性别比比2018年降低了0.002，云南2019年男女性别比比2018年降低了0.036，广西2019年男女性别比比2018年降低了0.015，贵州2019年男女性别比比2018年降低了0.02。虽然男女性别比有所下降，但是结果依然是男性人口多于女性人口，如表4－19所示。

**表4－19 2018—2019年全国及滇桂黔生态脆弱地区所在省（区）分性别人口状况**

单位：人

| 地区 | 2018年 | | | | 2019年 | | | |
|---|---|---|---|---|---|---|---|---|
| | 合计 | 男 | 女 | 性别比（女＝1） | 合计 | 男 | 女 | 性别比（女＝1） |
| 全国 | 1144648 | 585299 | 559349 | 1.046 | 1091876 | 557834 | 534042 | 1.044 |
| 云南 | 39584 | 20523 | 19061 | 1.077 | 37874 | 19321 | 18553 | 1.041 |
| 广西 | 40353 | 20996 | 19357 | 1.085 | 38653 | 19978 | 18675 | 1.070 |
| 贵州 | 29487 | 15403 | 14084 | 1.094 | 28245 | 14628 | 13617 | 1.074 |

资料来源：国家统计局．中国统计年鉴（2019）［M］．北京：中国统计出版社，2019：40.

### （二）滇桂黔生态脆弱地区传宗接代观念依然浓厚

受历史上父权制的影响，以及男性是主要劳动力，承担赡养义务和绵延子嗣的责任，“重男轻女”观念在滇桂黔生态脆弱地区普遍存在而且影响深远。① 另外，在广大的农村，受老有所靠、传统的传宗接代等观念的影响，农民要求生儿子的愿望仍很强烈，农民的生育观念变化是比较迟缓的。②

## 四、滇桂黔生态脆弱地区生态观念有待改进

### （一）征服自然，滇桂黔生态脆弱地区创造美好生活的民间故事广泛流传

人与自然的关系随着生产力的发展而不断发生变化，由最初的图腾崇

① 贾芳．中国农村重男轻女观念的转变——一个经济学视角的解释［D］．西安：陕西师范大学，2017：1.

② 贾平．人口流动与迁移对云南农村社会经济的影响［J］．云南财贸学院学报（社会科学版），2006（2）：79－81.

拜到征服自然，由改造自然到人与自然和谐共生。在滇桂黔生态脆弱地区少数民族的民间文学中，流传了大量民间故事，如壮族民间故事《金色的种子》《月亮妹》。《金色的种子》讲述的是剑术高明的猎手哈拉，经过千辛万苦、跋山涉水、斩妖除魔终于找到金色种子的故事。有了金色的种子，壮族人民居住的地方长满了金色的玉米，人民开始了耕种生活，不再靠打猎、捕鱼过日子。《金色的种子》讲述了幸福来之不易，体现了壮族先民从渔猎时期过渡到农耕时期的艰辛，反映了人与自然斗争的长期性、艰巨性和曲折性。《月亮妹》讲述的是有个叫月妹的姑娘想照亮黑夜，想把灯笼挂到天上去。她逢山过山、逢水过水、日晒雨淋、风餐露宿，直到头发都白了依然不放弃。有一天，有一个石头载着月妹上天了，月妹把灯笼挂到天上，点亮灯笼，又把芝麻撒向天空，芝麻在灯光的照射下变成一闪一闪的小星星。《月亮妹》讲述了壮族先民在生产力水平低下的古代，想改变极其恶劣的生活条件，渴望通过改造自然环境而获得美好生活的价值追求。①

### （二）改造自然，滇桂黔生态脆弱地区解决温饱问题同时带来严重生态问题有目共睹

新中国成立以来，为尽快摆脱贫穷，全国广大农村干部和社员群众，坚持党的基本路线，深入开展农业学大寨运动，认真贯彻执行“以粮为纲、全面发展”的方针。② 滇桂黔生态脆弱地区生产力水平低，工业基础薄弱，为了多产粮食不得不毁林开荒、毁草开荒。这种改造自然的方式虽然增加了耕地面积，但是由于滇桂黔生态脆弱地区抗干扰能力差，石漠化问题日益严重，农业生态环境急剧恶化。日益恶化的生态环境，引起人们思想观念的转变。正如习近平总书记所言：“过去由于生产力水平低，为了多产粮食不得不毁林开荒、毁草开荒、填湖造地，现在温饱问题稳定解

① 韦其麟．谈谈人跟自然斗争的故事——壮族民间文学札[J]．学术论坛，1987(5)：35－38，85．

② 认真贯彻执行“以粮为纲，全面发展”的方针　国务院召开全国棉油糖麻烟生产会议[J]．烟草科技通讯，1975(1)：1－3．

决了，保护生态环境就应该而且必须成为发展的题中之义。”①

**（三）顺应自然，滇桂黔生态脆弱地区形成人与自然和谐共生理念任重道远**

国家高度重视绿色发展，强调人与自然和谐共生理念。根据 8 次全国森林资源清查数据和 2014—2019 年全国森林资源情况，活立木蓄积量、森林面积、森林蓄积量、森林覆盖率等都有明显提高。2019 年全国活立木蓄积量达 190. 07 亿立方米，森林面积达 2. 20 亿公顷，森林蓄积量达 175. 60 亿立方米，森林覆盖率达 23%，如表 4 – 20 所示。

**表 4 – 20 全国历次森林资源清查数据（1973—2019 年）**

| 次数 | 清查时间 | 活立木蓄积量/亿立方米 | 森林面积/亿公顷 | 森林蓄积量/亿立方米 | 森林覆盖率/% |
|---|---|---|---|---|---|
| 1 | 1973—1976 年 | 95. 32 | 1. 22 | 86. 56 | 12. 7 |
| 2 | 1977—1981 年 | 102. 61 | 1. 15 | 90. 28 | 12 |
| 3 | 1984—1988 年 | 105. 72 | 1. 25 | 91. 41 | 12. 98 |
| 4 | 1989—1993 年 | 117. 85 | 1. 34 | 101. 37 | 13. 92 |
| 5 | 1994—1998 年 | 124. 88 | 1. 59 | 112. 67 | 16. 55 |
| 6 | 1999—2003 年 | 138. 18 | 1. 75 | 124. 56 | 18. 21 |
| 7 | 2004—2008 年 | 149. 13 | 1. 95 | 137. 21 | 20. 36 |
| 8 | 2009—2013 年 | 164. 33 | 2. 08 | 151. 37 | 21. 63 |
|  | 2014 年 | 164. 33 | 2. 20 | 151. 37 | 23 |
|  | 2015 年 | 164. 33 | 2. 20 | 151. 37 | 23 |
|  | 2016 年 | 164. 33 | 2. 20 | 151. 37 | 23 |
|  | 2017 年 | 164. 33 | 2. 20 | 151. 37 | 23 |
|  | 2018 年 | 190. 07 | 2. 20 | 175. 60 | 23 |
|  | 2019 年 | 190. 07 | 2. 20 | 175. 60 | 23 |

资料来源：全国历次森林资源清查数据（1973—2019）［EB/OL］. https：//wenku. baidu. com/view/e1aca6e80975f46527d3e13b. html；国家统计局，https：//data. stats. gov. cn/easyquery. htm？ cn = C01&zb = A0C07&sj = 2019.

与世界上其他国家相比，中国依然是一个缺林少木的国家。一方面，

① 中共中央文献研究室．习近平关于社会主义生态文明建设论述摘编［M］．北京：中央文献出版社，2017：14.

人均拥有森林面积较少。联合国环境规划署资料表明，我国人均拥有森林面积为0.1平方千米，只占世界人均拥有森林面积的1/5①，人均占有林木蓄积量仅占世界人均占有林木蓄积量的12%②。另一方面，森林覆盖率相对较低。森林覆盖率低于世界平均水平，低于日本、美国、法国、俄罗斯等发达国家，如表4－21所示。

**表4－21　2016年世界及主要国家森林覆盖率**　（%）

| 指标 | 世界 | 日本 | 美国 | 法国 | 俄罗斯 | 中国 |
|---|---|---|---|---|---|---|
| 森林覆盖率 | 30.7 | 68.5 | 33.9 | 31.2 | 49.8 | 22.4 |

资料来源：国家统计局．国际统计年鉴（2019）［M］．北京：中国统计出版社，2020：10.

滇桂黔生态脆弱地区所在省（区）也高度重视绿色发展，森林覆盖率明显提高，特别是云南森林覆盖率由2017年的50%提高到2019年的55%，广西森林覆盖率由2017年的56.5%提高到2019年的60.2%，贵州森林覆盖率由2017年的37.1%提高到2019年的43.8%，如表4－22所示。

**表4－22　2010—2019年滇桂黔生态脆弱地区所在省（区）森林覆盖率**　（%）

| 地区 | 2010年 | 2011年 | 2012年 | 2013年 | 2014年 | 2015年 | 2016年 | 2017年 | 2018年 | 2019年 |
|---|---|---|---|---|---|---|---|---|---|---|
| 云南 | 50 | 50 | 50 | 50 | 50 | 50 | 50 | 50 | 55 | 55 |
| 广西 | 56.5 | 56.5 | 56.5 | 56.5 | 56.5 | 56.5 | 56.5 | 56.5 | 60.2 | 60.2 |
| 贵州 | 37.1 | 37.1 | 37.1 | 37.1 | 37.1 | 37.1 | 37.1 | 37.1 | 43.8 | 43.8 |

资料来源：国家统计局．广西森林覆盖率［EB/OL］．https：//data.stats.gov.cn/easyquery.htm?cn=E0103&zb=A0C0A&reg=450000&sj=2019；国家统计局．云南森林覆盖率［EB/OL］．https：//data.stats.gov.cn/easyquery.htm?cn=E0103&zb=A0C0A&reg=530000&sj=2019；国家统计局．贵州森林覆盖率［EB/OL］．https：//data.stats.gov.cn/easyquery.htm?cn=E0103&zb=A0C0A&reg=520000&sj=2019.

虽然滇桂黔生态脆弱地区所在省（区）森林覆盖率明显提高，但是传统的生产方式、生活方式、消费方式等观念的改变依然任重道远。从整体上看，滇桂黔生态脆弱地区受落后的经济状况和传统生活方式的长期影响，大部分群众生态意识淡薄，农村脏、乱、差现象尚未得到彻底治理。

① 护林．乱砍滥伐何时休——云南省河口县毁林纪实[J]．中国环境管理，1997(4):46－47.
② 刘学艺，何纪力，石勇．经济增长方式与环境保护的战略转变[J]．环境保护，2007(6):41－45.

垃圾污水随意排倒、厕所简陋、人畜共处等现象普遍存在。[①]

## 第四节 经济因素

### 一、滇桂黔生态脆弱地区绿色发展自然资本相对稀缺

自然资本，是指自然资源和自然环境的经济价值，[②] 其实物形态一般包括耕地资源、矿藏资源、水资源、臭氧层、空气的净化能力、森林资源等自然资源以及伴生的环境生态系统。把自然环境资源当作自然资本并纳入经济发展的一个内生变量，在经济史发展进程中经历了漫长的过程。马克思的地租理论不仅体现了土地资源凭借其所有权可以获得额外经济收益，而且体现了以土地为代表的自然环境资源资本化的观点。滇桂黔生态脆弱地区由于喀斯特发育，环境脆弱，裸露石山占土地总面积的40%以上，可耕地少而分散，质量较差，地表水大部分渗漏于地下。[③] 滇桂黔生态脆弱地区人民群众对生态脆弱性认识不清，资源开发利用不当，导致土地石漠化严重，自然资本极其稀缺。

#### （一）人均耕地资本严重匮乏

滇桂黔生态脆弱地区以喀斯特山地丘陵为主，适宜耕地的比重较小。如贵州喀斯特环境中的可耕地比重小，全省喀斯特地区人均耕地只有0.052公顷/平方千米，远低于全国平均的13.13公顷/平方千米。[④] 滇桂黔生态脆弱地区原本耕地资源缺乏，又加上水土流失严重，水土流失面积约占土地总面积的30%。土壤侵蚀多以水力侵蚀为主，云南、贵州的侵蚀程度达到了危险程度，广西的侵蚀程度达到了极危险程度。在有限的人均耕地面积中，坡耕地占了绝大部分，其中5~15度、15~25度以及25度以上的坡耕地分别占总耕地面积的50%、30%和20%左右。

---

① 李波. 贵州民族地区生态文明建设的理论与实践探索[J]. 贵州大学学报(社会科学版)，2010(2):13-19.

② 孙冬煜，王震声，何旭东，等. 自然资本与环境投资的含义[J]. 环境保护，1999(5):38-40.

③ 王克林. 资源约束型贫困地区农业产业化战略研究[J]. 生态经济，1998(3):19-21.

④ 苏维词，朱文孝. 贵州喀斯特山区生态环境脆弱性分析[J]. 山地学报，2000(5):429-434.

### （二）土壤肥力资本相对匮乏

滇桂黔生态脆弱地区是以岩溶为主的生态环境，90%的溶蚀物随土流失，成土速度缓慢，一般形成1厘米厚的土壤需要2500～7500年。[①] 因此，滇桂黔生态脆弱地区土层浅薄、分散、不连续，峰丛顶部平均土层10厘米，中部40厘米左右，洼地、坡麓和谷地底部土层才达80厘米以上，但缺乏半风化的母质层。石灰土分布面积大，适宜花生、大豆等喜钙植物生长。土壤中植物需要的氮、磷、钾元素缺乏，土壤肥力相对匮乏[②]，如表4－23所示。由于土壤肥力有限，耕地单产低于同纬度非喀斯特区域，如贵州的单产只相当于同纬度湘、赣、苏等省的70%～91%。[③]

表4－23　喀斯特山地主要类型土壤肥力状况　（%）

| 土类 | 有机质 | 全氮 | 全磷 | 全钾 |
|---|---|---|---|---|
| 黄色石灰土 | 2.83 | 0.16 | 0.08 | 2.31 |
| 耕性黄色石灰土 | 2.63 | 0.15 | 0.12 | 2.64 |
| 灰岩黄壤 | 2.10 | 0.12 | 0.08 | 2.30 |
| 耕性灰岩黄壤 | 2.31 | 0.12 | 0.12 | 2.59 |

资料来源：王克林，章春华．湘西喀斯特山区生态环境问题与综合整治战略[J]．山地学报，1999（2）：3－5.

### （三）地表水资本相对匮乏

滇桂黔生态脆弱地区雨热同期，降水量丰富，但是由于碳酸盐岩裂隙，洞穴发育，平均每平方千米分布4～5个漏斗、落水洞，岩石裂隙、洞穴与地下管道系统广布。降水的40%～70%渗漏，地下水埋深一般为30～50米，深者达百余米，形成不完善的地表水系和纵横交错的地下水系同时存在的二元结构。[④] 这种二元结构易造成地表干旱缺水，导致旱灾，或降雨过于充沛，导致地下水位上涨，产生涝灾。

① 吴洪伟．对滇黔桂石漠化地区实施农发水保项目的认识[J]．中国水土保持，2012（5）：17－18，75.

② 王克林，章春华．湘西喀斯特山区生态环境问题与综合整治战略[J]．山地学报，1999（2）：3－5.

③ 苏维词，朱文孝．贵州喀斯特山区生态环境脆弱性分析[J]．山地学报，2000（5）：429－434.

④ 王克林，章春华．湘西喀斯特山区生态环境问题与综合整治战略[J]．山地学报，1999（2）：3－5.

## 二、滇桂黔生态脆弱地区绿色发展人力资本相对匮乏

人力资本理论最初是由舒尔茨和贝克尔创立的，他们认为人力资本是一种“非物力资本”，是指劳动者经过教育、培训等学习积累后获得的知识和技能的总和。人力资本是通过人力投资形成的，主要包括教育投资、卫生保健投资、国内流动投资、移民入境投资等。其中，最重要的是教育投资，通过投资教育提高劳动力的素质、技能，进而提高劳动生产率。①

### （一）滇桂黔生态脆弱地区高度重视教育投资，但是人才流失严重

1. 从纵向看，滇桂黔生态脆弱地区高度重视教育投资

教育兴则国家兴，教育强则国家强。教育事关国家发展、民族繁荣的百年伟业，必须常抓不懈。从纵向看，滇桂黔生态脆弱地区高度重视教育投资，每年教育投资的费用都在增加。贵州六枝特区、水城区等生态脆弱地区2009—2018年教育投资如表4－24所示。

**表4－24 贵州六枝特区、水城区等生态脆弱地区2009—2018年教育投资**

单位：亿元

| 地区 | 2009年 | 2010年 | 2011年 | 2012年 | 2013年 | 2014年 | 2015年 | 2016年 | 2017年 | 2018年 |
|---|---|---|---|---|---|---|---|---|---|---|
| 六枝特区 | 2.796 | 3.3209 | 4.187 | 6.5501 | 7.6561 | 9.0648 | 10.0817 | 10.84 | 11.6216 | 11.7265 |
| 水城县 | 3.4656 | 4.5084 | 5.3533 | 7.1293 | 8.4489 | 9.3189 | 10.0877 | 11.92 | 14.8383 | 16.8797 |
| 西秀区 | 3.6483 | 4.6402 | 5.3473 | 7.2372 | 7.8752 | 8.2923 | 11.8096 | 12.58 | 12.8217 | 12.79 |
| 平坝区 | 1.414 | 1.8299 | 2.3786 | 3.315 | 3.9599 | 5.409 | 6.0885 | 5.55 | 7.7726 | 7.5395 |
| 普定县 | 1.5212 | 2.0024 | 2.5237 | 3.6134 | 3.6265 | 4.0395 | 5.2616 | 6.03 | 6.6832 | 6.7924 |
| 镇宁县 | 1.5323 | 1.7398 | 2.0535 | 3.0532 | 3.5382 | 3.782 | 5.2392 | 4.94 | 5.1639 | 5.9081 |
| 关岭县 | 1.5294 | 1.5388 | 2.0846 | 3.6222 | 3.3166 | 3.6952 | 5.1459 | 5.4 | 5.006 | 6.1744 |
| 紫云县 | 1.7702 | 1.6974 | 2.5118 | 3.0069 | 3.2823 | 3.9471 | 4.2518 | 5.42 | 5.6273 | 5.8462 |
| 兴仁市 | 2.6217 | 3.2988 | 3.9802 | 5.6218 | 5.8992 | 7.1029 | 9.7952 | 12.38 | 9.9288 | 11.1842 |
| 普安县 | 1.8246 | 1.8633 | 2.3916 | 3.4557 | 4.3304 | 4.6208 | 5.8368 | 5.9 | 6.3645 | 6.0253 |
| 晴隆县 | 1.5561 | 1.6713 | 2.5176 | 3.0412 | 3.5554 | 3.7211 | 4.8051 | 5.52 | 6.0471 | 7.0538 |

① 连俊华．人力资本对区域经济的影响[M]．北京：社会科学文献出版社，2020：15.

续表

| 地区 | 2009 年 | 2010 年 | 2011 年 | 2012 年 | 2013 年 | 2014 年 | 2015 年 | 2016 年 | 2017 年 | 2018 年 |
|---|---|---|---|---|---|---|---|---|---|---|
| 贞丰县 | 1. 8473 | 2. 1498 | 3. 0122 | 4. 4857 | 5. 8516 | 6. 5458 | 7. 9517 | 10. 17 | 10. 6791 | 9. 448 |
| 望谟县 | 2. 1767 | 2. 3513 | 2. 8477 | 4. 6046 | 4. 6075 | 5. 4906 | 6. 0289 | 8. 12 | 8. 3456 | 8. 7982 |
| 册亨县 | 1. 2427 | 1. 373 | 1. 7063 | 2. 6272 | 3. 0036 | 3. 1043 | 4. 0686 | 4. 8 | 4. 8374 | 6. 177 |
| 安龙县 | 2. 2991 | 3. 0421 | 3. 3368 | 5. 4579 | 4. 4834 | 5. 6678 | 8. 35 | 10. 6 | 10. 1251 | 11. 3151 |
| 黄平县 | 1. 5826 | 1. 8452 | 2. 4131 | 2. 7652 | 2. 9537 | 3. 4204 | 4. 6466 | 5. 43 | 5. 7405 | 6. 1794 |
| 施秉县 | 0. 7968 | 0. 8971 | 1. 2331 | 2. 0867 | 2. 2027 | 2. 2558 | 2. 6073 | 2. 94 | 2. 4943 | 2. 3807 |
| 三穗县 | 1. 0444 | 1. 1504 | 1. 5585 | 2. 3485 | 2. 3792 | 2. 696 | 3. 3007 | 3. 62 | 4. 6952 | 4. 6878 |
| 镇远县 | 1. 1585 | 1. 3239 | 1. 8514 | 2. 666 | 2. 8083 | 3. 0477 | 3. 9116 | 4. 77 | 4. 0239 | 3. 3877 |
| 岑巩县 | 1. 2206 | 1. 4039 | 1. 7986 | 2. 1995 | 2. 4479 | 2. 655 | 3. 449 | 3. 81 | 4. 4563 | 4. 9168 |
| 天柱县 | 1. 8111 | 2. 49 | 3. 0823 | 4. 3377 | 4. 049 | 4. 9747 | 6. 7801 | 6. 93 | 5. 9409 | 6. 3783 |
| 锦屏县 | 1. 3175 | 1. 5603 | 1. 8637 | 2. 4686 | 2. 2463 | 2. 6198 | 2. 8849 | 2. 98 | 3. 3858 | 3. 5534 |
| 剑河县 | 1. 5659 | 1. 5899 | 1. 7281 | 2. 1135 | 2. 4239 | 2. 4556 | 3. 868 | 4. 5 | 4. 7625 | 4. 7948 |
| 台江县 | 0. 7265 | 0. 956 | 1. 4276 | 1. 6026 | 1. 8824 | 2. 194 | 2. 338 | 3. 04 | 3. 5969 | 4. 4162 |
| 黎平县 | 2. 44 | 2. 8086 | 3. 7835 | 3. 8423 | 4. 9521 | 5. 2746 | 7. 307 | 8 | 7. 788 | 7. 9431 |
| 榕江县 | 1. 7896 | 2. 0505 | 2. 7625 | 3. 4376 | 4. 1729 | 4. 5013 | 5. 6599 | 6. 64 | 6. 6771 | 6. 3437 |
| 从江县 | 1. 5365 | 1. 6376 | 2. 6281 | 3. 1217 | 3. 2097 | 4. 3671 | 5. 1673 | 5. 59 | 5. 702 | 5. 6874 |
| 雷山县 | 1. 0742 | 1. 3007 | 1. 6475 | 2. 0283 | 2. 3556 | 2. 6004 | 3. 243 | 3. 72 | 3. 5153 | 3. 6417 |
| 麻江县 | 0. 9604 | 1. 4433 | 1. 8242 | 2. 3682 | 1. 8455 | 2. 5747 | 2. 6288 | 2. 75 | 2. 7293 | 2. 6492 |
| 丹寨县 | 1. 0223 | 1. 3793 | 1. 878 | 2. 6404 | 2. 6825 | 4. 1415 | 3. 0628 | 3. 28 | 3. 34 | 3. 0226 |
| 荔波县 | 1. 2922 | 1. 7729 | 1. 92 | 2. 0753 | 2. 4699 | 2. 9454 | 3. 4828 | 3. 9 | 4. 4239 | 3. 7328 |
| 贵定县 | 1. 3818 | 2. 0765 | 2. 0034 | 2. 7034 | 3. 186 | 3. 7675 | 4. 4175 | 4. 6 | 4. 8522 | 4. 9347 |
| 瓮安县 | 1. 9616 | 2. 6809 | 2. 8333 | 3. 0403 | 4. 318 | 5. 994 | 7. 1869 | 7. 63 | 7. 9931 | 8. 0255 |
| 独山县 | 1. 6032 | 1. 9109 | 2. 6015 | 4. 1115 | 3. 5572 | 3. 8343 | 5. 2421 | 5. 64 | 4. 9445 | 5. 4294 |
| 平塘县 | 1. 4982 | 1. 6399 | 2. 0473 | 2. 6734 | 3. 2377 | 3. 7521 | 4. 6364 | 5. 33 | 5. 3487 | 6. 3862 |
| 罗甸县 | 1. 8668 | 2. 2506 | 2. 782 | 3. 4283 | 3. 85 | 4. 3525 | 5. 28 | 5. 49 | 5. 5426 | 6. 3217 |
| 长顺县 | 1. 2331 | 1. 364 | 1. 898 | 2. 5366 | 2. 7541 | 3. 4036 | 3. 5269 | 4. 04 | 3. 9724 | 4. 0431 |
| 龙里县 | 1. 3821 | 1. 3164 | 1. 5626 | 2. 2507 | 2. 6662 | 3. 4649 | 4. 0545 | 4. 47 | 5. 5453 | 5. 7026 |
| 惠水县 | 2. 1192 | 2. 5366 | 2. 7629 | 3. 7969 | 4. 2821 | 5. 8128 | 6. 5811 | 7. 47 | 7. 4868 | 7. 5655 |
| 三都县 | 1. 8282 | 2. 3995 | 2. 9839 | 3. 6744 | 4. 1005 | 4. 6637 | 5. 1522 | 5. 31 | 6. 3764 | 6. 7924 |

资料来源：eps 数据库（贵州县市统计数据库）。

**2. 从横向看，滇桂黔生态脆弱地区教育投资占一般公共预算支出比例与全国持平**

《国务院关于进一步加大财政教育投入的意见》中指出：2001—2010年，教育支出占财政支出的比重从14.3%提高到15.8%，已成为公共财政的第一大支出。[①] 2018年，一般公共预算支出为220904.1亿元，教育经费支出为46143.0亿元，[②] 教育经费支出占一般公共预算支出的比例为0.21。在滇桂黔生态脆弱地区一般公共预算支出中，教育投资占一般公共预算支出的比例与全国持平，有些地方略高于全国。贵州六枝特区、水城区等生态脆弱地区2009—2018年教育支出占一般公共预算支出的比例如表4-25所示。

**表4-25 贵州六枝特区、水城区等生态脆弱地区2009—2018年教育支出占一般公共预算支出的比例**

(%)

| 地区 | 2009年 | 2010年 | 2011年 | 2012年 | 2013年 | 2014年 | 2015年 | 2016年 | 2017年 | 2018年 |
|---|---|---|---|---|---|---|---|---|---|---|
| 六枝特区 | 0.23 | 0.21 | 0.19 | 0.24 | 0.23 | 0.28 | 0.26 | 0.24 | 0.24 | 0.28 |
| 水城县 | 0.24 | 0.23 | 0.20 | 0.20 | 0.20 | 0.21 | 0.20 | 0.19 | 0.23 | 0.24 |
| 西秀区 | 0.26 | 0.24 | 0.21 | 0.23 | 0.21 | 0.19 | 0.21 | 0.20 | 0.20 | 0.19 |
| 平坝区 | 0.17 | 0.18 | 0.18 | 0.22 | 0.19 | 0.22 | 0.23 | 0.20 | 0.20 | 0.20 |
| 普定县 | 0.20 | 0.22 | 0.21 | 0.21 | 0.20 | 0.19 | 0.21 | 0.22 | 0.22 | 0.20 |
| 镇宁县 | 0.21 | 0.19 | 0.16 | 0.19 | 0.19 | 0.18 | 0.23 | 0.18 | 0.16 | 0.17 |
| 关岭县 | 0.24 | 0.15 | 0.18 | 0.23 | 0.18 | 0.20 | 0.25 | 0.23 | 0.18 | 0.20 |
| 紫云县 | 0.27 | 0.20 | 0.23 | 0.20 | 0.19 | 0.20 | 0.21 | 0.23 | 0.20 | 0.20 |
| 兴仁市 | 0.27 | 0.24 | 0.22 | 0.23 | 0.21 | 0.22 | 0.26 | 0.30 | 0.24 | 0.24 |
| 普安县 | 0.26 | 0.22 | 0.21 | 0.25 | 0.25 | 0.22 | 0.24 | 0.22 | 0.22 | 0.20 |
| 晴隆县 | 0.22 | 0.18 | 0.22 | 0.20 | 0.21 | 0.22 | 0.23 | 0.22 | 0.24 | 0.21 |
| 贞丰县 | 0.25 | 0.21 | 0.20 | 0.24 | 0.25 | 0.24 | 0.27 | 0.29 | 0.30 | 0.22 |
| 望谟县 | 0.30 | 0.22 | 0.21 | 0.25 | 0.23 | 0.24 | 0.25 | 0.32 | 0.28 | 0.26 |
| 册亨县 | 0.20 | 0.19 | 0.18 | 0.22 | 0.22 | 0.21 | 0.23 | 0.27 | 0.20 | 0.20 |

① 国务院关于进一步加大财政教育投入的意见[N]. 中国税务报,2011-07-11(10).

② 国家统计局. 中国统计年鉴(2020)[M]. 北京:中国统计出版社,2020:5,692.

续表

| 地区 | 2009年 | 2010年 | 2011年 | 2012年 | 2013年 | 2014年 | 2015年 | 2016年 | 2017年 | 2018年 |
|---|---|---|---|---|---|---|---|---|---|---|
| 安龙县 | 0.30 | 0.25 | 0.26 | 0.33 | 0.25 | 0.25 | 0.28 | 0.30 | 0.28 | 0.28 |
| 黄平县 | 0.23 | 0.21 | 0.21 | 0.20 | 0.20 | 0.20 | 0.24 | 0.27 | 0.23 | 0.25 |
| 施秉县 | 0.18 | 0.15 | 0.16 | 0.22 | 0.22 | 0.22 | 0.21 | 0.20 | 0.17 | 0.17 |
| 三穗县 | 0.21 | 0.18 | 0.19 | 0.23 | 0.20 | 0.20 | 0.23 | 0.23 | 0.27 | 0.25 |
| 镇远县 | 0.21 | 0.18 | 0.19 | 0.22 | 0.20 | 0.21 | 0.21 | 0.24 | 0.21 | 0.21 |
| 岑巩县 | 0.25 | 0.22 | 0.22 | 0.20 | 0.19 | 0.19 | 0.22 | 0.22 | 0.22 | 0.25 |
| 天柱县 | 0.25 | 0.25 | 0.23 | 0.25 | 0.23 | 0.26 | 0.28 | 0.28 | 0.21 | 0.21 |
| 锦屏县 | 0.24 | 0.20 | 0.19 | 0.21 | 0.18 | 0.20 | 0.18 | 0.17 | 0.18 | 0.19 |
| 剑河县 | 0.28 | 0.22 | 0.18 | 0.18 | 0.18 | 0.18 | 0.21 | 0.23 | 0.21 | 0.22 |
| 台江县 | 0.16 | 0.17 | 0.19 | 0.18 | 0.19 | 0.21 | 0.20 | 0.19 | 0.22 | 0.26 |
| 黎平县 | 0.26 | 0.22 | 0.24 | 0.21 | 0.22 | 0.22 | 0.24 | 0.26 | 0.24 | 0.23 |
| 榕江县 | 0.28 | 0.23 | 0.24 | 0.24 | 0.24 | 0.22 | 0.23 | 0.25 | 0.25 | 0.21 |
| 从江县 | 0.23 | 0.16 | 0.21 | 0.20 | 0.19 | 0.22 | 0.22 | 0.22 | 0.20 | 0.19 |
| 雷山县 | 0.22 | 0.20 | 0.20 | 0.21 | 0.21 | 0.20 | 0.19 | 0.23 | 0.22 | 0.25 |
| 麻江县 | 0.20 | 0.22 | 0.20 | 0.22 | 0.18 | 0.21 | 0.21 | 0.21 | 0.19 | 0.18 |
| 丹寨县 | 0.24 | 0.21 | 0.21 | 0.20 | 0.21 | 0.21 | 0.23 | 0.24 | 0.23 | 0.20 |
| 荔波县 | 0.24 | 0.26 | 0.21 | 0.20 | 0.20 | 0.20 | 0.20 | 0.20 | 0.21 | 0.18 |
| 贵定县 | 0.21 | 0.23 | 0.19 | 0.22 | 0.20 | 0.20 | 0.21 | 0.21 | 0.20 | 0.19 |
| 瓮安县 | 0.21 | 0.21 | 0.19 | 0.16 | 0.17 | 0.22 | 0.22 | 0.25 | 0.23 | 0.22 |
| 独山县 | 0.21 | 0.21 | 0.24 | 0.28 | 0.23 | 0.23 | 0.25 | 0.25 | 0.18 | 0.20 |
| 平塘县 | 0.20 | 0.18 | 0.18 | 0.19 | 0.20 | 0.21 | 0.22 | 0.23 | 0.23 | 0.23 |
| 罗甸县 | 0.26 | 0.22 | 0.22 | 0.22 | 0.23 | 0.24 | 0.25 | 0.25 | 0.20 | 0.22 |
| 长顺县 | 0.21 | 0.18 | 0.17 | 0.21 | 0.21 | 0.24 | 0.24 | 0.23 | 0.20 | 0.19 |
| 龙里县 | 0.25 | 0.18 | 0.18 | 0.18 | 0.16 | 0.20 | 0.19 | 0.19 | 0.20 | 0.18 |
| 惠水县 | 0.27 | 0.25 | 0.21 | 0.24 | 0.22 | 0.27 | 0.27 | 0.28 | 0.24 | 0.22 |
| 三都县 | 0.28 | 0.27 | 0.26 | 0.26 | 0.24 | 0.23 | 0.24 | 0.23 | 0.25 | 0.24 |

资料来源：eps数据库（贵州县市统计数据库）。

### 3. 滇桂黔生态脆弱地区人才流失严重

随着改革开放的深入推进和新型城镇化的加速推进，大量劳动力从经济欠发达地区向经济发展水平较高的地区转移，主要转移的方向为从农村向城市转移、从农业部门向非农业部门转移、从西部向东部转移。人才流动主要分为两类：一类是人才省内流动，另一类是人才省外流动。

第一，滇桂黔生态脆弱地区所在省（区）的省际人口流动比例较低。第六次人口普查的资料显示，全国流动人口增长到2.6亿人，占总人口的19.5%，即全国有20%的人口在流动。[①] 从主要省市流动人口状况和比例可以看出，北京、上海、广东等省（市）流动人口偏向于省外流动，省际流动所占比例超过50%；滇桂黔生态脆弱地区所在省（区）人口流动偏向于省内流动，省际流动人口占比低于25%，如表4－26所示。

**表4－26　2010年主要地区流动人口状况和比例**

| 地区 | 流动人口/万人 | 省内流动/万人 | 省外流动/万人 | 省际流动所占比例/% |
|---|---|---|---|---|
| 云南 | 605.4 | 481.7 | 123.7 | 20.43 |
| 广西 | 629.2 | 545.0 | 84.2 | 13.38 |
| 贵州 | 462.9 | 386.6 | 76.3 | 16.49 |
| 北京 | 1049.9 | 345.4 | 704.5 | 67.10 |
| 上海 | 1268.5 | 370.8 | 897.7 | 70.77 |
| 广东 | 3680.7 | 1530.9 | 2149.8 | 58.41 |

资料来源：李晞萌．中国人口流动对经济发展影响的实证研究［D］．南京：南京大学，2016：12.

第二，滇桂黔生态脆弱地区所在省（区）的流出人口比例较高。从表4－27中可以看出，[②] 滇桂黔生态脆弱地区所在省（区）的流入人口比例较低，流出人口比例较高。其中，滇桂黔生态脆弱地区所在省（区）云南的流出人口比例比流入人口比例高1.14%，滇桂黔生态脆弱地区所在省（区）广西的流出人口比例比流入人口比例高7.69%，滇桂黔生态脆弱地区所在省（区）贵州的流出人口比例比流入人口比例高8.63%。北京、上海、广东地区流入人口比例较高，流出人口比例较低，流入人口比例比流出人口比例分别高31.57个百分点、35.45个百分点、19.99个百分点，如表4－27所示。

---

① 李晞萌．中国人口流动对经济发展影响的实证研究[D]．南京：南京大学，2016：13.

② 乔晓春．户籍制度、城镇化与中国人口大流动[J]．人口与经济，2019(5)：1－17.

**表 4－27　2015 年主要地区 1%人口抽样调查的跨省人户分离或外来人口的情况**

| 地区 | 常住人口/万人 | 户籍人口/万人 | 流入人口比例/% | 流出人口比例/% | 流出人口比例比流入人口比例高/% |
| --- | --- | --- | --- | --- | --- |
| 云南 | 4760 | 4817 | 3.24 | 4.38 | 1.14 |
| 广西 | 4815 | 5226 | 2.24 | 9.93 | 7.69 |
| 贵州 | 3546 | 3892 | 3.03 | 11.66 | 8.63 |
| 北京 | 2164 | 1453 | 35.48 | 3.91 | －31.57 |
| 上海 | 2410 | 1519 | 39.53 | 4.08 | －35.45 |
| 广东 | 10838 | 8622 | 22.22 | 2.23 | －19.99 |

资料来源：乔晓春．户籍制度、城镇化与中国人口大流动［J］．人口与经济，2019（5）：1－17.

第三，滇桂黔生态脆弱地区所在省（区）的人口主要向发达地区流动。第六次人口普查的资料显示，流动人口的地域分布为：东部地区为主要迁入地、中西部地区为主要迁出地。主要迁入地有广东、浙江、上海、江苏、北京、福建，主要迁出地有安徽、四川、河南、湖南、湖北、江西。滇桂黔生态脆弱地区所在省（区）人口跨省流动主要流向经济较发达的东部地区，较少流向经济欠发达的中部地区，如表 4－28 所示。

**表 4－28　2010 年主要迁入地外来人口的迁出地分布和主要迁出地外出人口的迁入地分布**

（%）

| 地区 | 迁入地 | | | | | | 迁出地 | | | | | |
| --- | --- | --- | --- | --- | --- | --- | --- | --- | --- | --- | --- | --- |
| | 广东 | 浙江 | 上海 | 江苏 | 北京 | 福建 | 安徽 | 四川 | 河南 | 湖南 | 湖北 | 江西 |
| 云南 | 1.5 | 3.5 | 0.8 | 1.9 | 0.4 | 2.3 | 0.2 | 3.9 | 0.5 | 1.8 | 1.0 | 0.6 |
| 广西 | 16.5 | 1.2 | 0.6 | 0.6 | 0.4 | 1.6 | 0.3 | 0.6 | 0.5 | 2.8 | 0.8 | 0.7 |
| 贵州 | 4.5 | 12.7 | 1.7 | 3.7 | 0.6 | 10.9 | 0.2 | 2.3 | 0.3 | 1.6 | 0.7 | 0.4 |
| 北京 | 0.1 | 0.1 | 0.3 | 0.2 | | 0.1 | 4.5 | 3.7 | 11.4 | 2.1 | 5.7 | 2.4 |
| 上海 | 0.1 | 0.3 | | 1.1 | 0.3 | 0.1 | 27.0 | 7.0 | 9.1 | 3.2 | 6.9 | 8.4 |
| 广东 | | 0.4 | 0.9 | 0.6 | 1.0 | 1.2 | 4.6 | 29.2 | 20.4 | 63.7 | 39.6 | 32.3 |

资料来源：李晞萌．中国人口流动对经济发展影响的实证研究［D］．南京：南京大学，2016：13.

4. 滇桂黔生态脆弱地区所在省（区）农村人口逐渐减少

随着新型城镇化的建设，滇桂黔生态脆弱地区农业人口向城镇人口转移，城镇化率明显提升。第六次全国人口普查的数据显示，2010 年，云南省普查实际登记人口中，居住在城镇的人口为 1618.0 万人，占总人口的 35.20%；居住在乡村的人口为 2978.6 万人，占总人口的 64.80%。同 2000 年第五次全国人口普查数据相比，城镇人口增加了 628.4 万人，乡村人口减少了 267.7 万人，城镇人口占总人口的比重上升了 11.84 个百分点。[①] 2010 年，贵州全省常住人口中，居住在城镇的人口为 11747780 人，占 33.81%；居住在乡村的人口为 22998688 人，占 66.19%。同 2000 年第五次全国人口普查数据相比，城镇人口增加了 3302631 人，乡村人口减少了 3803858 人，城镇人口比重上升 9.85 个百分点。[②] 2019 年，广西常住人口中，居住在城镇的人口为 2534 万人，占 51.09%；居住在乡村的人口为 2426 万人，占 48.91%。同 2012 年相比，城镇人口增加了 496 万人，乡村人口减少了 218 万人，城镇化率提高了 7.56 个百分点。[③]

### （二）滇桂黔生态脆弱地区经济发展水平相对较低，吸引人才能力相对较弱

1. 从纵向看，滇桂黔生态脆弱地区经济发展突飞猛进

第一，滇桂黔生态脆弱地区生产总值逐年递增。近年来，国家高度重视滇桂黔生态脆弱地区的经济发展，滇桂黔生态脆弱地区经济发展突飞猛进。从纵向看，2009—2018 年滇桂黔生态脆弱地区生产总值年均增长率在 9% ~22%，如表 4 – 29 所示。

**表 4 – 29　2009—2018 年滇桂黔生态脆弱地区生产总值**

| 地区 | 2009 年/亿元 | 2010 年/亿元 | 2011 年/亿元 | 2012 年/亿元 | 2013 年/亿元 | 2014 年/亿元 | 2015 年/亿元 | 2016 年/亿元 | 2017 年/亿元 | 2018 年/亿元 | 2009—2018 年年均增长率/% |
|---|---|---|---|---|---|---|---|---|---|---|---|
| 师宗县 | 42.2569 | 51.483 | 62.2 | 75.12 | 89.93 | 97.31 | 103.12 | 108.11 | 118.14 | 119.08 | 12.20 |

① 国家统计局．云南省 2010 年第六次全国人口普查主要数据公报[EB/OL]．http://www.stats.gov.cn/tjsj/tjgb/rkpcgb/dfrkpcgb/201202/t20120228_30408.html.

② 国家统计局．贵州省 2010 年第六次全国人口普查主要数据公报[EB/OL]．http://www.stats.gov.cn/tjsj/tjgb/rkpcgb/dfrkpcgb/201202/t20120228_30386.html.

③ 国家统计局．https://data.stats.gov.cn/easyquery.htm? cn = E0103&zb = A0301&reg = 450000&sj = 2019.

续表

| 地区 | 2009年/亿元 | 2010年/亿元 | 2011年/亿元 | 2012年/亿元 | 2013年/亿元 | 2014年/亿元 | 2015年/亿元 | 2016年/亿元 | 2017年/亿元 | 2018年/亿元 | 2009—2018年年均增长率/% |
|---|---|---|---|---|---|---|---|---|---|---|---|
| 罗平县 | 66.9197 | 78.0712 | 92.96 | 115.56 | 133.85 | 127.05 | 138.39 | 153.8 | 169.88 | 178.63 | 11.53 |
| 屏边县 | 10.5922 | 12.3212 | 14.53 | 16.95 | 20.01 | 22.69 | 25.34 | 28.71 | 32.31 | 35.67 | 14.44 |
| 泸西县 | 29.423 | 36.3245 | 45.2 | 53.19 | 62.6 | 69.65 | 76 | 83.39 | 92.42 | 100.75 | 14.66 |
| 砚山县 | 44.2617 | 51.6404 | 63.28 | 75.18 | 90.14 | 93.15 | 100.03 | 110.85 | 121.55 | 132.98 | 13.00 |
| 西畴县 | 12.1149 | 13.6233 | 16.2 | 19.24 | 22.32 | 27.2 | 30.25 | 33.69 | 37.68 | 39.51 | 14.04 |
| 麻栗坡县 | 21.107 | 25.4716 | 31.03 | 36.6 | 41.28 | 45.62 | 49.92 | 53.77 | 59.02 | 61.36 | 12.59 |
| 马关县 | 30.3504 | 36.0957 | 43 | 51.37 | 55.48 | 65.65 | 71.3 | 78.61 | 86.44 | 90.09 | 12.85 |
| 丘北县 | 23.0511 | 26.3953 | 32.98 | 40.71 | 47.71 | 57.71 | 64.37 | 70.1 | 77.59 | 84.2 | 15.48 |
| 广南县 | 36.5785 | 42.1581 | 52.39 | 63.26 | 72.51 | 82.15 | 90.81 | 99.85 | 109.54 | 113.03 | 13.36 |
| 富宁县 | 30.5033 | 33.7117 | 41.11 | 49.74 | 59.37 | 66.6 | 72.78 | 77.72 | 86.42 | 92.45 | 13.11 |
| 六枝特区 | 46.2195 | 54.9096 | 67.8722 | 84.3 | 100.96 | 127.52 | 147.89 | 165.3 | 184.2556 | 188.52 | 16.90 |
| 水城县 | 57.5951 | 70.2951 | 89.0583 | 113.51 | 137.34 | 181.11 | 206.29 | 233.2 | 258.2506 | 288.05 | 19.58 |
| 西秀区 | 75.3797 | 88.7907 | 118.216 | 145.55 | 167.14 | 201.39 | 247.67 | 274.51 | 317.77 | 325.9 | 17.67 |
| 平坝区 | 36.1116 | 42.1785 | 50.9575 | 62.2 | 73.64 | 87.64 | 102.77 | 114.75 | 131.11 | 137.32 | 16.00 |
| 普定县 | 26.3715 | 30.4844 | 36.7838 | 50.49 | 59.22 | 71.2 | 84.35 | 100.48 | 113 | 124.89 | 18.86 |
| 镇宁县 | 21.9191 | 25.1031 | 32.6807 | 43.85 | 51.83 | 64.14 | 74.91 | 86.25 | 101.52 | 108.7 | 19.47 |
| 关岭县 | 20.5624 | 24.0466 | 31.018 | 42.3 | 50.2 | 60.9 | 70.64 | 78.89 | 88.05 | 94.67 | 18.49 |
| 紫云县 | 13.2235 | 15.1293 | 20.3815 | 28.85 | 35.26 | 45.02 | 51.54 | 60.33 | 64.41 | 68.11 | 19.98 |
| 兴仁市 | 35.15 | 42.73 | 50.0265 | 64.47 | 77.21 | 91.93 | 112.83 | 132.75 | 151.9271 | 164.53 | 18.71 |
| 普安县 | 21.1261 | 27.0873 | 29.226 | 36.73 | 42.79 | 50.45 | 60.1 | 70.93 | 81.9423 | 89.35 | 17.38 |
| 晴隆县 | 16.8954 | 20.8324 | 24.0559 | 31.06 | 37.03 | 44.45 | 55.13 | 65.65 | 75.4384 | 82.98 | 19.34 |
| 贞丰县 | 28.5697 | 35.7207 | 42.5464 | 53.4 | 62.57 | 76.54 | 91.35 | 105.82 | 122.8487 | 133.67 | 18.70 |
| 望谟县 | 10.7532 | 13.4072 | 15.5879 | 21.37 | 27.62 | 36.16 | 46.55 | 56.94 | 65.3737 | 71.2 | 23.37 |
| 册亨县 | 10.548 | 11.8109 | 14.0822 | 18.97 | 23.14 | 28.96 | 36.81 | 45.14 | 51.8918 | 56.44 | 20.49 |
| 安龙县 | 31.3546 | 38.0599 | 41.5578 | 54.1 | 63.71 | 73.05 | 88.19 | 103.59 | 118.7272 | 129.49 | 17.07 |
| 黄平县 | 14.0313 | 16.4283 | 19.6737 | 25.66 | 31.02 | 37.43 | 43.66 | 51.48 | 57.7064 | 60.62 | 17.66 |
| 施秉县 | 11.5029 | 12.619 | 15.3652 | 19.75 | 23.19 | 27.33 | 30.84 | 35.07 | 37.9402 | 39.75 | 14.77 |

续表

| 地区 | 2009年/亿元 | 2010年/亿元 | 2011年/亿元 | 2012年/亿元 | 2013年/亿元 | 2014年/亿元 | 2015年/亿元 | 2016年/亿元 | 2017年/亿元 | 2018年/亿元 | 2009—2018年年均增长率/% |
|---|---|---|---|---|---|---|---|---|---|---|---|
| 三穗县 | 11.0649 | 13.1487 | 16.0835 | 20.69 | 24.99 | 30.81 | 35.33 | 41.65 | 43.6028 | 48.61 | 17.87 |
| 镇远县 | 19.4036 | 24.586 | 30.2746 | 38.6 | 45.73 | 54.27 | 60.91 | 70.92 | 67.6931 | 70.78 | 15.46 |
| 岑巩县 | 12.3031 | 14.4557 | 17.6248 | 22.39 | 26.78 | 31.96 | 36.56 | 42.78 | 46.5088 | 48.73 | 16.53 |
| 天柱县 | 22.2302 | 26.8318 | 32.768 | 41.37 | 49.14 | 59.1 | 67.37 | 78.28 | 79.0727 | 81.54 | 15.54 |
| 锦屏县 | 13.0255 | 13.9099 | 16.6648 | 21.12 | 25.24 | 30.34 | 34.76 | 40.36 | 42.7176 | 44.98 | 14.76 |
| 剑河县 | 11.5865 | 13.6021 | 16.7599 | 21.83 | 26.24 | 31.18 | 36.06 | 41.92 | 44.4413 | 47.83 | 17.06 |
| 台江县 | 8.1974 | 9.7035 | 11.6865 | 15.4 | 18.56 | 22.2 | 25.47 | 30.23 | 33.8046 | 37.38 | 18.36 |
| 黎平县 | 21.931 | 25.5982 | 30.5664 | 39.27 | 47.18 | 57.25 | 67.27 | 80.32 | 83.416 | 92.79 | 17.38 |
| 榕江县 | 16.1228 | 19.0947 | 22.8462 | 29.75 | 35.43 | 41.4 | 48.26 | 56.69 | 63.1693 | 69.19 | 17.57 |
| 从江县 | 15.6358 | 18.8582 | 22.5809 | 29.06 | 34.49 | 41.07 | 48.25 | 57.28 | 60.9073 | 66.28 | 17.41 |
| 雷山县 | 7.6278 | 9.021 | 11.3627 | 14.59 | 17.47 | 20.98 | 23.76 | 28.11 | 31.8259 | 35.29 | 18.55 |
| 麻江县 | 11.6902 | 14.2395 | 17.3551 | 21.85 | 25.68 | 22.32 | 26.53 | 30.52 | 32.7014 | 34.67 | 12.84 |
| 丹寨县 | 8.2068 | 9.5647 | 11.5379 | 15.22 | 18.03 | 21.34 | 24.44 | 28.83 | 31.1533 | 32.95 | 16.70 |
| 荔波县 | 14.8429 | 17.7086 | 20.877 | 27.47 | 32.74 | 41.49 | 45.3 | 50.48 | 56.3433 | 61.74 | 17.16 |
| 贵定县 | 23.8708 | 28.7282 | 34.808 | 44.11 | 50.9 | 62.42 | 69.79 | 79.11 | 88.763 | 99.9 | 17.24 |
| 瓮安县 | 33.7938 | 40.9236 | 49.6573 | 60.57 | 70.37 | 86.85 | 97.19 | 115.09 | 129.8998 | 144.55 | 17.53 |
| 独山县 | 20.0683 | 24.5646 | 29.2408 | 36.62 | 42.86 | 55.01 | 62.06 | 73.09 | 82.6307 | 94.34 | 18.76 |
| 平塘县 | 12.1365 | 15.0723 | 18.2818 | 26.64 | 31.83 | 42.41 | 47.55 | 56.57 | 64.1792 | 72.41 | 21.95 |
| 罗甸县 | 19.185 | 23.3508 | 27.7978 | 33.99 | 40.38 | 50.82 | 57.01 | 65.03 | 73.7245 | 82.37 | 17.57 |
| 长顺县 | 13.699 | 16.0416 | 19.2148 | 26.54 | 31.99 | 41.37 | 46.01 | 52.98 | 59.9126 | 67.67 | 19.42 |
| 龙里县 | 24.8142 | 30.6049 | 37.3469 | 46.64 | 53.91 | 64.33 | 71.49 | 79.77 | 89.4442 | 101.22 | 16.91 |
| 惠水县 | 23.358 | 28.4662 | 34.3562 | 43.12 | 50.98 | 63.47 | 70.69 | 84.38 | 98.7023 | 113.1 | 19.16 |
| 三都县 | 13.2413 | 15.8661 | 19.0007 | 27.91 | 33.32 | 43.74 | 48.94 | 58.54 | 67.2929 | 76.3 | 21.48 |
| 田阳县 | 41.8431 | 51.1585 | 57.2698 | 69.0584 | 76.3349 | 103.7734 | 119.2347 | 145.0432 | 175.0446 | 158.7971 | 15.97 |
| 德保县 | 32.1087 | 43.5862 | 53.1993 | 51.2228 | 57.2526 | 63.5551 | 72.3952 | 81.6790 | 99.6916 | 85.5637 | 11.51 |
| 靖西市 | 57.2769 | 71.6699 | 88.6418 | 103.0451 | 110.8113 | 129.9197 | 127.4484 | 158.5910 | 215.4822 | 128.5320 | 9.40 |
| 那坡县 | 10.4811 | 11.2555 | 13.1002 | 15.5622 | 16.2800 | 19.7266 | 22.6867 | 24.6936 | 26.7893 | 26.6020 | 10.90 |
| 凌云县 | 12.2182 | 15.3206 | 17.1269 | 19.9302 | 21.4903 | 24.5978 | 27.9010 | 31.0337 | 34.2788 | 35.2757 | 12.50 |
| 乐业县 | 10.9839 | 12.2580 | 13.5936 | 15.0790 | 15.8528 | 17.4318 | 20.8856 | 22.3878 | 25.1798 | 26.4823 | 10.27 |

续表

| 地区 | 2009 年/亿元 | 2010 年/亿元 | 2011 年/亿元 | 2012 年/亿元 | 2013 年/亿元 | 2014 年/亿元 | 2015 年/亿元 | 2016 年/亿元 | 2017 年/亿元 | 2018 年/亿元 | 2009—2018 年年均增长率/% |
|---|---|---|---|---|---|---|---|---|---|---|---|
| 田林县 | 19.1024 | 22.9543 | 24.9828 | 27.1152 | 28.1259 | 32.3064 | 40.2773 | 47.7270 | 56.5246 | 63.1080 | 14.20 |
| 西林县 | 11.1217 | 12.5168 | 13.5429 | 14.7903 | 16.6303 | 18.6494 | 21.1243 | 23.4921 | 25.2955 | 28.3968 | 10.98 |

资料来源：eps 数据库（滇桂黔统计年鉴）。

第二，滇桂黔生态脆弱地区人均地区生产总值逐年提高。近年来，在滇桂黔生态脆弱地区生产总值突飞猛进的同时，滇桂黔生态脆弱地区人均地区生产总值也随之增长。从纵向看，2009—2018 年滇桂黔生态脆弱地区人均地区生产总值年均增长率在 10% ~20%，如表 4－30 所示。

**表 4－30　2009—2018 年滇桂黔生态脆弱地区人均地区生产总值**

| 地区 | 2009 年/元 | 2010 年/元 | 2011 年/元 | 2012 年/元 | 2013 年/元 | 2014 年/元 | 2015 年/元 | 2016 年/元 | 2017 年/元 | 2018 年/元 | 2009—2018 年年均增长率/% |
|---|---|---|---|---|---|---|---|---|---|---|---|
| 忻城县 | 8615.0312 | 11167.4202 | 14564 | 15234.0127 | 15631.1743 | 16206 | 17444.9923 | 18067.2376 | 19524 | 20454 | 10.08 |
| 宁明县 | 11157.8312 | 15474.6421 | 21642 | 23209.7428 | 25117.8091 | 27620 | 31270.4357 | 33464.0733 | 39180 | 43477 | 16.31 |
| 龙州县 | 13976.2144 | 18842.7453 | 25699 | 28463.1767 | 31700.1879 | 34953 | 41331.7107 | 46149.3875 | 53702 | 56797 | 16.86 |
| 大新县 | 13939.4673 | 17818.0622 | 25549 | 27445.8988 | 30171.9163 | 31087 | 32775.0551 | 35916.3917 | 42027 | 45967 | 14.18 |
| 天等县 | 8756.8487 | 10997.3382 | 11953 | 12279.7231 | 13148.5984 | 14094 | 15750.3934 | 16951.9674 | 18581 | 18969 | 8.97 |
| 凤山县 | 6655.2146 | 8378.2488 | 10310 | 9195.509 | 10453.1313 | 9998 | 11831.7719 | 12686.8931 | 13532 | 15328 | 9.71 |
| 东兰县 | 5315.9326 | 6785.4223 | 8447 | 8273.2375 | 8956.4941 | 9477 | 10836.3152 | 11788.0204 | 12765 | 14131 | 11.47 |
| 罗城仫佬族自治县 | 7727.7861 | 9799.0498 | 12441 | 11332.7269 | 12051.781 | 12137 | 13235.5079 | 14137.7061 | 14960 | 16836 | 9.04 |
| 环江毛南族自治县 | 6619.6537 | 9473.4831 | 13396 | 11740.0468 | 13015.8817 | 14052 | 15496.8985 | 16184.7438 | 18316 | 20003 | 13.07 |
| 巴马瑶族自治县 | 8155.994 | 10541.3034 | 12615 | 11285.221 | 11319.2249 | 11624 | 14754.3917 | 16107.5008 | 18437 | 19688 | 10.29 |
| 都安瑶族自治县 | 4102.038 | 4974.0561 | 5951 | 6018.1166 | 6368.6453 | 6718 | 7592.9556 | 8309.7218 | 9067 | 10467 | 10.97 |
| 大化瑶族自治县 | 8297.5113 | 8862.1022 | 9173 | 9772.8253 | 9472.3163 | 12164 | 14595.36 | 14802.8059 | 15016 | 16468 | 7.91 |

**续表**

| 地区 | 2009年/元 | 2010年/元 | 2011年/元 | 2012年/元 | 2013年/元 | 2014年/元 | 2015年/元 | 2016年/元 | 2017年/元 | 2018年/元 | 2009—2018年年均增长率/% |
|---|---|---|---|---|---|---|---|---|---|---|---|
| 六枝特区 | 7563 | 10837 | 13723 | 17061 | 20370.6215 | 25648 | 29673 | 33043 | 36650 | 37350 | 19.42 |
| 水城县 | 7878 | 9924 | 12649 | 16133 | 18619.2652 | 24496 | 27828 | 31382 | 34468 | 38107 | 19.14 |
| 西秀区 | 9009 | 11498.6041 | 15495 | 19148 | 21890 | 26233 | 32142 | 35393 | 40688 | 41334.3 | 18.44 |
| 平坝区 | 9995 | 13918.5193 | 17149 | 21014 | 24774 | 29331 | 33668 | 36650 | 41139 | 42291.3 | 17.38 |
| 普定县 | 6617 | 8011.9338 | 9754 | 13442 | 15692 | 18760 | 21876 | 25665 | 28797 | 31782.7 | 19.05 |
| 镇宁县 | 6292 | 8651.8971 | 11556 | 15562 | 18314 | 22544 | 26310 | 30263 | 35459 | 37861.4 | 22.07 |
| 关岭县 | 6330 | 7902.2596 | 10314 | 14117 | 16678 | 20134 | 24092 | 27768 | 30884 | 33570.9 | 20.37 |
| 紫云县 | 4088 | 5487.196 | 7564 | 10749 | 13071 | 16589 | 18985 | 22196 | 23593 | 24898.6 | 22.23 |
| 兴仁市 | 7655 | 10111 | 11975.2292 | 15423 | 18413 | 21951 | 27007 | 31746 | 36165 | 38937.4039 | 19.81 |
| 普安县 | 7418 | 10511 | 11725.5727 | 14432 | 16741 | 19705 | 23385 | 27653 | 32040 | 34564.7969 | 18.65 |
| 晴隆县 | 5836 | 8295 | 9757.0285 | 12600 | 14956 | 17919 | 22231 | 26579 | 30573 | 33459.6774 | 21.41 |
| 贞丰县 | 8199 | 11577 | 14011.6582 | 17595 | 20521 | 25059 | 29813 | 34353 | 39571 | 42726.5463 | 20.13 |
| 望谟县 | 3803 | 5257 | 6196.7243 | 8501 | 10232 | 14544 | 19023 | 23660 | 27474 | 29648.1366 | 25.63 |
| 册亨县 | 4803 | 6104 | 7399.9842 | 9958 | 12101 | 15128 | 19221 | 23878 | 27817 | 30222.2222 | 22.68 |
| 安龙县 | 7313 | 10437 | 11632.6942 | 15112 | 17737 | 20314 | 24505 | 28639 | 32685 | 35549.7598 | 19.21 |
| 黄平县 | 4335 | 6090.1656 | 7498 | 9802 | 11814.8924 | 14245 | 16621 | 19530 | 21772 | 22767.7631 | 20.24 |
| 施秉县 | 7988 | 9646.4029 | 11783 | 15157 | 17763.3091 | 20910 | 23598 | 26730 | 28764 | 30008.3591 | 15.84 |
| 三穗县 | 5763 | 8361.8754 | 10343 | 13333 | 16070.7396 | 19833 | 22779 | 26750 | 27843 | 30891.6826 | 20.51 |
| 镇远县 | 8149 | 11873.6447 | 14884 | 19015 | 22460.7073 | 26629 | 29895 | 34680 | 32933 | 34291.1707 | 17.31 |
| 岑巩县 | 6010 | 8680.7283 | 10927 | 13932 | 16612.9032 | 19863 | 22779 | 26555 | 28709 | 29939.4984 | 19.53 |
| 天柱县 | 5883 | 9814.7412 | 12550 | 15974 | 18870.9677 | 22678 | 25857 | 29946 | 30089 | 30875.648 | 20.22 |
| 锦屏县 | 6308 | 8779.7813 | 10832 | 13804 | 16432.2917 | 19746 | 22632 | 26174 | 27542 | 28862.6172 | 18.41 |
| 剑河县 | 5198 | 7390.3379 | 9285 | 12106 | 14525.3252 | 17250 | 19953 | 23122 | 24391 | 26135.6824 | 19.66 |
| 台江县 | 6108 | 8513.1955 | 10500 | 13934 | 16713.1923 | 19982 | 22931 | 27124 | 30169 | 33215.8521 | 20.70 |
| 黎平县 | 4710 | 6388.8709 | 7852 | 10129 | 12131.6534 | 14719 | 17300 | 20590 | 21277 | 23556.3872 | 19.58 |
| 榕江县 | 5286 | 6585.88 | 7977 | 10397 | 12366.4922 | 14460 | 16868 | 19749 | 21896 | 23880.6125 | 18.24 |
| 从江县 | 5290 | 6418.5778 | 7760 | 9991 | 11850.1976 | 14128 | 16614 | 19660 | 20805 | 22545.8054 | 17.48 |
| 雷山县 | 5515 | 7627.9928 | 9728 | 12527 | 14950.7916 | 17947 | 20324 | 23954 | 26983 | 29795.1437 | 20.61 |
| 麻江县 | 5745 | 8327.5859 | 10423 | 13197 | 15451.2635 | 18280 | 21728 | 24894 | 26522 | 27984.2441 | 19.23 |

续表

| 地区 | 2009年/元 | 2010年/元 | 2011年/元 | 2012年/元 | 2013年/元 | 2014年/元 | 2015年/元 | 2016年/元 | 2017年/元 | 2018年/元 | 2009—2018年年均增长率/% |
|---|---|---|---|---|---|---|---|---|---|---|---|
| 丹寨县 | 5424 | 7684.1843 | 9446 | 12499 | 14748.4663 | 17435 | 19967 | 23458 | 25205 | 26538.0826 | 19.29 |
| 荔波县 | 8969 | 12048.345 | 14451.8514 | 19014 | 24049.8431 | 32619 | 35620 | 39492 | 43542 | 46986 | 20.20 |
| 贵定县 | 8590 | 12186.9306 | 15107.6561 | 19156 | 21653.4769 | 26095 | 29104 | 32810 | 36641 | 41111 | 19.00 |
| 瓮安县 | 7505 | 10549.2791 | 13095 | 15905 | 18208.5423 | 22362 | 24997 | 29453 | 33087 | 36716 | 19.29 |
| 独山县 | 5911 | 9028.3991 | 11059.3041 | 14011 | 16213.9316 | 20422 | 23035 | 27053 | 30463 | 34697 | 21.73 |
| 平塘县 | 4242 | 6443.2006 | 8024.1755 | 11653 | 13570.9857 | 17760 | 19885 | 23575 | 26641 | 29959 | 24.26 |
| 罗甸县 | 5865 | 8877.3071 | 10875 | 13449 | 15947.851 | 19817 | 22175 | 25158 | 28345 | 31523 | 20.55 |
| 长顺县 | 6007 | 8240.9538 | 10087.6212 | 14111 | 17165.7888 | 22211 | 24685 | 28322 | 31894 | 35899 | 21.97 |
| 龙里县 | 12719 | 16778.251 | 20721.6849 | 25970 | 31719.4418 | 40180 | 44640 | 49692 | 55504 | 62520 | 19.36 |
| 惠水县 | 5661 | 8177.3447 | 10059.5142 | 12493 | 14491.2299 | 17949 | 19967 | 23770 | 27683 | 31583 | 21.05 |
| 三都县 | 4379 | 5554.121 | 6725.8877 | 9795 | 11990.5858 | 16361 | 18281 | 21793 | 24942 | 28176 | 22.98 |
| 师宗县 | 11082 | 13286 | 15804 | 18942 | 22521 | 24218 | 25525 | 26620 | 28935 | 29030 | 11.29 |
| 罗平县 | 12256 | 14247 | 16853 | 20821 | 23975 | 22615 | 24506 | 27102 | 29778 | 31045 | 10.88 |
| 屏边县 | 7157 | 7996 | 9392 | 10952 | 12902 | 14570 | 16267 | 18804 | 21032 | 23027 | 13.86 |
| 泸西县 | 7481 | 9127 | 11227 | 13122 | 15347 | 16959 | 18372 | 20031 | 22056 | 23840 | 13.74 |
| 砚山县 | 9664 | 11178 | 13602 | 16075 | 19179 | 19735 | 21108 | 23298 | 25444 | 27716 | 12.42 |
| 西畴县 | 4808 | 5353 | 6332 | 7479 | 8636 | 10490 | 11622 | 12889 | 14356 | 14981 | 13.46 |
| 麻栗坡县 | 7639 | 9182 | 11126 | 13056 | 14650 | 16113 | 17558 | 18839 | 20600 | 21321 | 12.08 |
| 马关县 | 8333 | 9843 | 11653 | 13847 | 14881 | 17539 | 18972 | 20835 | 22820 | 23677 | 12.3 |
| 丘北县 | 4973 | 5543 | 6880 | 8443 | 9847 | 11859 | 13174 | 14291 | 15754 | 17020 | 14.65 |
| 广南县 | 4735 | 5366 | 6631 | 7968 | 9095 | 10268 | 11303 | 12379 | 13527 | 13894 | 12.7 |
| 富宁县 | 7628 | 8291 | 10046 | 12088 | 14345 | 16010 | 17424 | 18536 | 20527 | 21862 | 12.41 |

资料来源：eps 数据库（滇桂黔统计年鉴）。

2. 从横向看，滇桂黔生态脆弱地区所在省（区）经济发展水平相对较低

（1）滇桂黔生态脆弱地区所在省（区）地区生产总值低于北京、上海、广东地区生产总值

2019 年，主要地区生产总值中，北京地区生产总值为 35371.28 亿元，

上海地区生产总值为 38155.32 亿元，广东地区生产总值为 107671.07 亿元，云南地区生产总值为 23223.75 亿元，广西地区生产总值为 21237.14 亿元，贵州地区生产总值为 16769.34 亿元，如表 4－31 所示。① 其中，云南地区生产总值占北京地区生产总值的比例为 65.66%，云南地区生产总值占上海地区生产总值的比例为 60.87%，云南地区生产总值占广东地区生产总值的比例为 21.57%；广西地区生产总值占北京地区生产总值的比例为 60.04%，广西地区生产总值占上海地区生产总值的比例为 55.66%，广西地区生产总值占广东地区生产总值的比例为 19.72%；贵州地区生产总值占北京地区生产总值的比例为 47.41%，贵州地区生产总值占上海地区生产总值的比例为 43.95%，贵州地区生产总值占广东地区生产总值的比例为 15.57%。

**表 4－31　2019 年主要地区生产总值**　　单位：亿元

| 地区 | 北京 | 上海 | 广东 | 云南 | 广西 | 贵州 |
|---|---|---|---|---|---|---|
| 地区生产总值 | 35371.28 | 38155.32 | 107671.07 | 23223.75 | 21237.14 | 16769.34 |

资料来源：国家统计局．中国统计年鉴（2020）［M］．北京：中国统计出版社，2020：69.

（2）滇桂黔生态脆弱地区所在省（区）居民人均可支配收入低于北京、上海、广东居民人均可支配收入

2019 年，主要地区居民人均可支配收入中，北京居民人均可支配收入为 67755.9 元，上海居民人均可支配收入为 69441.6 元，广东居民人均可支配收入为 39014.3 元，云南居民人均可支配收入为 22082.4 元，广西居民人均可支配收入为 23328.2 元，贵州居民人均可支配收入为 20397.4 元，如表 4－32 所示。② 其中，云南居民人均可支配收入占北京居民人均可支配收入的比例为 32.59%，云南居民人均可支配收入占上海居民人均可支配收入的比例为 31.80%，云南居民人均可支配收入占广东居民人均可支配收入的比例为 56.60%；广西居民人均可支配收入占北京居民人均可支配收入的比例为 34.43%，广西居民人均可支配收入占上海居民人均可支

① 国家统计局．中国统计年鉴(2020)[M]．北京:中国统计出版社,2020:69.
② 国家统计局．中国统计年鉴(2020)[M]．北京:中国统计出版社,2020:181.

配收入的比例为 33. 59%，广西居民人均可支配收入占广东居民人均可支配收入的比例为 59. 79%；贵州居民人均可支配收入占北京居民人均可支配收入的比例为 30. 10%，贵州居民人均可支配收入占上海居民人均可支配收入的比例为 29. 37%，贵州居民人均可支配收入占广东居民人均可支配收入的比例为 52. 28%。

**表 4 –32　2019 年主要地区居民人均可支配收入**　　单位：元

| 地区 | 北京 | 上海 | 广东 | 云南 | 广西 | 贵州 |
|---|---|---|---|---|---|---|
| 人均可支配收入 | 67755. 9 | 69441. 6 | 39014. 3 | 22082. 4 | 23328. 2 | 20397. 4 |

资料来源：国家统计局．中国统计年鉴（2020）［M］．北京：中国统计出版社，2020：181.

3. 滇桂黔生态脆弱地区所在省（区）吸引人才能力较弱

滇桂黔生态脆弱地区所在省（区）经济发展水平相对落后，人均可支配收入偏低，吸引省外人才的能力比较弱。根据第六次全国人口普查数据，滇桂黔生态脆弱地区所在省（区）省际流动人口比例较低，北京、上海、广东地区省际流动人口比例较高。[①] 其中，云南省际流动所占比例为 20. 43%，广西省际流动所占比例为 13. 38%，贵州省际流动所占比例为 16. 49%，北京省际流动所占比例为 67. 10%，上海省际流动所占比例为 70. 77%，广东省际流动所占比例为 58. 41%，如表 4 –33 所示。

**表 4 –33　2010 年主要地区省际流动所占比例**　　（%）

| 地区 | 北京 | 上海 | 广东 | 云南 | 广西 | 贵州 |
|---|---|---|---|---|---|---|
| 省际流动所占比例 | 67. 10 | 70. 77 | 58. 41 | 20. 43 | 13. 38 | 16. 49 |

资料来源：李晞萌．中国人口流动对经济发展影响的实证研究［D］．南京：南京大学，2016：12.

另外，根据 2015 年 1% 人口抽样调查的跨省人户分离或外来人口的情况，滇桂黔生态脆弱地区所在省（区）的流入人口比例较低。[②] 其中，滇桂黔生态脆弱地区所在省（区）云南的流入人口比例为 3. 24%，滇桂黔生态脆弱地区所在省（区）广西的流入人口比例为 2. 24%，滇桂黔生态脆弱地区所在省（区）

① 李晞萌．中国人口流动对经济发展影响的实证研究[D]．南京：南京大学，2016：12.
② 乔晓春．户籍制度、城镇化与中国人口大流动[J]．人口与经济，2019(5)：1 –17.

贵州的流入人口比例为3.03%。北京、上海、广东等地区流入人口比例较高，分别为35.48%、39.53%、22.22%，如表4－34所示。

**表4－34 2015年主要地区1%人口抽样调查的跨省流入人口比例** （%）

| 地区 | 北京 | 上海 | 广东 | 云南 | 广西 | 贵州 |
|---|---|---|---|---|---|---|
| 流入人口比例 | 35.48 | 39.53 | 22.22 | 3.24 | 2.24 | 3.03 |

资料来源：乔晓春．户籍制度、城镇化与中国人口大流动［J］．人口与经济，2019（5）：1－17.

## 三、滇桂黔生态脆弱地区绿色发展专项资金相对匮乏

### （一）滇桂黔生态脆弱地区绿色发展政府专项资金相对匮乏

经济学家庇古将外部性区分为正外部性（pasitive externality）和负外部性（negative externality）。滇桂黔生态脆弱地区绿色发展具有正外部性特征。这种正外部性特征决定了政府特别是中央政府的财政资金是滇桂黔生态脆弱地区绿色发展的主要资金来源。为此，政府特别是中央政府高度重视滇桂黔生态脆弱地区绿色发展。2012年7月12日，《滇桂黔石漠化片区区域发展与扶贫攻坚规划（2010—2020年）》明确指出要着力开展以石漠化综合治理为主要内容的生态建设和环境保护。“十三五”以来，国家林业和草原局安排石漠化云南片区林草资金49.48亿元，实施退耕还林还草、石漠化综合治理、防护林工程、生态产业发展等项目。截至2019年年底，国家安排贵州退耕还林任务涉及76万贫困人口，退耕还林面积114万亩，人均补助1800元。2019年，广西投入36亿元用于片区生态建设与环境保护。目前，片区森林覆盖率超过73%。5年来，贵州安排片区林业建设资金120亿元以上。2019年，云南实施一批天保工程、退耕还林、陡坡地生态治理、石漠化综合治理、防护林建设、湿地保护恢复等生态工程，片区森林覆盖率增加4.2个百分点。①“十三五”期间，广南县共完成石漠化综合治理5.64万亩、陡坡地生态治理1.7万亩、水土流失治理453平方千米、85个矿山土地复垦方案备案、15个矿山整顿关闭。② 由此可知，近年

---

① 雷欢．滇桂黔石漠化片区脱贫的林草贡献[N]．中国绿色时报,2020－09－07(1－2).

② 广南县林业和草原局．广南县林业和草原局“一补三建”营造绿水青山[EB/OL]．https://www.yngn.gov.cn/Item/51438.html.

来，在国家林业和草原局等各方力量的支持与帮助下，滇桂黔生态脆弱地区高度重视绿色发展，积极开展水土保持综合治理和珠江—西江流域防护林等重点生态工程建设项目、中小河流流域综合治理项目、水资源保护和水环境治理项目等，取得了一定的成效。但是，由于近年来在滇桂黔生态脆弱地区实施的水土保持项目数量较少、投资标准低，例如，水利部组织实施的“珠治”“长治”工程存在投入资金有限、综合配套率低、治理速度缓慢、措施标准不高等问题；国家发展和改革委员会组织实施的岩溶地区石漠化综合治理工程存在建设内容涉及范围广，投入资金总体有限，水土流失治理进展缓慢等问题。针对这些问题，急需安排新项目，加大滇桂黔生态脆弱地区水土流失治理力度。①

### （二）滇桂黔生态脆弱地区绿色发展市场融资资金相对匮乏

滇桂黔生态脆弱地区绿色发展最大的“瓶颈”是“资金”问题，为解决资金短缺难题，除依靠政府进行资金支持外，还需要依靠市场力量进行市场融资。从招商引资的角度看，滇桂黔生态脆弱地区经济发展水平相对滞后、基础设施相对落后、产业结构相对单一，招商引资的能力十分有限。滇桂黔生态脆弱地区绿色发展的市场融资主要是通过政府融资平台和担保平台，银行向滇桂黔生态脆弱地区绿色发展公司或者个人进行小额贷款。如2006年度国家开发银行贵州分行制定了《关于开发性金融支持贵州省石漠化治理与发展草地畜牧业工作方案》，向贵州省晴隆县草地畜牧业发展有限公司提供了1000万元小额农户贷款用于晴隆县石漠化生态治理专项资金，加快了晴隆县草地畜牧业的发展，取得了良好的效果。② 国家开发银行高度重视滇桂黔生态脆弱地区的高质量发展，如国家开发银行广西分行贷款6.55亿元助力广西建工集团及广西区域建筑业转型升级，促进广西建筑产业供给侧结构性改革。2019年，国家开发银行广西分行全年向高速公路发放贷款155.15亿元，其中，扶贫公路贷款发放90.3亿元，为

---

① 吴洪伟．对滇黔桂石漠化地区实施农发水保项目的认识[J]．中国水土保持，2012(5)：17－18，75.

② 邹力行．开发性金融支持石漠化生态治理模式探讨[J]．草业科学，2008(9)：69－75.

广西交通强国建设提供了资金保障。①

### （三）滇桂黔生态脆弱地区绿色发展正外部性生态补偿资金相对匮乏

正外部性生态补偿，是指以保护和恢复生态系统的生态功能或生态价值为目的，对从事生态建设的人在生态建设中做出的贡献和受到的损失给予补偿，以鼓励他们进行生态建设的积极性而进行的生态补偿。② 滇桂黔生态脆弱地区绿色发展具有巨大的正外部性和重要的战略意义，不仅涉及云南、广西、贵州三省区绿色发展的质量、效益，而且涉及长江中下游流域、珠江—西江中下游流域绿色发展的规模、成效。为此，滇桂黔生态脆弱地区绿色发展要与长江中下游省份和珠江—西江中下游省份共建“生态经济命运共同体”。从生态优良的角度看，滇桂黔生态脆弱地区坚持“生态优先、绿色发展”，严守资源消耗上限、环境质量底线、生态保护红线，珠江—西江流域和长江流域生态环境稳中向好。作为长江中下游省份和珠江—西江中下游省份，其在客观上享受了长江上游和珠江—西江上游的正外部性生态红利，应该适当考虑以恰当的形式给予滇桂黔生态脆弱地区一定的“正外部性生态补偿”。目前，滇桂黔生态脆弱地区绿色发展正外部性生态补偿资金存在补偿法律制度不完善、补偿标准缺乏、补偿主体不明确、补偿管理不规范、补偿手段单一、落实不到位等问题。③

## 四、滇桂黔生态脆弱地区绿色发展生态技术相对匮乏

### （一）滇桂黔生态脆弱地区绿色发展植被恢复技术相对匮乏

植被恢复技术，是指运用生态学原理，通过保护现有植被、封山育林或营造人工林、灌、草植被，修复或重建被毁坏或被破坏的森林和其他自然生态系统，恢复其生物多样性和生态系统功能的技术。喀斯特区绿色发展关键技术是研究开发植被恢复技术。与非喀斯特区不同的是，喀斯特区的植被具有嗜钙性、石生性特点，因此，在引进、借鉴外省（区、市）绿

---

① 广西日报，国家开发银行广西分行 开发性金融支持广西高质量发展[EB/OL]. https://gx.chinadaily.com.cn/a/201912/24/WS5e01d136a31099ab995f36de.html.

② 王超宇，邱永召．生态补偿制度之探究——以正外部性的生态补偿为视角[M]//2008 中国环境科学学会学术年会优秀论文集（上卷）. 中国环境科学学会会议论文集，2008：360－364.

③ 余维祥．长江上游生态补偿的困境与对策[J]. 生态经济，2014(6)：171－174.

色发展先进技术和经验时，要加大适合喀斯特地域特色的绿色发展生态技术的研究开发力度，如适合喀斯特区生长的优势经果林特别是地道中药材品种的选育和规模化栽培技术、喀斯特石漠化治理先锋植被的选育技术、喀斯特石漠化地区不同地表类型采用的不同植被恢复技术①，如表4－35所示。总之，滇桂黔生态脆弱地区绿色发展植被恢复技术不是简单的封山育林或者人工种树种草，而是要具有较高的技术含量。一方面，根据该片区的气候特点、地形地貌、土壤成分等自然因素，遵循植被的自然演替规律，建立较为系统的喀斯特石漠化森林生态系统，逐步提高喀斯特区林草覆盖率、增大环境容量和生态环境系统的稳定性②；另一方面，根据地形、地势、地貌等特征，遵循经果林农生长规律，适当发展用材林、果木林、农作物等，促进喀斯特生态脆弱地区生态优势转化为经济优势。

**表4－35　滇桂黔生态脆弱地区主要地表类型及植被恢复技术措施**

| 地貌类型 | 分布区域 | 地形特点 | 植被恢复技术措施 |
| --- | --- | --- | --- |
| 溶蚀洼地 | 分布在峰丛、峰林和低山丘陵之间，呈封闭或半封闭状 | 洼地土壤水分和肥力较好，大都已开发成农田、农地。洼地中有些漏斗附近森林已被破坏殆尽，漏斗被堵塞，易发生水淹 | 要营造楸、香椿、响叶杨等阔叶树种和竹类等 |
| 溶蚀谷地（坡立谷） | 大多是沿断裂带或造带溶蚀发育而成 | 地势平坦，土壤覆盖层较厚，在河流作用下，谷底迅速扩大，还堆积了大部分堆积物。此外，还残留了石灰岩残留红土及低矮的石灰岩孤峰或残丘 | 可栽培经济林 |
| 孤峰 | 竖立在平原上的孤立的灰岩山峰 | 圆柱状，边坡很陡；非纯灰岩区，呈圆锥状；在倾斜地层区，呈单斜状 | 圆柱状，封山育（灌）草。圆锥状，底部可进行人工造林，树种有柏木、刺槐等，上部封山育（灌）草。单斜状孤峰，在斜面上进行人工造林，树种是柏木、刺槐等，另一面进行封山育（灌）草 |

① 李秉略．喀斯特石漠化成因及植被恢复技术措施［J］．林业实用技术，2013（9）：53－54.

② 苏维词，朱文孝．贵州喀斯特山区生态环境脆弱性分析［J］．山地学报，2000（5）：429－434.

续表

| 地貌类型 | 分布区域 | 地形特点 | 植被恢复技术措施 |
|---|---|---|---|
| 峰林 | 成群分布的灰岩山峰 | 主要由纯质灰岩和白云岩组成 | 人工点播和封山育林（灌） |
| 峰丛 | 一种连坐峰林，基部完全相连，顶部分散成一个个山峰，呈圆锥状或尖锥状 | 主要由纯质灰岩和白云岩组成，侵蚀较轻微 | 在基部进行人工造林，山体其他部位进行封山育林（灌） |
| 岩溶丘陵 | 起伏不大，相对高差通常在100～150米，坡度小于45度，已不具峰林形态 | 由纯质灰岩组成的岩溶丘陵，有石旮旯土，岩石露率在50%以上，有的只有10% | 宜采用人工造林并辅以封山育林，树种有刺槐、棕榈等 |
| | 由于碳酸盐岩夹泥质、白云质夹层，亦可形成岩溶丘陵 | 岩溶丘陵，土壤浅薄，主要长有草，部分残存有化香、月月青等稀疏灌丛 | 植被恢复林草并举，可人工撒播车桑子，再栽种柏木等树种 |
| | | 岩溶丘陵，常与溶蚀洼地组合成亚热带岩溶区的主要类型 | 人工造林，树种可选择经济林，如核桃等 |
| 岩溶山地 | 山体峰峦交错，走向不明，山上部多浑圆状，地表形态类似侵蚀、剥蚀类型 | 多由碳酸盐类岩层与非碳酸盐类岩层（碎屑岩、玄武岩等）互层，土被虽不连续，但是石漠化中立地条件最好的 | 宜栽培用材林和经济林树种 |
| 石芽和溶沟 | 灰岩表面的溶蚀地貌，地表水流沿着坡面上节理裂隙流动，溶蚀和冲蚀出许多凹槽坑洼。凹槽为溶沟，沟间突起为石芽 | 半裸露石芽地，土被大多连续 | 宜栽培用材林和经济林树种 |

资料来源：李秉略．喀斯特石漠化成因及植被恢复技术措施［J］．林业实用技术，2013（9）：53－54.

## （二）滇桂黔生态脆弱地区绿色发展农业耕作经济植物篱梯化技术相对匮乏

经济植物篱梯化技术又称条带种植技术、生物梯化技术，是指在旱坡地上维护地力、改善土壤理化性状、维持养分平衡、延续土地生产力、实现旱坡地可持续农业应用的简便又实用的农业技术。经济植物篱梯化技术即是沿坡耕地等高线，每隔一定距离种植一带（行）单一或混合型经济植物篱，即农作物种植带（行）间。[①] 滇桂黔生态脆弱地区农业耕种方式粗放落后，主要表现为：顺坡耕作面积大，横坡耕作面积小；单一种植面积大，间作套种面积小；[②] 粮食种植面积大，林果木种植面积小。这种粗放外延的农业生产方式，加剧了水土流失、土地石漠化，如表4－36所示。[③]

**表4－36　耕种方式与水土流失及“石漠化”速率关系**　（%）

| 指标 | 水分流失量环比 | 泥沙碎石流失量环比 | “石漠化”速率环比 |
|---|---|---|---|
| 对照地（裸坡耕地） | 100 | 100 | 100 |
| 玉米顺坡耕种 | 112.44 | 132.96 | 132.96 |
| 玉米横坡耕种 | 85.73 | 73.87 | 73.87 |
| 玉米花生横坡间作套种 | 79.68 | 62.87 | 62.87 |

资料来源：苏维词，周济祚．贵州喀斯特山地的“石漠化”及防治对策［J］．长江流域资源与环境，1995（2）：177－182.

① 陈正刚，朱青，王文华．旱坡地经济植物篱技术［J］．现代农业科技，2006（6）：20－21.

②③ 苏维词，周济祚．贵州喀斯特山地的“石漠化”及防治对策［J］．长江流域资源与环境，1995（2）：177－182.

# 第五章　滇桂黔生态脆弱地区绿色发展本土化模式的探索

## 第一节　滇桂黔生态脆弱地区绿色发展本土化模式的构建思路

滇桂黔生态脆弱地区绿色发展本土化模式，是指绿色发展作为一种发展理念，在与滇桂黔生态脆弱地区的实际情况相结合时形成的模式，该模式能反映滇桂黔生态脆弱地区绿色发展的内在规律，并指导滇桂黔生态脆弱地区产业结构优化升级、生产方式更新换代、居民消费模式转型、生态系统良性循环等。本书结合滇桂黔生态脆弱地区的生态系统内在机理和绿色发展本土化的发展规律，构建了滇桂黔生态脆弱地区绿色发展本土化模式，即增加石山生态资本，造林育林护林绿色发展模式；调整农业生产结构，特色循环生态农业发展模式；改革农业供给侧，“龙头企业+合作社+农户”的农产品深加工模式；利用喀斯特地貌，生态优势转化为经济优势的生态旅游模式；利用石漠化综合治理生态工程，探索石漠化综合治理与扶贫开发同向同行协同发展模式。这五种模式的共同点为：“一主线”“二协同”“三导向”“四维度”“五举措”。

### 一、“一主线”

“一主线”，是指滇桂黔生态脆弱地区可以利用自然、改造自然，但不能凌驾于自然之上。为此，滇桂黔生态脆弱地区在发展进程中，要妥善解决好人与自然的关系，以生态优先，投资自然，加大生态保护和修复力度，采用“生态+”，使“绿水青山”变成“金山银山”。

## 二、“二协同”

“二协同”，是指自然规律与人类社会发展规律相协调、保护生态环境与发展经济相促进。二协同的主要理念是要树立保护生态环境就是保护生产力、改善生态环境就是发展生产力、良好的生态环境是最普惠的民生福祉、人与自然和谐共生等理念。

## 三、“三导向”

“三导向”，是指以生产发展、生活富裕、生态良好为导向。

## 四、“四维度”

“四维度”，是指公平维度、效率维度、平等维度、质量维度。公平维度是指发达国家与发展中国家的公平、人与人之间的代际公平。效率维度是指资源的高效率利用。平等维度是指人与自然的和谐共生，而非人过分地开发和利用自然。质量维度是指经济发展方式的转变、经济结构的优化、经济动能的转化、经济发展水平的提高、人民宜居环境的改善。

## 五、“五举措”

“五举措”，是指更新理念、制度保障、政策扶持、机制约束、技术推动。其中，更新理念包括：更新滇桂黔生态脆弱地区发展观，树立内涵集约型发展观；更新滇桂黔生态脆弱地区政绩观，树立保护生态环境就是保护生产力政绩观；更新滇桂黔生态脆弱地区财富观，树立“绿水青山就是金山银山”的财富观。制度保障包括健全滇桂黔生态脆弱地区绿色发展法律制度、健全滇桂黔生态脆弱地区绿色发展规章制度。政策扶持包括完善滇桂黔生态脆弱地区绿色发展投资政策、完善滇桂黔生态脆弱地区绿色发展产业政策、完善滇桂黔生态脆弱地区绿色发展财政政策、完善滇桂黔生态脆弱地区绿色发展税收政策、完善滇桂黔生态脆弱地区绿色发展金融政策、完善滇桂黔生态脆弱地区绿色发展土地政策、完善滇桂黔生态脆弱地区绿色发展人才政策。机制约束包括完善滇桂黔生态脆弱地区绿色发展协调机制、完善滇桂黔生态脆弱地区绿色发展评价机制、完善滇桂黔生态脆弱地区绿色发展奖惩机制、完善滇桂黔生态脆弱地区绿色发展监督机制。技术推动包括形成滇桂黔生态脆弱地区绿色生产方式、形成滇桂黔生态脆弱地区绿色分配方式、形成滇桂黔生态脆弱地区绿色交换方式、形成滇桂黔生态脆弱地区绿色消费方式。

## 第二节 滇桂黔生态脆弱地区绿色发展本土化模式的构建原则

要实现“绿水青山就是金山银山”的目标，滇桂黔生态脆弱地区应以习近平生态文明思想为指导，深入贯彻落实绿色发展理念，根据自身资源优势和生态环境特点，按照“整体、协调、循环、再生”的基本原理，探索该区绿色发展本土化模式。要实现这一目标，滇桂黔生态脆弱地区在探索绿色发展本土化模式时应遵循以下原则。

### 一、整体性原则

绿色发展是农、林、牧、副、渔、工、商、运输、旅游诸业综合经营、协调发展的整体发展模式。它不仅要求绿色发展系统中各生物之间以及生物与环境之间形成一个相互制约、相互依赖的综合体，而且要求绿色发展系统中的生产环节、加工环节、流通环节形成一个相互依存、相互协调的整体。遵循整体性原则，就是在探索滇桂黔生态脆弱地区绿色发展本土化模式时，一方面要考虑农、林、牧、副、渔、工、商、运输、旅游诸业的横向发展；另一方面要注意产前、产中、产后的纵向联系，以实现人财物有序流动、产供销有机衔接、内外贸有效贯通。如将粮食观念扩大到食物观念，从增加食物的角度，将种→养→加→贸→旅贯通起来，将人口从稀缺的土地中解放出来，分流到相关的产业及行业中去。

### 二、因地制宜原则

滇桂黔生态脆弱地区最致命的是土地资源相对匮乏，水资源分布严重不均，粮食生产受到很大限制。长期以来，滇桂黔生态脆弱地区传统的人口观念，造成了人口的爆炸性增长，迫使该区域人们为了解决粮食问题而被迫破坏农业生态环境。滇桂黔生态脆弱地区绿色发展本土化的重要原则是坚持因地制宜，在探索绿色发展本土化模式时，根据当地的自然、经济、技术等条件因地因时设计，做到扬长避短、发挥比较优势。面对滇桂黔生态脆弱地区日益恶化的生态灾难，有些群众开始改变观念，利用滇桂黔生态脆弱地区的独特自然规律，延长其生态系统链条，增强其结构复杂性、功能多样性，重建其系统有序性，如利用荒山发展经济林果、药材、林下经济，走出一条经济发展与生态重建良性互动的路子。

### 三、层次性原则

绿色发展由许多子系统和层次组成，不同层次之间的结构单元具有不同的功能，但通过横向或纵向联系就可以构成一个综合经营体。遵循层次性原则，就是在滇桂黔生态脆弱地区绿色发展本土化模式探索时，分析层次之间及各个子系统之间的物质流、能量流、信息流和价值流的途径和规律，确定各个层次在时空上的位置、环境结构和经济结构的配置状况。如贵州从江县从山水林湖草是生命共同体的战略高度，探索出适合当地的林粮间作模式、稻鱼鸭共生模式等，不仅促进了生态系统良性互动，而且促进了当地群众脱贫致富。

### 四、可操作性原则

滇桂黔生态脆弱地区绿色发展本土化模式不是一种自下而上、自发形成的发展方式，而是一种自上而下、政府主导的发展方式。广大干群无论是在思想认识上还是在具体做法上，都需要一个接受这种发展方式的过程。超出群众接受能力的模式，即使具有很高的综合效益，往往也很难在实践中推行。遵循可操作性原则，就是在滇桂黔生态脆弱地区绿色发展本土化模式探索时，不仅要遵循物质循环、能量流动的客观规律，而且要考虑当地农民的实际情况。如在广西百色杧果园通过养鸭或套种西瓜、花生等农作物发展林下经济，这不仅易于操作，而且提高了杧果产品质量，深受群众欢迎。

### 五、科技先导原则

滇桂黔生态脆弱地区绿色发展本土化模式是把我国传统精华的生态技

术与现代先进的生态技术有机结合的、具有技术密集型特征的发展方式。科技进步是滇桂黔生态脆弱地区绿色发展的助推器，也是提升滇桂黔生态脆弱地区绿色发展科技含量的重要途径。遵循科技先导原则，就是在滇桂黔生态脆弱地区绿色发展本土化模式探索时，充分利用分析、模拟、规划、决策的手段和技术，利用现代先进的生态技术来实现滇桂黔生态脆弱地区的跨越式发展，迅速提高滇桂黔生态脆弱地区绿色发展的质量和综合效益。

### 六、可持续性原则

滇桂黔生态脆弱地区绿色发展是以可持续发展理论为指导、以生态为基础的发展方式，是增加农民收入、节约资源、保护生态环境、实现滇桂黔生态脆弱地区可持续发展及跨越式发展的最佳途径。遵循可持续性原则，就是在滇桂黔生态脆弱地区绿色发展本土化模式探索时，以可持续发展理论为指导，远近结合，统一规划，保护自然资源和合理利用资源，提高资源利用率，增强资源对经济社会可持续发展的保障能力。

## 第三节 滇桂黔生态脆弱地区绿色发展本土化的模式

中国地域广袤，不同地理区域资源禀赋不同，文化传统不同，发展路径不同，绿色发展落地方式不同，形成的本土化模式也不同。依据滇黔桂生态脆弱地区的资源环境承载能力、现有开发强度和未来发展潜力，遵循整体保护、点状发展的原则，构建该区绿色发展的五种本土化模式，分别为：增加石山生态资本，造林育林护林绿色发展模式；调整农业生产结构，特色循环生态农业发展模式；改革农业供给侧，“龙头企业 + 合作社 + 农户”的农产品深加工模式；利用喀斯特地貌，生态优势转化为经济优势的生态旅游模式；利用石漠化综合治理生态工程，探索石漠化综合治理与扶贫开发同向同行协同发展模式。

### 一、增加石山生态资本，造林育林护林绿色发展模式

滇桂黔生态脆弱地区最大的生态问题是石漠化，为遏制石漠化扩展的

趋势，迫切需要造林育林护林，增加生态资本。针对石漠化片区岩石裸露程度、植被覆盖情况、土层浅薄程度，又可以划分为四种模式。

### （一）岩溶石山封山育林恢复植被治理模式

该模式适宜条件是：岩石大面积裸露，裸露岩石土层覆盖少或者无土层覆盖，植被总覆盖率低于30%。该模式技术路线是：石山裸露，土层浅薄，不适于人工植树造林，只能采用封山育林，通过灌、草、藤、林木的天然下种和萌芽能力，逐渐形成乔、灌、藤、草相结合的植物群落。

### （二）岩溶山地人工促进恢复植被模式

该模式适宜条件是：岩石裸露率高的石质山地，有一定的乔灌木或具有天然下种的条件地区。该模式技术路线是：该区域人工造林难度大，应利用地质结构、气候条件采用天然更新与人工造林相结合的方式，通过点播或补种任豆、银合欢、菜豆树、茶条木等树种，形成复层混交林，加速石山植被恢复，提升林木保持水土、涵养水源的功能。

### （三）岩溶石山Ⅰ类人工造林模式

该模式适宜条件是：岩溶石山中下部缓坡地带，有一定的土层，岩石裸露率一般在50%以下。该模式技术路线是：该区域岩石裸露较少，有一定深度土层，植被根系易深入下去，可以选择任豆、香椿、苦楝、狗骨木、蚬木、金丝李等用材林或林副产品，采用容器苗造林，以提高成活率和提升造林速度。

### （四）岩溶石山Ⅱ类人工造林模式

该模式适宜条件是：岩溶山地下部、洼地、谷地及河谷地区，坡度相对平缓，裸露岩在50%以下，有一定的土层厚度。该模式技术路线是：该区域土壤具有较高肥力，生产潜力巨大，适宜种植山葡萄、金银花、白藤、竹子、枇杷、李、梨等经济果木，促进当地经济发展与生态环境改善。①

## 二、调整农业生产结构，特色循环生态农业发展模式

滇桂黔生态脆弱地区土壤中缺乏氮、磷、钾等生命所需的营养元素，

① 韦茂繁．广西石漠化及其对策[J]．广西大学学报(哲学社会科学版)，2002(2)：42－47.

钙、镁含量高，“以粮为纲”的生产路线不仅不能生产出更多优质粮食，还会破坏土壤植被，降低水源涵养能力，加速水土流失。为此，需要根据滇桂黔生态脆弱地区农业生产条件，调整农业生产结构，走特色生态农业绿色发展之路。

**（一）以林下经济为主的立体复合农林生产经营模式**

《国务院办公厅关于加快林下经济发展的意见》指出，各地根据实际情况大力发展以林下种植、林下养殖、相关产品采集加工和森林景观利用等为主要内容的林下经济，[①] 形成了林粮型、林果型、林菜型、林菌型、林药型、林草型、林牧（林鸡、林蜂）型、特种动物养殖、林渔型、林花型、园林型、林游型等多种模式的林下经济[②]，在增加农民收入、调整林业结构、巩固集体林权制度等方面取得了良好的成效。近年来，滇桂黔生态脆弱地区在退耕还林、植树造林、天然林防护、石漠化治理等方面取得了显著的成效。如广西植树造林面积 89 万亩，治理石漠化和水土流失面积 409 平方千米，片区森林覆盖率超过 73%；贵州退耕还林面积 114 万亩，片区一期建设国家储备林 483.4 万亩；云南实施一批天保工程、退耕还林、陡坡地生态治理、石漠化综合治理、防护林建设、湿地保护恢复等生态工程，片区森林覆盖率增加 4.2 个百分点。[③] 生态环境改善，林业开发潜力巨大，为发展林粮、林药、林菌、林茶等林下经济创造了条件。

1. 林粮间作模式

林粮间作模式，是指在杧果、葡萄、榕树、水杉、杨梅、猕猴桃、香椿、苦楝、狗骨木、蚬木、金丝李、泡桐等林木中，间接套种花生、大豆、西瓜、红薯、水稻、小米等粮食，以增加土壤肥力，改善生态环境，促进农民增收。如贵州从江县利用其独特的地理环境，形成了两种独特的

---

① 国务院办公厅．国务院办公厅关于加快林下经济发展的意见[J]．中华人民共和国国务院公报,2012(23):19-21.

② 张槐安．论把林下经济培育成西部林业新经济增长点:以贵州毕节试验区为例[C]//第十五届中国科协年会第 19 分会场:中国西部生态林业和民生林业与科技创新学术研讨会论文集．中国科学技术协会,贵州省人民政府,2013.

③ 雷欢．滇桂黔石漠化片区脱贫的林草贡献[N]．中国绿色时报,2020-09-07(1-2).

林粮间作模式，分别为丛林—稻田模式、人工木—旱地杂粮模式。[①] 林粮间作模式可以促进水、土、温、肥及空间的高效利用，提高农产品的经济效益。目前，林粮间作模式的年利润约为1.41万元/公顷。[②]

2. 林药间作模式

林药间作模式，是指在花椒、赤杨、杏树、山杏、皮胎果梨、刺槐、油松等林木中，间接套种天门冬、何首乌、甘草、半夏、天麻、灵芝、柴胡、五味子、石斛、灵香草、天南星、红景天、细辛、水飞蓟等珍稀名贵药材，以便于管理，提高土地利用效率，实现林业发展与林农致富双丰收。毕节市大方县以中药材“大方天麻”为突破口，成立中药材种植专业合作社13家，种植林下仿野生中药材3100公顷，其中林下仿野生种植天麻1100公顷，年产值可达5000多万元，每户平均年创收达2万多元。[③]

3. 林菌间作模式

林菌间作模式，是指在中温带针阔混交林、亚热带常绿阔叶林、热带雨林、亚热带针叶林、针阔混交林中，间接套种香菇、草菇、平菇、黑木耳、毛木耳、鸡腿菇等食用菌，以将废弃物变废为宝，改善土壤肥力，提高林业生产效率。2018年，滇黔桂生态脆弱地区食用菌的产量和产值均有所提高，广西食用菌的产量为862447.63吨，产值为789477.05万元，占广西地区生产总值的比重为0.4%；云南食用菌的产量为560738.41吨，产值为1406646.44万元，占云南地区生产总值的比重为0.8%；贵州食用菌的产量为823464吨，产值为1015000万元，占贵州地区生产总值的比重为0.7%。[④]

4. 林茶间作模式

林茶间作模式，是指在栾树、马尾松、云杉、杉木、柳杉、板栗、乌桕、松树、泡桐中，间接套种绿茶、红碎茶、砖茶、茉莉花茶、毛尖、翠

---

① 孙田田．贵州省从江县林粮共作模式可持续性分析[J]．北京农业，2012(33)：100.

② 朱斌，刘丹一．石漠化地区林下经济发展模式研究[J]．林业经济，2015(12)：86－90.

③ 张槐安．论把林下经济培育成西部林业新经济增长点：以贵州毕节试验区为例[C]//第十五届中国科协年会第19分会场：中国西部生态林业和民生林业与科技创新学术研讨会论文集．中国科学技术协会，贵州省人民政府，2013.

④ 中国食用菌协会[EB/OL]．http://bigdata.cefa.org.cn/hotmap.html.

芽、山茶、翠峰茶、锌硒茶、苔茶、苦丁茶、白茶，以提高光照利用率、林木病虫害防治率。都匀毛尖是中国十大名茶之一，是贵州三大名茶之一。黔南布依族苗族自治州以都匀毛尖为依托，大力发展茶产业。2020年，黔南布依族苗族自治州茶园面积161.8万亩，产量4.5万吨，产值73.82亿元，万亩茶园乡镇35个，万亩茶园村21个，绿化荒山380平方千米，茶叶加工企业（合作社）674家。[①] 茶产业使黔南布依族苗族自治州“绿色茶树”转变成财源滚滚的“摇钱树”，40余万农民群众增收致富，5万余建档立卡贫困户脱贫奔小康。

总之，林下经济的发展，不仅增加了绿色财富，而且增加了农民收入。如云南省林下经济种植面积由2002年的61万公顷增加到2013年的400万公顷，主要产品年产值达到600多亿元。广西林下经济发展面积达到281.2万公顷，产值达到470亿元。贵州省林业总产值达到340亿元，其中林下经济总产值达到57.56亿元，占林业总产值的16.93%。[②] 云南省按照“生态建设产业化、产业发展生态化”的发展思路，推进林业产业转型升级、提质增效。《云南省高原特色农业现代化建设总体规划（2016—2020年）》明确指出，到2020年，林下经济经营面积达1亿亩，实现综合产值1200亿元的目标。[③]

### （二）以水稻为主的立体复合种养生产经营模式

滇桂黔生态脆弱地区石山占据比例较高，水、土占据比例较低，具有“八山一水一分田”的分布特征。水土资源主要分布在石山脚下，便于种植水稻。据记载，滇桂黔生态脆弱地区种植水稻始于宋朝，水稻的广泛种植为发展以水稻为主，稻—鱼—鸭立体复合种养生产经营模式、稻—蟹立体复合种养生产经营模式、稻—虾立体复合种养生产经营模式、稻—鱼种养轮作和种养间作模式等种养和谐共生模式提供了条件。

---

① 引资5.47亿元！2020都匀毛尖（国际）茶人会成果丰硕[EB/OL]. https://baijiahao.baidu.com/s?id=1681153548139247798&wfr=spider&for=pc.

② 朱斌，刘丹一. 石漠化地区林下经济发展模式研究[J]. 林业经济，2015(12)：86-90.

③ 云南省人民政府办公厅. 云南省人民政府办公厅关于印发《云南省高原特色农业现代化建设总体规划（2016—2020年）》的通知[EB/OL]. http://www.yn.gov.cn/zwgk/zcwj/yzfb/201910/t20191031_183834.html.

1. 稻—鱼—鸭立体复合种养生产经营模式

稻—鱼—鸭立体复合种养生产经营模式，是指人民群众遵循生态学原理，利用稻—鱼—鸭立体共生关系，立足当地独特的自然资源和长期的农业种植条件，改变传统单一种植水稻的生产模式，在精心建造的糯稻田中实行“种植一季稻，放养一批鱼，饲养一群鸭”的农业生产方式。① 此种农业生产方式的代表是贵州省黔东南苗族侗族自治州从江县，至今有近千年的历史。2011 年 6 月，“从江侗乡稻鱼鸭复合系统”被联合国粮农组织列入全球重要农业文化遗产保护试点。② 2013 年 5 月 21 日，“传统稻鱼鸭共生农业生产模式——贵州从江侗乡稻鱼鸭系统”被农业部列为第一批中国重要农业文化遗产。③ 此种农业生产方式的技术路线是：谷雨前后，农民将秧苗插入稻田，跟着将鱼苗也放进去，等到鱼苗长到 2 ~ 3 指长的时候，再将体重 150 ~ 200 克的雏鸭按照每亩 30 只左右，放入稻田饲养。水稻快成熟的时候，鱼和鸭也长大了。此种农业生产方式的优势在于：一方面，鱼、鸭在稻田中可以捉害虫，利用生物防治虫害，减少农药使用量；另一方面，鱼、鸭排泄物成为水稻有机肥，增加水土肥力，减少化肥使用量。在使用有机肥和生物防治病虫害的稻—鱼—鸭生态共生模式中，稻—鱼—鸭的品质高、效益好。稻—鱼—鸭立体复合种养生产经营模式在滇桂黔生态脆弱地区广泛推广开来，云南红河哈尼族彝族自治州元阳县、云南文山州、广西崇左市龙州县、广西鹿寨县、贵州其他片区等区域进行了尝试，取得了良好的综合效益。如广西鹿寨县稻田养鸭养鱼的农业生产模式，不仅使粮食提质增收，而且生态经济效益明显，每亩可收 40 ~ 50 千克鱼，1000 只鸭子可以获利 2. 2 万元，单纯种植水稻每亩收入不到 2000 元，现在提高至上万元。④ 又如：元阳县实施哈尼梯田稻—鱼—鸭立体复合种

---

① 韦丹辉，王思明．民国时期滇黔桂岩溶地区水稻品种及地理分布研究［J］. 中国农史，2013（3）：27 – 36.

② 侯洁如．稻鱼鸭共生的高效农业系统［J］. 中国投资，2018（17）：66 – 68.

③ 滕榕．基于稻鱼鸭系统的农业景观生态保护策略——以侗族聚居区为例［J］. 建筑与文化，2019（2）：139 – 140.

④ 广西鹿寨县：稻田养鸭养鱼　粮食提质增收［EB/OL］. https://m.sohu.com/a/77173104_263709/.

养生产经营模式8000亩，辐射推广面积3万亩，总产值达到34134.08万元，平均亩产值8982.70元。①

2. 稻—蟹立体复合种养生产经营模式

稻—蟹立体复合种养生产经营模式，是指人民群众遵循生态学原理，利用水稻和螃蟹立体共生关系，改变传统单一种植水稻的生产模式，在水稻田中养殖螃蟹，实现“一水两用，一地双收”的农业生产方式。此种农业生产方式的技术路线是：3月放蟹苗、4月育秧苗、5月底插秧、6月放稻田、9月抓成蟹、10月割水稻。此种农业生产方式的优势在于：一方面，水稻为螃蟹提供净化环境、隐蔽场所、栖息场地；另一方面，幼蟹能优化田间的水草和栖息物，觅食水稻田间的害虫，从而大大降低水稻虫害概率。螃蟹的排泄物还能增加土壤有机肥力、提高水稻品质。早在1996年，稻蟹立体复合种养生产经营模式就在江苏省沭阳县吴集、李恒等地进行了尝试，取得了良好成效。1996年，稻 蟹立体复合种养生产经营模式达到亩产500千克稻、30千克蟹的水平，亩产收入达5000元左右，是常规栽稻的2~4倍。② 稻—蟹立体复合种养生产经营模式作为一种稻蟹双丰收模式，具有“1+1=5”的实效，即具有粮食安全、食品安全、生态安全、农民增收、企业增效五种功效。作为一种新型的农业生产模式，其在全国各地种植水稻的区域推广开来，滇桂黔生态脆弱地区也进行了尝试。目前，云南红河哈尼族彝族自治州元阳县此种共生模式达0.03万亩③；广西柳州市融水苗族自治县此种共生模式达160亩，带动167户贫困户脱贫致富。④

3. 稻—虾立体复合种养生产经营模式

稻—虾立体复合种养生产经营模式，是指人民群众遵循现代生态学原

① 洪健康．哈尼梯田稻鱼鸭综合种养绿色模式研究成效显著[J]．中国农技推广，2017(9)：12-14.

② 汤成芹，孙志洲．稻田养蟹中的几个技术环节[J]．科学养鱼，1997(7)：10.

③ 云南大力推广稻鱼鸭综合种养新模式[EB/OL]．https://news.cnhnb.com/zxsd/detail/250617/.

④ 广西融水县靠稻田养鱼蟹等特色产业，去年让2.5万人脱贫[EB/OL]．https://www.guancha.cn/society/2017_10_23_431877.shtml.

理，利用稻—虾共生关系，改变传统单一种植水稻的模式，在对稻田进行基础改造后，引进小龙虾，使水稻种植与小龙虾养殖构成一个完整的立体生态系统，通过“一季稻，三季虾”的农业生产方式，提高农田水利综合利用效率，增加种养生态效益、经济效益和社会效益，如表5－1所示。①

**表5－1　稻—虾综合种养产出效益情况**

| 养殖品种 | 平均亩产（千克/667平方米） | 单价（元/千克） | 平均单产值（元/667平方米） |
|---|---|---|---|
| 小龙虾 | 280 | 50 | 14000 |
| 水稻 | 485 | 2.4 | 1164 |
| 合计 | | | 15164 |

资料来源：杨爱宏，孙敏，高辉，等．高邮特色的“稻—虾”生态循环种养模式［J］．水产养殖，2020（2）：63－65.

此种农业生产方式的技术路线是：在水稻收割前后，即9月中下旬至10月初，投放第一茬小龙虾，次年3月中旬开始捕捞上市，5月10日前结束；3月下旬至4月上旬，投放第二茬小龙虾，5月下旬开始捕捞上市，6月下旬水稻插秧前结束；5月下旬至6月上旬，投放第三茬小龙虾，8月中下旬开始捕捞，9月上旬捕捞结束。此种农业生产方式的优势在于：一方面，稻田能够为小龙虾提供天然饵料、栖息的生长环境；另一方面，小龙虾不仅能够摄食稻田害虫和杂草，疏松稻田表面土层，而且其排泄的废弃物能成为稻田的有机肥，可提高稻田肥力。此种农业生产模式具有较高的综合效益，在全国各地种植水稻的区域推广开来，滇桂黔生态脆弱地区也进行了尝试。目前，云南红河哈尼族彝族自治州元阳县稻—虾共生模式达到0.77万亩②，贵州省铜仁市有6个区县开始了稻—虾工作种养试点，总面积超过90公顷，每667平方米水稻和小龙虾的纯收入平均达2655元，比传统每667平方米水稻种植纯收入增收2200元③，不仅提高了水土利用效率，而且降低了农药和化肥的使用量。

① 杨爱宏，孙敏，高辉，等．高邮特色的“稻—虾”生态循环种养模式［J］．水产养殖，2020（2）：63－65.

② 云南大力推广稻鱼鸭综合种养新模式［EB/OL］．https://news.cnhnb.com/zxsd/detail/250617/.

③ 饶瑞．铜仁市稻虾共作生态种养模式现状与问题［J］．江西农业，2019（24）：25.

4. 稻—鱼种养轮作和种养间作模式

稻—鱼种养模式分为两种：一种是稻—鱼种养轮作模式，另一种是稻—鱼立体化共生模式。稻—鱼种养轮作模式是将稻田改建成鱼塘后引进鱼，使水稻种植与鱼养殖形成轮作模式，种植一季水稻，水稻收割后，放水养鱼，通过"一季稻，一季鱼"的农业生产方式，提高农田水利综合利用效率，增加种养的生态效益、经济效益和社会效益，如表5－2所示。

**表5－2 稻—鱼综合种养产出效益情况**

| 养殖品种 | 平均亩产千克 | 平均单产值 |
| --- | --- | --- |
| 早稻 | 610 | 4500元/667平方米，是种植双季稻的3倍 |
| 鱼 | 410 | |

资料来源：江传芬．稻—鱼田塘式稻鱼轮作种养模式［J］．福建农业，2008（5）：30－31.

此种农业生产方式的技术路线是：将水质好、水源足、排灌方便、保水能力强、不受洪水侵袭的阳面田改造成田埂深1.2米以上、田埂顶部宽1米左右的鱼塘，早稻收割后，蓄水养鱼。[①] 此种农业生产方式的优势在于：一方面，提高水土的综合利用效率；另一方面，收割的稻茬为小鱼提供场所，鱼粪便又可以肥沃泥土。

稻—鱼立体化共生模式，是指人民群众遵循现代生态学原理，利用稻—鱼共生关系，改变传统单一种植水稻的模式，水稻种植与鱼养殖构成一个完整的立体生态系统，形成稻—鱼立体化共生关系。此种农业生产方式的技术路线是：在稻田中放养鱼类。此种农业生产方式的优势在于：一方面，鱼在稻田中可以啃食杂草、摄食害虫、疏松土壤和增加土壤肥力；另一方面，稻田中能量和营养物质流入水稻和养殖鱼类的部分明显增大，流入杂草和其他生物的部分大为减少，稻田的产出能力得以有效提高[②]，如表5－3所示。

① 江传芬．稻—鱼田塘式稻鱼轮作种养模式［J］．福建农业，2008（5）：30－31.

② 陈昌齐，刘方贵．稻田养鱼高效实用技术［M］．北京：中国农业出版社，1999：2.

表 5 - 3　养鱼稻田与单一稻作田能量投入与产出

| 类别 | 投入能（$10^{10}$焦耳/公顷） | | | 产出能 | 产投比（$10^{10}$焦耳/公顷） | | | 光能利用率/% |
|---|---|---|---|---|---|---|---|---|
| | 有机 | 无机 | 总计 | | 有机 | 无机 | 总计 | |
| 养鱼稻田 | 6.68 | 5.20 | 11.88 | 30.81 | 4.61 | 5.93 | 2.59 | 3.16 |
| 单一稻作田 | 5.93 | 5.43 | 11.36 | 25.75 | 4.34 | 4.74 | 2.27 | 2.83 |
| 比较/% | 12.60 | -4.20 | 4.50 | 19.70 | 6.21 | 25.10 | 14.10 | 11.70 |

资料来源：陈昌齐，刘方贵．稻田养鱼高效实用技术［M］．北京：中国农业出版社，1999：3.

稻田养鱼模式不仅可以增加农产品品种和产量，而且可以改变人民的食物结构。1994 年，贵州稻田养鱼面积达 9.67 公顷，产量达 1.16 万吨。1995 年，贵州稻田养鱼面积达 10.52 公顷，面积比上年增加 8.80%；产量达 1.24 万吨，产量比上年增产 7.10%。① 近几年，贵州稻田养鱼产量已占到养殖总产量的 1/4 ~ 2/5，稻田养鱼已成为该省渔业的主要方式之一。②云南红河哈尼族彝族自治州元阳县，稻田养鱼模式达 11 万亩③，广西柳州市融水苗族自治县，完成稻田养鱼标准化 5900 亩。

### （三）以沼气为纽带养殖—沼气—种植的复合生产经营模式

中国养猪业历史悠久，源远流长，距今有近万年的历史。随着生产力的飞速发展和改革开放的深入推进，养猪的品种逐渐丰富，规模逐渐扩大。全国 2020 年第一季度末，生猪存栏 32120 万头，比上年第四季度末增长 3.5%，其中能繁殖母猪存栏 3381 万头，增长 9.8%。④ 贵州 2020 年第一季度，生猪出栏 610.98 万头，2019 年年末全省猪存栏 1171.27 万头，能繁殖母猪的存栏数 107.07 万头。⑤ 云南 2020 年预计第一季度全省生猪

① 陈昌齐，刘方贵．稻田养鱼高效实用技术［M］．北京：中国农业出版社，1999：11.

② 陈昌齐，刘方贵．稻田养鱼高效实用技术［M］．北京：中国农业出版社，1999：12.

③ 云南大力推广稻鱼鸭综合种养新模式［EB/OL］. https://news.cnhnb.com/zxsd/detail/250617/.

④ 国家统计局．统筹疫情防控和经济社会发展成效显著　3 月份主要经济指标降幅明显收窄［EB/OL］.［2020 - 04 - 01］. http://www.stats.gov.cn/tjsj/zxfb/202004/t20200417_1739327.html.

⑤ 贵州省统计局．“两疫”之下我省生猪产业实现快速恢复［EB/OL］.［2020 - 07 - 22］. http://stjj.guizhou.gov.cn/tjsj_35719/tjfx_35729/202007/t20200722_61689374.html.

存栏约2700万头、出栏约950万头。[①] 广西2019年全年生猪出栏2505.8万头，年末生猪存栏1599.6万头。[②] 假设一个万头猪场每天产生猪粪8~10吨，粪尿污水50~90吨。[③] 如果这些猪粪和猪尿没有得到合理利用，将会给空气、水源、耕地等资源带来严重的生态环境问题。为此，滇桂黔生态脆弱地区利用猪粪便的微生物发酵作用，通过建立沼气池的方式，将这些粪便转化成可以利用的沼气、沼液和沼渣。沼液和沼渣又可以同蔬菜、果树等种植联系起来，肥沃土壤。自此，以沼气为纽带，养殖与种植实现了无缝衔接，形成了以沼气为纽带养殖—沼气—种植的立体复合种养生产经营模式。

1. *以沼气为纽带猪—沼—果（蔬）复合生产经营模式*

以沼气为纽带猪—沼—果（蔬）复合生产经营模式，是指依据循环经济学基本原理，以沼气为纽带，将“动物转化—微生物还原—植物生成”的生物链连接起来，将养猪业生产过程中产生的粪便放入沼气池，进行厌氧发酵，产生沼气、沼液和沼渣。沼气的主要成分是甲烷，可以用于照明和煮饭。沼液和沼渣经过发酵后成了优质的有机肥料，可以用于种植蔬菜和果木。[④] 此种农业生产方式的优势在于：一是节约养猪成本。将沼液加饲料喂猪，既可以节省饲料20%，又可以使猪快速增肥、提前出栏。二是改良土壤肥力。据测定，连续施用3年沼肥、沼渣、沼液，土壤有机质含量可提高约12%。[⑤] 三是提高果（蔬）的产量和品质。如施用沼肥的脐橙等果树，要比未施用沼肥的果树多生长510个植梢，生长的脐橙等水果的品质提高1~2个等级。四是改善农村能源结构，减少森林砍伐的数量，如将一个8立方米沼气池的正常产气量用作燃料，相当于0.35公顷林木一年

① 李赛．云南省出栏生猪连续4个月环比增长[N]．云南经济日报，2020-03-16(2).

② 广西壮族自治区统计局，国家统计局广西调查总队．2019年广西壮族自治区国民经济和社会发展统计公报[EB/OL]．[2020-03-17]．http://tjj.gxzf.gov.cn/tjsj/tjgb/qqgb/t2381676.shtml.

③ 陈直，王志勇，张晓伟，等．“养猪—沼气—种菜”生态循环农业模式[J]．农业工程技术，2016(11):38-39.

④ 张俊，王爱冬，刘建，等．“种植—养殖—沼气”循环农业模式的研究[J]．宁夏农林科技，2013(4):84-88.

⑤ 李佛净．推行“猪沼果”工程有利于改善农村生态环境[J]．甘肃农业，2000(8):16,38.

的生长量。[①] 五是改善农村生态环境。此种农业生产方式可以以户为单位，简单易行，便于大规模推广。

20 世纪 80 年代以前，广西恭城县的农民主要以木柴为燃料，大量砍伐森林造成恭城“多山少林”，生态环境急剧恶化。恭城县政府制定政策，鼓励当地村民发展“猪—沼—果”生态循环农业模式。经过长期努力，恭城县成为沼气入户第一县，成为绿水青山的示范县。目前，广西恭城县“猪—沼—果”生态循环农业模式进一步发展为“猪—沼—果—灯—鱼”生态循环农业模式。《云南省美丽宜居乡村建设行动计划（2016—2020 年）》明确指出到 2020 年全省建成 2 万个以上美丽宜居乡村。建设美丽宜居乡村的举措之一就是通过发展“猪—沼—果”生态循环农业模式转变农业发展方式。贵州打造 100 个现代高效农业示范园区，其中的举措之一就是将林下种植养殖同猪—沼—菜、猪—沼—果等生态循环农业模式结合起来。

2. *以沼气为纽带猪—沼—鱼（猪）复合生产经营模式*

以沼气为纽带猪—沼—鱼（猪）复合生产经营模式，是指利用循环经济学基本原理，以沼气为纽带，将猪粪便投入沼气池，进行厌氧发酵，产生沼气、沼液和沼渣。沼液中含有氮、磷、钾、钠、钙等丰富营养元素，可以作为一种优质饲料添加剂拌在猪饲料中，起到促进猪生长、增强免疫力、缩短育肥期、提高饲料转化率的效用。据调查，红河哈尼族彝族自治州建水县西山村示范园区用沼液喂猪，可以使商品猪提前出栏一个月以上，每头猪节约饲料 60 千克左右，可节约饲料、防疫等费用 80 ~ 100 元。[②] 将沼液作为淡水养殖的饲料，可以加快鱼池浮游生物繁殖，改善水质，促进鱼类生长。[③] 据检测，沼液养鱼鱼塘的最低溶氧点比施用猪粪的鱼塘高 1. 14 毫克/立方米，叶绿素高 25. 93 毫克/立方米。鱼塘溶氧量和叶

---

① 李佛净．推行“猪沼果”工程有利于改善农村生态环境[J]．甘肃农业，2000(8)：16，38.

② 李文斌．建水县西山村种养结合循环农业模式构建及推广研究[D]．昆明：云南师范大学，2019：46.

③ 张俊，王爱冬，刘建，等．“种植—养殖—沼气”循环农业模式的研究[J]．宁夏农林科技，2013(4)：84－88.

绿素的增加，改善了鱼塘的生态环境，杀灭了大量寄生虫，提高了鱼的成活率，改善了鱼产品质量。① 据统计，平均每 666.7 公顷鱼塘可增产成鱼 68 千克。②

**（四）以地头水柜为主的节水农业生产模式**

广西河流属雨源补给型，在亚热带季风气候条件下，河流径流量在年内、年际之间分配极不均匀。年内分配在一般年景 4—8 月的来水量，占总水量的 72%，1—3 月占 7%，9—12 月占 21%，因此，容易造成春秋枯、夏季涝的现象。径流量的年际变化大，最丰水年与最枯水年的来水量相差达2 ~5倍，故在最枯水年容易发生全区性干旱，而在最丰水年则容易出现全区性的洪涝灾害。③ 这种河流水资源时空分布的不均匀性，对农业灌溉、人民生活产生了直接影响。因此，合理利用水资源、促进农业生产显得尤为必要。

**（五）以环境治理为主的草地生态畜牧业模式**

滇桂黔生态脆弱地区石漠化分布广泛，耕地呈条形小块坡地，保土、保肥和保水能力极差，自然灾害发生频繁，农业生产条件恶劣，农业产量不稳定。为保持水土和保护生态，位于滇桂黔生态脆弱地区的晴隆县根据当地的实际情况，调整农业种植结构，将耕地转化为草地，大力发展草地生态畜牧业。一方面，立足国内外消费者对天然、绿色和无公害农产品的市场需求，发展草原生态畜牧业，促进当地经济、社会发展。另一方面，草地具有涵养水源、固土和遏制石漠化加剧的作用。经过 7 年的建设，晴隆县建设草地共 1.17 万公顷，改良草地 5533 公顷，④ 昔日石漠化的陡坡铺上了绿油油的优质牧草，每年水土流失面积减少 20 平方千米左右，喀斯特石漠化治理 5667 公顷，草地覆盖率达 95%。⑤ 草地生态畜牧业的发展增

---

① 李典荣，顾冬郎，邱日东，等．“猪—沼—鱼”技术及其增产原因分析［J］．渔业致富指南，2005(8)：20－21．

② 汤京平，鄢云享，刘先万，等．湖北省京山县“猪—沼—鱼”绿色生态农业模式推广与成效［J］．农业环境与发展，2012(4)：55－56．

③ 谢之雄．广西壮族自治区经济地理［M］．北京：新华出版社，1989：19．

④ 薛达元，戴蓉，郭泺，等．中国生态农业模式与案例［M］．北京：中国环境出版社，2012：181．

⑤ 薛达元，戴蓉，郭泺，等．中国生态农业模式与案例［M］．北京：中国环境出版社，2012：180．

加了农民收入，养羊农户年收入最低6000元，最高可达5万元以上。① 贵州省晴隆县探索的草原生态畜牧业模式是一条治理石漠化、增加农民收入的有效途径，为解决滇桂黔生态脆弱地区经济发展和环境保护提供了有益借鉴。自2007年起，贵州省扶贫办在全省33个示范县大力推广、学习和借鉴“晴隆模式”。② 2018年年末，贵州省晴隆县隶属的贵州省黔西南布依族苗族自治州全州肉牛存栏48.27万头、出栏16.92万头，肉羊存栏48.96万只、出栏36.91万只③，种草养畜成为黔西南布依族苗族自治州的新兴产业。

## 三、改革农业供给侧，“龙头企业+合作社+农户”的农产品深加工模式

随着国外需求由数量型消费进入质量型消费，国内人民生活由温饱不足进入全面小康，滇桂黔生态脆弱地区需要根据消费者需求的变动，进行农业供给侧结构性改革，在绿色发展的基础上生产满足消费者需求的产品，使农产品由初级生产经营模式进入深加工生产经营模式。

### （一）“龙头企业+合作社+农户”的种植业模式

#### 1. 滇桂黔生态脆弱地区农产品由初级、次级向深加工转型，需要走“龙头企业+合作社+农户”的种植业深加工模式

滇桂黔生态脆弱地区高度重视特色农业发展。截至2019年年底，滇黔桂生态脆弱地区已种植杧果142万亩、核桃246万亩、油茶482万亩，创建2337个现代特色农业示范区，初步形成百色杧果、河池核桃、崇左蔗糖等规模化增收产业。这些规模化的增收企业，一方面增加了农业收入，另一方面使人们的思想观念由“粮食”向“食物”转变，促进农产品供给侧结构性改革，增强了供给品种的丰富性。但是从销售的农产品来看，多以初级、次级产品为主，深加工产品较少，农产品附加值低。为了增加农产

---

① 薛达元，戴蓉，郭泺，等．中国生态农业模式与案例［M］．北京：中国环境出版社，2012：182.

② 薛达元，戴蓉，郭泺，等．中国生态农业模式与案例［M］．北京：中国环境出版社，2012：14.

③ 黔西南州人民政府．我州颁布《黔西南布依族苗族自治州草地生态畜牧业发展条例》［EB/OL］. http://www.qxn.gov.cn/jdhy/qxnfb/201909/t20190924_10919050.html.

品附加值，提高群众收入，满足消费者由“有”向“优”的消费追求，需要走“龙头企业＋合作社＋农户”的种植业模式。第一，龙头企业从深加工层面做好顶层设计，如深加工农产品生产线、深加工农产品种类、深加工农产品包装、深加工农产品销售模式等；第二，合作社是龙头企业与农户链接的纽带，主要负责与龙头企业进行对接和保障农户的根本利益；第三，农户主要负责出资和出力。出资是指农户根据合同将自己的土地经营权出租或者入股，获取相应的经济效益。出力是指农户从事农作物栽培、管理、采摘等劳动并获取相应的劳动报酬。据调研，广西凌云县那力村采取“龙头企业＋合作社＋农户”的种植业研发模式，带动全村 1291 户人口脱贫致富奔小康。

2. 滇桂黔生态脆弱地区农产品在做大做优做强原有品牌的基础上研发新的品种，需要走“龙头企业＋合作社＋农户”的种植业研发模式

随着中国特色社会主义进入新常态，中国社会的主要矛盾已经转化为人民日益增长的美好生活需要和不平衡不充分的发展之间的矛盾。这一主要矛盾的主要方面是不平衡不充分的发展。滇桂黔生态脆弱地区立足地方绿色发展优势，高度重视特色农业发展，取得了显著成效，凌云白毫、百色杧果、罗甸火龙果、水城猕猴桃、从江百香果、丹寨蓝莓、镇宁李子、罗平小黄姜、昭通苹果、墨江紫米、文山三七等农产品和中药材家喻户晓。随着生产力的飞速发展和人民消费水平的逐渐提高，滇桂黔生态脆弱地区需要在做大做优做强原有品牌的基础上研发新品种，新品种的研发需要走“龙头企业＋合作社＋农户”的种植业研发模式。第一，龙头企业需要研判消费市场，根据农产品生长规律和消费者消费倾向的变迁，研发新的农产品；第二，合作社对接龙头企业和农户，将龙头企业研发的新产品告知农户，让农户有知情权；第三，农户主要负责出资和出力。出资是出租土地经营权，获取相应的经济报酬。出力是协助龙头企业和合作社，从事新产品的种植、管理和采摘，获取相应的劳动收入。据调研，广西凌云县那力村在做大做优做强原有茶品牌的基础上研发出新的茶品种，走“龙头企业＋合作社＋农户”的种植业研发模式。一是以“国际茶日”为切入点，多渠道宣传那力村茶品牌。利用电视、广播、网络、微信等线上线下

多渠道宣传那力村茶产业，使那力村茶品牌走出国门，走向世界，让更多人知那力村茶、爱那力村茶，共品那力村茶香茶韵，共享美好生活。二是加强那力村茶文化研究，探究那力村茶文化的历史渊源、发展脉络，增加那力村茶产业历史文化底蕴。三是以满足人民群众日益增长的茶需求为导向，推进那力村茶产业供给侧结构性调整。随着中国经济的飞速发展，人民生活水平由温饱不足进入全面小康，人们对那力村茶的口感、营养、外观等提出了更高的要求。为满足这些新的需求，需要龙头企业研判市场发展轨迹，研发新的茶品种。

### （二）“龙头企业 + 合作社 + 养殖户”的养殖业模式

#### 1. 滇桂黔生态脆弱地区养殖业由利益链短、附加值低向延伸利益链、提升附加值转型，需要走“龙头企业 + 合作社 + 养殖户”的养殖业模式

滇桂黔生态脆弱地区耕地资源稀缺，产业结构单一，第二产业和第三产业发展底子薄，自身发展动力严重不足。只能依靠第一产业，立足“绿色、生态”的环境优势，优先发展短、平、快的养殖业。滇桂黔生态脆弱地区山地资源丰富，气候宜人，适合养猪、养鸡、养鸭、养牛、养羊、养蚕、养牛等，初步形成了隆林黑猪、巴马香猪、都安肉牛、东兰乌鸡等知名品牌。这些知名品牌带动了当地经济发展和促进当地养殖户收入来源多元化。但是，从提升当地养殖业竞争力和保障养殖户根本利益出发，还需要走“龙头企业 + 合作社 + 养殖户”的养殖业模式。第一，养殖户利用政府提供的免息贷款或者特惠贷，按照龙头企业的要求改造养殖场地，建成适合家畜生活的家庭农场。第二，合作社作为龙头企业和养殖户的链接纽带，负责协调养殖户的利益诉求和宣传企业的新思想、新理念、新方法。第三，龙头企业负责提供家畜品种、家畜养殖技术、家畜饲料，收购家畜，并根据经营情况对养殖户进行分红。“龙头企业 + 合作社 + 养殖户”的养殖业模式不仅保障了养殖户的根本利益，而且打造了养殖业供应链、延伸了养殖业产业链、提升了养殖业价值链。滇桂黔生态脆弱地区贵州片区的紫云自治县采用“龙头企业 + 合作社 + 养殖户”的养殖业模式，在华西希望·德康集团企业的带动下，紫云自治县发展生猪、肉鸡养殖产业，

每年带动31400人增收。[①]

2. 滇桂黔生态脆弱地区养殖业由小规模的自发散养向大规模的标准化养殖转型，需要走“龙头企业＋合作社＋养殖户”的养殖业研发模式

小规模的自发散养具有悠久的历史，是养殖户赖以生存的基础性产业。但是，随着中国产业结构的优化升级，随着资本下乡，养殖业也发生着深刻的变革。以龙头企业为主导的规模化标准养殖如雨后春笋般涌现，不断挤压小规模自发散养的生存空间，散养殖者在激烈的市场竞争中有被淘汰的风险。为保障滇桂黔生态脆弱地区散养殖者的根本利益，需要走“龙头企业＋合作社＋养殖户”的养殖业研发模式。第一，龙头企业深入滇桂黔生态脆弱地区，实地调研滇桂黔生态脆弱地区养殖业发展的优势和特色，制定滇桂黔生态脆弱地区养殖业发展规划、实施方案。第二，合作社配合龙头企业从事实地调研、方案实施，宣传龙头企业的想法和保障农户的合法权益。第三，养殖户在保障自身利益的前提下，积极配合龙头企业建立专门的养殖基地，按照要求从事养殖管理，确保养殖质量高效。滇桂黔生态脆弱地区广西片区的东兰县采取“龙头企业＋合作社＋养殖户”的养殖业研发模式，在广西万寿谷投资集团股份有限公司带领下，通过“‘互联网＋’东兰乌鸡养殖”项目，将东兰县的小乌鸡打造成东兰县的大产业，[②] 实现东兰县乌鸡“生产—供应—加工—销售”一条龙，发挥了东兰县生态优势，提升了东兰县乌鸡产业的竞争力，带动了相关产业的发展，给老区养殖户带来了实实在在的生态红利。

**（三）“龙头企业＋合作社＋渔户”的渔业生产模式**

1. 滇桂黔生态脆弱地区渔业由规模速度型外延增长向质量效益型内涵发展转型，需要走“龙头企业＋合作社＋渔户”的渔业生产模式

滇桂黔生态脆弱地区区域内河流纵横，地跨珠江—西江、长江两大流域和红河流域，有红水河、左江、右江、融江、清水江等河流，水能资源蕴藏量巨大，适合发展渔业。滇桂黔生态脆弱地区的渔户高度重视水产养

---

① 魏小红. 深度贫困县养殖产业模式的探索[J]. 农家科技（中旬刊），2018（6）：7.

② 潘剑. 东兰：“小”乌鸡养成“大”产业[J]. 当代广西，2017（20）：42.

殖，养殖的品种有百色罗非鱼、石屏大闸蟹、贵州乌江鱼、荔波鲟鱼、黔东南州锦屏县鲢鱼、江团鱼等，这些鱼口感鲜美、营养丰富，深受消费者青睐。但是由于一家一户的分散养殖，养殖成本偏高，优质饲料缺乏，养殖质量良莠不齐，养殖效益偏低，导致水产养殖处于低水平的规模速度型外延增长阶段。为使滇桂黔生态脆弱地区渔业由规模速度型外延增长向质量效益型内涵发展转型，需要滇桂黔生态脆弱地区走“龙头企业 + 合作社 + 渔户”的渔业生产模式。第一，龙头企业根据滇桂黔生态脆弱地区渔业发展现状和国内国外两种市场需求情况，促进滇桂黔生态脆弱地区渔业供给侧结构性调整。在滇桂黔生态脆弱地区渔业供给侧结构性调整中，龙头企业提供资金用于改造鱼塘、提供渔业养殖技术、提供鱼苗和鱼饵，收购鱼产品并按照合同给渔户进行分红。第二，合作社负责保障渔户的根本利益和协助龙头企业开展鱼塘改造工程和渔业高质量发展。第三，渔户按照龙头企业的渔业规划，改造鱼塘，开展标准化水产养殖和获得相应的经济效益。滇桂黔生态脆弱地区云南片区的罗平县采取“龙头企业 + 合作社 + 渔户”的渔业生产模式，在罗平新海丰食品有限公司的资助下，将罗平县万峰湖库区建设成标准化养殖基地，每年可生产罗非鱼 6 万吨，带动 15 万库区移民通过发展水产养殖走上奔小康的道路。目前，该片区渔业产品走出国门，走向世界，远销至美国、日本、澳大利亚、欧盟各国。①

2. 滇桂黔生态脆弱地区渔业由第一产业向第一产业、第二产业、第三产业融合发展转型，需要走“龙头企业 + 合作社 + 渔户”的渔业研发模式

滇桂黔生态脆弱地区所在省区的云南，高度重视渔业产业发展，将淡水渔业作为云南实施发展高原特色农业战略的六大内容之一，在《云南省高原特色农业现代化建设总体规划（2016—2020 年）》中明确指出，到 2020 年，水产养殖规模达 300 万亩以上，渔业产值达 300 亿元的目标。②

---

① 李宝华，潘镜，陈金路．罗平县：开辟库区渔业新天地[J]．致富天地，2011(11)：19 – 21.

② 云南省人民政府办公厅．云南省人民政府办公厅关于印发《云南省高原特色农业现代化建设总体规划（2016—2020 年）》的通知[EB/OL]．http://www.yn.gov.cn/zwgk/zcwj/yzfb/201910/t20191031_183834.html.

滇桂黔生态脆弱地区所在省区的广西，高度重视渔业产业发展，2019 年广西水产品总产量和渔业总产值均居全国第 8 位。其中，对虾产量 29.7 万吨，排全国第 2 位；罗非鱼产量 24.7 万吨，排全国第 3 位；牡蛎 63.6 万吨，排全国第 4 位；水产加工品总量、加工总产值分别居全国第 8 位和第 11 位。[①] 2020 年，广西壮族自治区农业农村厅制定了《2020 年广西打造千亿元现代渔业产业行动方案》，明确提出 2020 年水产品总产量达 350 万吨以上，渔业总产值达 570 亿元以上，渔业二、三产业总产值达 430 亿元以上，渔业经济总产值突破 1000 亿元，全面实现千亿元现代渔业产业的目标。[②] 滇桂黔生态脆弱地区所在省区的贵州，高度重视渔业产业发展，以"零网箱·生态鱼"为目标，将绿色发展理念贯穿于水产养殖生产全过程，以渔控草、以渔净水，推动渔业高效益、高品质与高产量均衡发展。到 2020 年，水产养殖业绿色发展取得明显进展。到 2022 年，力争实现水产养殖布局更趋科学合理，水产品产销两旺，湖库生态养殖、稻渔综合种养及其他生态养殖实现规模化、规范化发展，"贵水黔鱼"品牌价值大幅提升，基本形成产品优质、产地优美、技术先进的现代化生态渔业发展态势。[③] 滇桂黔生态脆弱地区所在省区的渔业目标和渔业绿色发展的实践中，滇桂黔生态脆弱地区渔业第一产业、第二产业、第三产业发展情况具有至关重要的作用。为使滇桂黔生态脆弱地区渔业由第一产业向第一产业、第二产业、第三产业融合发展转型，需要走"龙头企业 + 合作社 + 渔户"的渔业研发模式。第一，龙头企业从滇桂黔生态脆弱地区渔业发展基本情况出发，延长渔业发展供应链、产业链、利益链，推动渔业由第一产业向第一产业（打造原品牌、研发新品种）、第二产业（生产优质鱼饵、渔业深

---

① 广西壮族自治区人民政府门户网站．广西投入 80 亿元扶持渔业科技创新［EB/OL］. http://www.gxzf.gov.cn/gxyw/20191116 – 778346.shtml.

② 广西壮族自治区农业农村厅．自治区农业农村厅关于印发《2020 年广西打造千亿元现代渔业产业行动方案》的通知（桂农厅发〔2020〕35 号）［EB/OL］. http://www.gxny.gov.cn/xxgk/jcxxgk/ghjh/t609190.html.

③ 贵州省人民政府办公厅．贵州省人民政府办公厅关于加快推进生态渔业发展的指导意见［EB/OL］. http://www.guizhou.gov.cn/zwgk/zcfg/szfwj_8191/qfbh_8197/201904/t20190429_2446247.html.

加工、渔业产品包装）、第三产业（渔业餐饮、休闲观光渔业）融合发展。第二，合作社负责与渔民进行沟通协调，协助龙头企业研发—生产—加工—销售—旅游等一体化发展。第三，渔民改造鱼塘，积极从事渔业生产、加工、销售等活动，按照合同获得分红。滇桂黔生态脆弱地区的云南片区采取“龙头企业＋合作社＋渔户”的渔业研发模式，在云南牛渔水产有限公司的支持下，大力发展牛渔—云南高山冷水鱼产业，使渔业发展与生态保护相结合、渔业发展与产业结构优化升级相结合、渔业发展与区域特色民族文化相结合，取得了生态优良、经济发展、社会和谐的效果。

## 四、利用喀斯特地貌，生态优势转化为经济优势的生态旅游模式

滇桂黔生态脆弱地区具有区位独特性、地貌典型性、植被特殊性等特征，属于亚热带湿润季风气候，年均降水量 880～1991 毫米。[①] 森林覆盖率高，湿地和草原面积广阔，生物资源丰富，自然景观独特，生态资源优势凸显，生态旅游开发潜力大，便于走生态优势转化为经济优势的生态旅游模式。

### （一）依托湿地资源，开展养生休闲旅游

全球三大生态系统分别为森林、海洋、湿地。湿地具有涵养水源、净化水质、控制土壤侵蚀、调节气候、美化环境等重要生态功能，是生物多样性的重要载体，被誉为“生命之源”“地球之肾”。[②] 根据《关于特别是作为水禽栖息地的国际重要湿地公约》（简称《湿地公约》，又称《拉姆萨尔公约》）定义，湿地主要分为人工湿地和自然湿地。自然湿地分为近海与海岸湿地、河流湿地、湖泊湿地、沼泽湿地。滇桂黔生态脆弱地区所在省区位于长江、珠江—西江上游，河流众多，喀斯特地貌发育典型，湿地资源比较丰富。根据第二次云南省全省湿地资源调查结果，截至 2012 年年底，云南全省河流湿地面积达 241847.51 公顷，占湿地类比例为 42.92%；湖泊湿地面积达 118486.26 公顷，占湿地类比例为 21.03%；沼

---

① 滇桂黔石漠化片区区域发展与扶贫攻坚规划（2011—2020 年）[EB/OL]. http://cn.chinagate.cn/infocus/2013-09/24/content_30114043_2.htm.

② 贵州省湿地保护中心. 贵州省的湿地资源[J]. 湿地科学与管理，2015(4)：1-2.

泽湿地面积达 32212.10 公顷，占湿地类比例为 5.72%；人工湿地面积达 170928.63 公顷，占湿地类比例为 30.33%。① 根据第二次广西全区湿地资源调查结果，截至 2012 年年底，广西全区现有 100 公顷以上的各类湿地总面积为 70.62 万公顷，占国土面积的 2.98%。其中自然湿地面积 56.95 万公顷，占全区湿地面积的 80.65%。② 根据第二次贵州省全省湿地资源调查结果，截至 2012 年年底，贵州全省湿地总面积为 20.97 万公顷，湿地率为 1.19%。其中，河流湿地 13.81 万公顷，湖泊湿地 0.25 万公顷，沼泽湿地 1.10 万公顷，自然湿地总面积为 15.16 万公顷，占湿地总面积的 72.31%；人工湿地面积为 5.81 万公顷，占湿地总面积的 27.69%。③ 此外，滇桂黔生态脆弱地区湿地资源也比较丰富。滇桂黔生态脆弱地区云南片区曲靖市的湿地资源有：河流湿地 14496.54 公顷，湖泊湿地 1650.72 公顷，沼泽湿地 311.07 公顷，人工湿地 17137.99 公顷；滇桂黔生态脆弱地区云南片区红河哈尼族彝族自治州的湿地资源有：河流湿地 13410.24 公顷，湖泊湿地 5926.61 公顷，沼泽湿地 1300.98 公顷，人工湿地 14961.44 公顷；滇桂黔生态脆弱地区云南片区文山壮族苗族自治州的湿地资源有：河流湿地 11279.71 公顷，湖泊湿地 4219.62 公顷，沼泽湿地 474.73 公顷，人工湿地 10422.16 公顷。④ 滇桂黔生态脆弱地区广西片区的湿地资源有凌云浩坤湖、龙潭国家湿地公园、田东县湿地公园、百色福禄河湿地公园、龙胜龙脊梯田、西林驮娘江、忻城乐滩、天等寿河、南丹拉希、南宁大王滩等。滇桂黔生态脆弱地区贵州片区的湿地资源有岑巩县大鲵泉省重要湿地、天柱县鉴江河省重要湿地、镇远县舞阳河省重要湿地、兴仁市北盘江省重要湿地、从江县加榜梯田省重要湿地、台江县翁你河省重要湿地、安龙县招堤省重要湿地、兴义市万峰省重要湿地、贞丰县北盘江大峡谷省重要湿地、晴隆县光照湖省重要湿地、望谟县北盘江省重要湿地等。

---

① 云南省林业厅湿地办．云南的湿地资源[J]．云南林业，2014(5)：23－24.

② 谢彩文，张雷，刘杰恩．广西展开第二次湿地资源调查[EB/OL]．http://www.gxnews.com.cn/staticpages/20110418/newgx4dab6e7d－3745243.shtml.

③ 贵州省湿地保护中心．贵州省的湿地资源[J]．湿地科学与管理，2015(4)：1－2.

④ 云南省林业厅湿地办．云南的湿地资源[J]．云南林业，2014(5)：23－24.

滇桂黔生态脆弱地区依托湿地资源，开展生态休闲旅游，可以使独特的生态资源优势转化为源源不断的经济优势。如广西龙胜县和罗城县依托龙脊梯田国家湿地公园，采取政府主导下“旅游公司＋村民”参与模式，开展生态旅游。生态旅游的开展，使村民的收入来源多元化，有门票分红收入（每年门票收入的10%返还给村民），销售特色产品如龙脊辣椒、有机稻米、油茶、土鸡、土猪、枇杷、杨梅、脐橙、葡萄、毛竹、罗汉果等收入，经营农家乐收入，客流量提成收入（当年景区流量超过30万人次，每亩地额外奖励4000～5000元），龙脊景区协管员劳务收入，生态护林员劳务收入等。[①] 实践证明，龙脊梯田生态旅游不仅增加了村民的经济收入，而且使村民思想上受到洗礼，真正认识到“绿水青山就是金山银山”，石漠山区开启了“绿色银行”。

**（二）依托生态建筑资源，开展生态文化旅游**

生态建筑，是指以生态学原理为理论基础，将人—建筑—环境纳入统一整体，在建筑设计、选材、建造等各方面不仅要满足人们的使用要求，符合人们的审美情趣，还要受到自然环境的制约，达到与自然共生、与生态和谐。[②] 滇桂黔生态脆弱地区有壮族、苗族、布依族、瑶族、侗族等14个世居少数民族。这些少数民族在长期的生产生活中建造了天人合一、人与自然和谐相处的生态建筑，如壮族干栏建筑、布依族老石板房建筑、苗族吊脚楼建筑、瑶族干栏式建筑、侗族木构建筑等。以那坡壮族干栏建筑为例，剖析这些建筑蕴含的丰富生态意蕴：第一，建筑选址上，尊重自然，因地制宜。那坡壮族聚居地的地貌为石灰岩岩溶山地，山体庞大，山间坳口较低。那坡壮族为适应当地特殊的自然环境和满足生产生活的需要，在建筑选址上选择了地基厚实、毗邻农田的峰丛洼地和岩溶谷地。第二，建筑设计上，顺应自然，依山而建。一方面，依据陡峭地形，横向扩大住宅面积。由于这些洼地和谷地平坦空间较少、地势陡峭，那坡壮族在建筑设计上充分利用复杂多变的地形，争取更大的利用空间，在房屋一侧

---

① 郁静娴．石漠山区长出“绿色银行”[J]．农村·农业·农民（A版），2019（1）：23－24.

② 周浩明，张晓东．生态建筑——面向未来的建筑[M]．南京：东南大学出版社，2002：前言．

的下边安装数根柱子进行临空发展，以扩大住宅面积。另一方面，为防湿防潮，纵向空中发展。为更好地适应当地的气候和地理条件，那坡壮族设计了上下两层的干栏建筑。下层主要用于堆放杂物，养殖家禽、家畜，上层主要用于人居住，上下层之间有木板隔开。第三，建筑建造上，投资自然，天人合一。那坡壮族繁衍生息于大石山区，山区气候适宜生长杉木、毛竹、松树、桦木、椿树。在干栏建筑选材上，那坡壮族就地取材，优先选择树干笔直、防腐性强的杉木和椿树，使干栏建筑与周围自然生态环境和谐统一。[①] 第四，建筑宜居上，融入自然，和谐共生。那坡壮族干栏建筑不仅便于通风、散热、透光，还可以排水、祛湿、防雨、防蛇、防野兽等。

滇桂黔生态脆弱地区少数民族生态建筑历史悠久，生态文化丰富。如干栏建筑可以追溯到新石器时代，《韩非子·五蠹》《博物志》《魏书·獠传》《岭外代答》《新唐书·南僚传》等历史文献中对干栏建筑均有一定的记载。[②] 干栏建筑不是凭空产生的，而是人们认识自然、适应生存地区的自然地理环境的结果。深入挖掘、传承、保护、利用滇桂黔生态脆弱地区少数民族生态建筑中蕴含的生态文化资源，并将这些生态文化资源转化为生态旅游资源，大力发展民宿、度假村等生态文化旅游，显得尤为迫切。中国中车集团公司在那坡县投入帮扶资金250万元，对城厢镇吞力屯进行旅游设施全面建设，对吞力屯黑衣壮民族文化进行保护挖掘，建成了吞力中车新村。[③] 吞力中车新村的建立，一方面保护了那坡黑衣壮的干栏建筑，另一方面为吞力中车新村依托那坡黑衣壮的干栏建筑、大力发展生态文化旅游、促进经济发展提供了致富渠道。

### （三）依托独特地貌资源，开展生态景观旅游

地貌是指地球表面各种形态的总称。滇桂黔生态脆弱地区地貌独特，生态景观资源丰富，有丹霞地貌、岩溶地貌、洞穴、天坑、峡谷等地质景

---

①② 陈丽琴．黑衣壮干栏建筑的生态研究[J]．广西师范学院学报(哲学社会科学版)，2011(3)：7－11.

③ 凝心聚力打造精准扶贫“高铁”品质——中国中车集团公司扶贫工作纪实[EB/OL]．人民政协报，[2017－12－25]．http：//www.sasac.gov.cn/n2588030/c8388132/content.html.

观，有山水交融、交相辉映的喀斯特山水风光景，有地域色彩浓厚、文化底蕴丰富的边境风情等景区。其中，滇桂黔生态脆弱地区适合开展生态景观旅游的地质公园有：乐业—凤山世界地质公园、泸西阿庐古洞国家地质公园、资源国家地质公园、大化七百弄国家地质公园、关岭化石群国家地质公园、六盘水乌蒙山国家地质公园、兴义国家地质公园等地质公园。滇桂黔生态脆弱地区适合开展生态景观旅游的喀斯特山水风光景区有：大黄果树景区、九龙山森林公园、花江大峡谷、普定夜郎湖、天台山—斯拉河、云峰屯堡、天落湾、千峰山、普里山、贞丰双乳峰、施秉云台山景区、巴马水晶宫、巴马百魔洞、巴马盘阳河、凤山三门海、马山金伦洞、龙滩大峡谷国家森林公园、紫云格凸河穿洞、马岭河大峡谷、万峰林（湖）、丘北普者黑、泸西阿庐古洞、屏边大围山国家公园、师宗英武山、罗平鲁布革小三峡、九龙瀑布群、广南坝美、麻栗坡老山、富宁驮娘江、“滇越铁路”及“人字桥”、师宗凤凰谷、罗平多依河等景区。滇桂黔生态脆弱地区适合开展生态景观旅游的边境风情景区有：大新德天跨国瀑布、宁明花山、靖西通灵大峡谷、马关中法战争遗址、麻栗坡大王崖画等景区。

滇桂黔生态脆弱地区丰富的地貌资源，为开展生态景观旅游提供了前提条件。在开展生态景观旅游时，需要在保证其完整性的前提下，遵循系统整体优化、循环再生和区域分异的原则，在坚持经济发展与保护生态的基础上进行科学规划和适度发展，促进自然资源合理开发利用与经济社会协调发展。

## 五、利用石漠化综合治理生态工程，探索石漠化综合治理与扶贫开发同向同行协同发展模式

滇桂黔生态脆弱地区属于典型的高原山地构造地形，碳酸盐类岩石分布广，石漠化面积大，是世界上喀斯特地貌发育最典型的地区之一。① 严重的石漠化问题，不仅威胁着滇桂黔生态脆弱地区的生态安全，而且制约了滇桂黔生态脆弱地区的可持续发展。为遏制滇桂黔生态脆弱地区日益缺

① 滇桂黔石漠化片区区域发展与扶贫攻坚规划（2011—2020 年）［EB/OL］. http://cn. chinagate. cn/infocus/2013 -09/24/content_30114043_2. htm.

乏的生态资源和日益脆弱的生态系统态势，增加滇桂黔生态脆弱地区自然资本，滇桂黔生态脆弱地区依托石漠化综合治理，探索石漠化综合治理与扶贫开发同向同行协同发展的模式，即山顶盖被子、山腰系带子、山脚搭梯子、平地铺毯子、入户建池子、移位换脑子的“六子登科”模式。云南文山壮族苗族自治州西畴县、广西百色隆林各族自治县、广西百色靖西市等片区实施“六子登科”模式，取得了显著成效。下文以云南文山壮族苗族自治州西畴县为例，阐述“六子登科”模式。

### （一）山顶“盖被子”

山顶“盖被子”，就是指通过封山育林、退耕还林、人工造林、公益林保护等渠道恢复生态植被。西畴县人多地少，人均耕地只有0.73亩。为增加耕地面积，西畴县生态环境遭到严重破坏。全县森林覆盖率由20世纪50年代的60.2%降低至20世纪90年代初的25%[①]，水土流失严重，裸露、半裸露的喀斯特山区占全县面积的75.4%，潜在石漠化呈现恶化态势，被澳大利亚地质专家称为“基本失去人类生存条件的地方”。[②] 为遏制石漠化恶化态势，西畴人民大力推进“山、水、林、田、路、村”的石漠化综合治理。2012年以来，全县共治理石漠化140.2平方千米，封山育林12.62万亩，人工造林3.35万亩，森林覆盖率从20世纪90年代初的25%提高到2019年的53.3%。[③] 2019年，全年新增造林面积5.77万亩，其中，种植经济林4.01万亩，新育苗面积122亩，零星植树55万株。林业产业总产值达15368万元，增长16.0%。[④] 为使退耕还林还草工程顺利进行，西畴县提供了充足的资金保障。2019年，西畴县退耕还林还草的预算数是6208万元。2020年，西畴县退耕还林还草的预算数是6849万元。2020年

① 马忠俊．弘扬“西畴精神” 实施“六子登科” 在石漠化地区创造绿色生态家园[J]．创造，2011(5)：78－81.

② 韩斌，凌经球．云南省西畴县：加快绿色转型美丽发展[N]．学习时报，2020－11－25(4).

③ 本报编辑部．“石头地”里种出新希望——云南省西畴县脱贫记[J]．乡村科技，2019(16)：7.

④ 2019年西畴县国民经济和社会发展统计公报[EB/OL]．https://www.xczw.gov.cn/zfxxgk/fdzdgknr/jjjs/content_19230.

西畴县退耕还林还草的预算数比 2019 年的预算数增长 10.3%。[①] 西畴县的绿色发展使西畴县的荒山变绿山，山顶盖上了厚厚的绿被子。

**（二）山腰“系带子”**

山腰“系带子”，就是指退耕还林发展经济林带。西畴县利用退耕还林的政策，根据西畴县荒山腰部的地质结构、土壤营养成分、气候特征等情况，大力发展特色经济林，如核桃、春椿等。全县累计建成核桃等经济林 20 余万亩[②]，增加了农民收入，山腰开启了“绿色银行”。

**（三）山脚“搭梯子”**

山脚“搭梯子”，就是指对坡度 15 度以上、25 度以下的有改造条件的缓坡地和石旮旯地实行“坡改梯”，以减少水土流失，改善耕作条件，提高土地产出率。20 年来，累计治理小流域面积 186.03 平方千米，新增灌溉面积 7650 亩，有效解决了饮用水不安全问题。[③] 2019 年，划定生态保护红线 4.6 万公顷，确保基本农田 1.8 万公顷。[④] 西畴县严守生态红线，使得绿色发展底色更亮。

**（四）平地“铺毯子”**

平地“铺毯子”，就是指改造中低产田、提高土壤肥力、增加粮食产量。西畴县累计改造中低产田地 2.67 万亩，修建水库 12 座，农田水利设施逐步完善。2019 年，西畴县完成土地整治 1.58 万亩，新增补充耕地 825 亩。[⑤] 农民人均产粮由 1990 年的 245 千克提高到 2019 年的 424.4 千克，农民人均收入由 1990 年的 185 元提高到 2019 年的 10565 元。[⑥]

**（五）入户“建池子”**

入户“建池子”，就是指发展家庭沼气池，推广清洁能源，改善农村

---

① 关于西畴县 2019 年地方财政预算执行情况和 2020 年地方财政预算（草案）的报告[EB/OL]. https://www.xczw.gov.cn/zfxxgk/fdzdgknr/czxx/content_18188.

②③ 马忠俊. 弘扬“西畴精神” 实施“六子登科” 在石漠化地区创造绿色生态家园[J]. 创造,2011(5):78-81.

④⑤ 2020 年西畴县人民政府工作报告[EB/OL]. https://www.xczw.gov.cn/zwyw/tzgg/content_11818.

⑥ 马忠俊. 弘扬“西畴精神” 实施“六子登科” 在石漠化地区创造绿色生态家园[J]. 创造,2011(5):78-81.

的能源结构。20 年来，累计实施农村节能改灶 6.7 万眼，推广太阳能 0.7 万平方米，改造率达 82%。① 沼气、太阳能等清洁能源的使用，不仅解决了能源短缺问题，还带来了清新的空气、澄澈的水源。2018 年，西畴县空气优良率达 100%。② 2019 年，西畴县空气、水、土壤、重点污染源等考核指标达标，县城污水处理率、城镇生活垃圾收集处理率均达 100%。③

**（六）移位"换脑子"**

移位"换脑子"，就是指针对一方水土养不起一方人的片区实施易地搬迁、针对生计资本比较匮乏的片区实施劳务输出等。20 年来，西畴县累计实施易地搬迁 669 户 24799 人。在实施易地搬迁的同时，还实施劳务输出。2010 年年末，外出务工人员达 5 万以上，占全县农村总人口的 21.4%。④ 易地搬迁和劳务输出缓解了西畴县人地矛盾，减轻了西畴县生态压力，增加了西畴县人民收入。2019 年，西畴县城镇常住居民人均可支配收入 29492 元，同比增长 7.9%；农村常住居民人均可支配收入 10565 元，同期增长 10.6%。⑤

---

① 马忠俊. 弘扬"西畴精神" 实施"六子登科" 在石漠化地区创造绿色生态家园[J]. 创造,2011(5):78-81.

② 2019 年西畴县人民政府工作报告[EB/OL]. http://www.ahmhxc.com/gongzuobaogao/18704_2.html.

③ 2020 年西畴县人民政府工作报告[EB/OL]. https://www.xczw.gov.cn/zwyw/tzgg/content_11818.

④ 马忠俊. 弘扬"西畴精神" 实施"六子登科" 在石漠化地区创造绿色生态家园[J]. 创造,2011(5):78-81.

⑤ 2020 年西畴县人民政府工作报告[EB/OL]. https://www.xczw.gov.cn/zwyw/tzgg/content_11818.

# 第六章　推动形成滇桂黔生态脆弱地区绿色发展本土化模式的路径

滇桂黔生态脆弱地区脆弱的生态环境是由于先天自然因素和后天人为因素造成的。先天自然因素主要是指滇桂黔生态脆弱地区本身地形地貌、自然气候、土壤质地及自然植被等结构因素。后天人为因素主要是指人类经济与社会活动对滇桂黔生态脆弱地区生态环境脆弱性的强烈干扰。根据现有的技术条件，滇桂黔生态脆弱地区先天脆弱的自然因素无法从根本上得到改变。为有效应对滇桂黔生态脆弱地区植被破坏、土壤侵蚀、石漠化面积扩大的态势，必须从改变人类不合理的活动入手，更新发展理念，提供制度保障，制定扶持政策，建立机制约束，实施技术推动，形成绿色发展方式和生活方式，走生产发展、生活富裕、生态良好的绿色发展之路。

## 第一节　更新理念

### 一、更新滇桂黔生态脆弱地区发展观，树立内涵集约型发展观

习近平总书记指出："生态环境问题归根结底是经济发展方式问题。"①改善滇桂黔脆弱的生态环境需要转变经济发展方式，将外延扩张型的发展方式转变为内涵集约型的发展方式，依靠调整产业结构、创新管理模式、提高劳动者素质等渠道扩大生态系统的容量和增加生态供给量，通过滇桂黔生态脆弱地区的绿色发展来改善滇桂黔生态脆弱地区脆弱的生态环境。

① 中共中央文献研究室．习近平关于社会主义生态文明建设论述摘编[M]．北京：中央文献出版社，2017：26.

### （一）更新农业发展观，将粗放外延式生产方式转向集约循环式生产方式

滇桂黔生态脆弱地区以喀斯特地貌为主，石灰岩分布广泛，山高沟深，土层浅薄，成片耕地面积少，零散耕地面积多，梯田多，人均耕地只有0.99亩。传统粗放的农业生产方式已经无以为继，只能转变生产方式，将生态优势转变成发展优势。如广西开展“绿满八桂”造林绿化重大工程，探索出“猪—沼—果”等多种生态农业发展模式、种养与培育后续产业相结合的产业发展模式。山县古零镇弄拉屯长期坚持造林绿化，形成“山顶林、山腰竹、山脚药果、地上粮桑”立体生态发展模式。①

### （二）更新产业发展观，将第一产业转向第一产业、第二产业、第三产业融合发展

滇桂黔生态脆弱地区在植树造林、治理石漠化的同时，不仅石漠化恶化趋势得到扭转，而且森林覆盖率提高、林下经济效益好、生态旅游态势好、贫困人口和贫困发生率急剧降低。2016年，云南石漠化片区完成营造林75.97万亩，森林覆盖率由“十一五”末的31%提高到2016年的42.5%。② 经过大规模植树造林，天峨县喀斯特石漠化山区披上“绿装”。2017年年底，天峨县森林覆盖率达79.93%，土壤水源涵养能力大大增强。③ 2019年，云南省林下经济面积达6800万亩，经济林面积达6610万亩，生态旅游、森林康养产业产值突破150亿元，林业产业总产值达2309亿元。④ 目前弄拉山上森林茂密，生态环境良好，生态旅游产业也火起来了，各地游客纷至沓来。弄拉旅游专业合作社目前成员有150人。2007年

---

① 从秃山到青山的蝶变——广西石漠化治理10年再现发展生机[EB/OL].http://www.gov.cn/xinwen/2018-11/27/content_5343754.htm.

② 石漠化片区成云南森林覆盖率增长最快区域[EB/OL].http://www.gov.cn/xinwen/2017-08/08/content_5216700.htm.

③ 从秃山到青山的蝶变——广西石漠化治理10年再现发展生机[EB/OL].http://www.gov.cn/xinwen/2018-11/27/content_5343754.htm.

④ 唐勇军，张玉娇，刘晓霞．林草扶贫：好生态，好生活！[N]．中国绿色时报，2020-05-28(006).

弄拉屯村民人均收入不足3000元，2017年达到1.9万多元。[①] 在岩溶治理方面，云南石漠化片区实施岩溶治理面积超过430平方千米。2016年云南石漠化片区贫困人口减少13.1万人，贫困发生率由2015年的11.5%下降到2016年的9.3%。[②]

## 二、更新滇桂黔生态脆弱地区政绩观，树立保护生态环境就是保护生产力的政绩观

习近平总书记指出："保护生态环境就是保护生产力，改善生态环境就是发展生产力。"[③] 中国是一个人口众多但物质资源相对匮乏的大国，传统高消耗、高污染、高排放的生产方式使中国一跃成为世界第二大经济体，仅次于美国。中国国内生产总值由1978年的3678.7亿元增加到2019年的990865.1亿元，1979—2019年平均增长速度为9.4%。中国人均国内生产总值由1978年的385元增加到2019年的70724.6元，1979—2018年平均增长速度为8.4%。[④] 中国经济在快速发展的同时，也付出了惨重的环境代价：消费了世界上21%的能源，排放了26%的二氧化硫、28%的氮氧化物、25%的二氧化碳。[⑤] 习近平总书记告诫我们："人类对大自然的伤害最终会伤及人类自身，这是无法抗拒的规律。"[⑥] 为此，滇桂黔生态脆弱地区需要更新政绩观，树立保护生态环境就是保护生产力的科学政绩观。

### （一）树立植树造林政绩观，保护滇桂黔生态脆弱地区的脆弱环境

为遏制滇桂黔生态脆弱地区水土流失、石漠化恶化态势，需要植树造林。第一，加强生态公益林建设。生态公益林具有涵养水源、水土保持、防护江河、防护水库、防护农田等功效。为遏制滇桂黔生态脆弱地区的水

---

① 从秃山到青山的蝶变——广西石漠化治理10年再现发展生机[EB/OL]. http://www.gov.cn/xinwen/2018-11/27/content_5343754.htm.

② 石漠化片区成云南森林覆盖率增长最快区域[EB/OL]. http://www.gov.cn/xinwen/2017-08/08/content_5216700.htm.

③ 中共中央文献研究室，编. 习近平关于社会主义生态文明建设论述摘编[M]. 北京：中央文献出版社，2017：23.

④ 国家统计局. 中国统计年鉴（2020）[M]. 北京：中国统计出版社，2020：4-5.

⑤ 吕忠梅. 从后果控制到风险预防　中国环境法的重要转型[J]. 中国生态文明，2019（1）：10-14.

⑥ 习近平. 决胜全面建成小康社会　夺取新时代中国特色社会主义伟大胜利——在中国共产党第十九次全国代表大会上的报告[M]. 北京：人民出版社，2017：50.

土流失，需要在滇桂黔生态脆弱地区、长江上游、珠江—西江上游等区域加强以水土保持林、水源涵养林、水库防护林、农田防护林、江河护岸林为主体的生态公益林建设，促进滇桂黔生态脆弱地区、长江上游、珠江—西江上游防护林更新换代，切实提升滇桂黔生态脆弱地区、长江上游、珠江—西江上游防护林生态防护功能。① 第二，加强生态经济型防护林建设。从生态保护与经济发展的视角，根据区域特点，大力发展生态经济型防护林体系，提升森林涵养水源功能，遏制水土流失和耕地石漠化。

**（二）树立生态保护红线政绩观，加大滇桂黔生态脆弱地区脆弱环境保护力度**

习近平总书记指出："在生态环境保护问题上，就是要不能越雷池一步，否则就应该受到惩罚。"② 生态保护红线的实质是生态环境安全的底线，包括生态功能保障基线、环境质量安全底线、自然资源利用上限。严守生态保护红线，目的是促进人口增长与资源环境相均衡、经济发展与社会生态效益相统一。严守滇桂黔生态脆弱地区生态保护红线，有利于保护滇桂黔生态脆弱地区脆弱的生态环境，控制滇桂黔生态脆弱地区污染物的排放总量，促进滇桂黔生态脆弱地区能源、水、土地等资源的高效利用。第一，科学划定滇桂黔生态脆弱地区林地、森林、湿地、物种等生态保护红线，将城镇饮用水水源地、江河湖库周边地区、自然保护区等划定为重要生态地区，实施严格的生态保护和管控，促进生态环境的休养生息。第二，科学划定滇桂黔生态脆弱地区生态公益林和经济林界线，严格保护滇桂黔生态脆弱地区生态公益林，严禁在滇桂黔生态脆弱地区生态公益林范围内发展经济林。第三，科学开展滇桂黔生态脆弱地区生态保护与开发确权划界工作，推进滇桂黔生态脆弱地区生态保护与开发确权登记。

**（三）树立沿岸沿边生态保护政绩观，构建滇桂黔生态脆弱地区沿岸沿边的绿色生态走廊**

滇桂黔生态脆弱地区地处云南、贵州、广西的交会处，境内有诸多河

① 中华人民共和国中央人民政府．关于印发珠江—西江经济带发展规划的通知[EB/OL]. http://www.gov.cn/xinwen/2014-08/01/content_2728213.htm.

② 习近平．习近平谈治国理政：第一卷[M]．北京：外文出版社，2014：209.

流。另外，滇桂黔生态脆弱地区西南与越南接壤，陆地边境线长 795.5 千米。① 为此，需要加强沿岸沿边生态保护，构建滇桂黔生态脆弱地区沿岸沿边的绿色生态走廊。第一，加强滇桂黔生态脆弱地区沿岸生态保护，构建滇桂黔生态脆弱地区沿岸的绿色生态走廊。滇桂黔生态脆弱地区地处长江、珠江—西江上游，境内有红水河、左江、右江、融江、资江、百都河等主要河流。② 加强沿江生态保护，在长江上游、珠江—西江上游、红水河、左江、右江、融江、资江、百都河等主要河流沿岸两侧划出一定范围，加强生态修复和林草植被覆盖，打造滇桂黔生态脆弱地区沿岸的绿色生态走廊。第二，加强滇桂黔生态脆弱地区沿边生态保护，构建滇桂黔生态脆弱地区沿边的绿色生态走廊。滇桂黔生态脆弱地区西南毗邻越南，滇桂黔生态脆弱地区片区的宁明、龙州、大新、靖西、那坡五县与越南接壤，陆地边境线长 795.5 千米，占广西陆地边境线的 78%。③ 加强沿边生态保护，在滇桂黔生态脆弱地区与越南接壤的陆地边境线划出一定范围，加强生态修复和林草植被覆盖，打造滇桂黔生态脆弱地区沿边的绿色生态走廊。

## 三、更新滇桂黔生态脆弱地区财富观，树立“绿水青山就是金山银山”的财富观

习近平总书记指出：“绿色生态是最大财富、最大优势、最大品牌。”④ 习近平生态文明思想为滇桂黔生态脆弱地区绿色发展提供了理论依据和实践遵循。滇桂黔生态脆弱地区一定要保护好喀斯特地貌、治理好水土流失、做好显山露水的文章，走出一条“绿水青山”变“金山银山”的新路子。

### （一）树立自然财富观，积极投资滇桂黔生态脆弱地区自然资源

自然财富观，是指人们在长期的实践中所形成的对空气、气候、水、

①②③ 滇桂黔石漠化片区区域发展与扶贫攻坚规划（2011—2020 年）[EB/OL]. http://cn.chinagate.cn/infocus/2013-09/24/content_30114043_2.htm.

④ 中共中央文献研究室. 习近平关于社会主义生态文明建设论述摘编[M]. 北京：中央文献出版社，2017：33.

土地、森林、草地等自然资源生态功能的一种看法。习近平总书记指出，“环境就是民生，青山就是美丽，蓝天也是幸福”①，“良好的生态环境是最普惠的民生福祉”②。习近平总书记从自然资源、环境的净化能力、臭氧层以及各种环境和生态功能等视角给滇桂黔生态脆弱地区大力投资自然资源，积极实施生态工程、封山育林、退耕还林、植树造林、提高森林覆盖率等举措，降低土壤侵蚀程度，减轻水土流失强度，遏制潜在石漠化演变为石漠化，提供了思路和方向。要树立自然财富观，积极投资滇桂黔生态脆弱地区自然资源。第一，积极投资滇桂黔生态脆弱地区植被资源，提高滇桂黔生态脆弱地区森林覆盖率。滇桂黔生态脆弱地区乱石嶙峋，植被稀疏，干旱和洪涝灾害频发。投资滇桂黔生态脆弱地区植被资源，通过实施天然林保护、退耕还林、石漠化综合治理等项目，使滇桂黔生态脆弱地区植被逐步恢复，使滇桂黔生态脆弱地区植被固土防水能力逐渐提高。第二，积极投资滇桂黔生态脆弱地区水资源，提高滇桂黔生态脆弱地区水能利用效率。滇桂黔生态脆弱地区雨热同期，降雨充沛，水资源丰富，但是地貌的“二元结构”导致地表水资源极其匮乏。投资滇桂黔生态脆弱地区水资源，通过实施治理水污染项目、防止水污染项目及建立地头水柜、大型水库、大型水力发电站等措施，使滇桂黔生态脆弱地区江、河等流域的地表水碧波荡漾，使滇桂黔生态脆弱地区“水资源”变成“水财源”。第三，积极投资滇桂黔生态脆弱地区土壤资源，提高滇桂黔生态脆弱地区耕地产出效率。滇桂黔生态脆弱地区人均耕地资源匮乏，土壤浅薄，且营养成分较少，产出效能较低。投资滇桂黔生态脆弱地区土壤资源，通过实施滇桂黔生态脆弱地区土壤修复工程，改变滇桂黔生态脆弱地区土壤营养结构，提升滇桂黔生态脆弱地区土壤肥力。

### （二）树立生态财富观，积极发展滇桂黔生态脆弱地区绿色产业

生态财富观，是指在习近平“两山”理论指导下，人们通过投资自然，将“绿水青山”转变成“金山银山”的一种思想观念。树立生态财富

---

① 习近平．在省部级主要领导干部学习贯彻党的十八届五中全会精神专题研讨班上的讲话［M］．北京：人民出版社，2016：19．

② 习近平．习近平谈治国理政：第三卷［M］．北京：外文出版社，2020：362．

观，积极发展滇桂黔生态脆弱地区绿色产业。

第一，立足滇桂黔生态脆弱地区脆弱生态环境，调整滇桂黔生态脆弱地区产业结构。如滇桂黔生态脆弱地区的百色市立足百色市生态环境，调整农业产业结构，将“以粮为纲”调整为“以果为纲”，积极种植杧果。目前，广西百色已成为全国最大的杧果生产基地，种植面积呈递增态势，如图6－1所示。

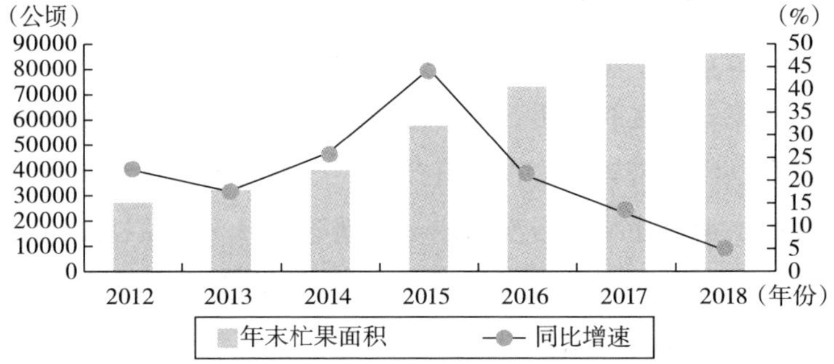


**图6－1　2012—2018年百色杧果年末种植面积及同比增速**

资料来源：中商产业研究院大数据库。

随着百色杧果年末种植面积的扩大，百色杧果产量也呈平稳增长趋势，如图6－2所示。百色杧果产业日益成为解决劳动力就业、增加农民收入、振兴乡村经济、拉动百色经济发展的重要引擎。这不仅遏制了石漠化恶化态势，而且解决了老区人民的温饱问题。

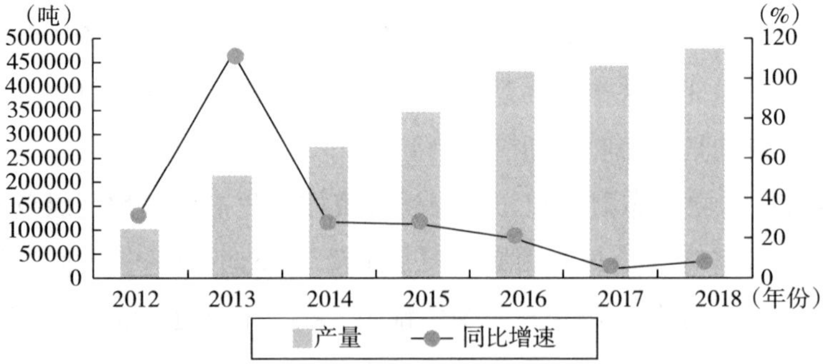


**图6－2　2012—2018年百色杧果产量及同比增速**

资料来源：中商产业研究院大数据库。

第二，以调整的产业结构为依托，大力促进第一、第二、第三产业融合发展。如滇桂黔生态脆弱地区的百色市依托现有的杧果产业，一方面大力发展杧果深加工，带动第二产业发展；另一方面与新农村建设相结合，大力发展农业休闲旅游，带动第三产业发展。可以说，“小”杧果，勾勒出百色市现代特色产业发展“大”宏图。

第三，以退耕还林为契机，因地制宜，大力发展木本油料林、果木林、药用林等经济林。如黔东南、遵义等地着力把“望天田”等不适合耕作的土地退耕还草、还竹、还林，力争建设500万亩工业原料林、80万亩生态茶园、50万亩油茶基地，让生态文明发展水平和百姓收入同步提高。①

**（三）树立社会财富观，积极研发滇桂黔生态脆弱地区生态产品**

社会财富观，是指以“山水林田湖是一个生命共同体”为指导，人们树立的良好生态环境会促进社会安定团结的一种思维方式。随着人民生活水平的提高，人民群众对清澈水质、清新空气、清洁环境等生态产品的需求越来越强烈。如果这些清澈水质、清新空气、清洁环境等生态产品不能满足人民群众的需求，将会引发群体性事件或者社会动荡。为此，从整个社会安定团结的视角出发，需要树立社会财富观，积极研发滇桂黔生态脆弱地区生态产品。第一，积极实施滇桂黔生态脆弱地区环境美化工程，为滇桂黔生态脆弱地区人民群众提供天蓝地绿、山清水秀、花红柳绿、枝繁叶茂、小桥流水、鸟语花香等舒心的生态环境产品。第二，积极研发滇桂黔生态脆弱地区生态物质产品，为滇桂黔生态脆弱地区人民群众提供耗能少、可循环、易降解、少污染的生态物质产品。第三，积极创造滇桂黔生态脆弱地区生态精神产品，为滇桂黔生态脆弱地区人民群众提供内容积极健康、形式活泼多样的视频、音频、图片、故事等生态精神产品。第四，积极研发滇桂黔生态脆弱地区生态服务产品，为滇桂黔生态脆弱地区人民群众提供程序少、易操作、效率高、态度好的生态服务产品。

---

① 资料来源：http://www.ynly.gov.cn/8415/8477/118042.html。

## 第二节　制度保障

习近平总书记指出："保护生态环境必须依靠制度、依靠法治。只有实行最严格的制度、最严密的法治，才能为生态文明建设提供可靠保障。"①党的十八届三中全会通过的《中共中央关于全面深化改革若干重大问题的决定》、党的十八届四中全会通过的《中共中央关于全面推进依法治国若干重大问题的决定》以及《中共中央、国务院关于加快推进生态文明建设的意见》中，都有"用最严格制度保护生态环境"的要求。② 党的十九届五中全会通过的《中共中央关于制定国民经济和社会发展第十四个五年规划和二〇三五年远景目标的建议》中明确提出："强化绿色发展的法律和政策保障。"③ 滇桂黔生态脆弱地区生态保护与建设法律体系不健全、规章制度不完善，导致环境监察与行政执法能力薄弱，资源过度开发、人为破坏生态等仍是引发滇桂黔生态脆弱地区植被退化、水土流失、土地石漠化的主要因素。为此，需要加快健全滇桂黔生态脆弱地区绿色发展法律制度和滇桂黔生态脆弱地区绿色发展规章制度，为滇桂黔生态脆弱地区绿色发展提供制度保障。

### 一、健全滇桂黔生态脆弱地区绿色发展法律制度

#### （一）完善滇桂黔生态脆弱地区绿色发展专项法律制度

滇桂黔生态脆弱地区绿色发展专项法律制度，是指保障和支撑滇桂黔生态脆弱地区绿色发展有法可依、有法必依、执法必严、违法必究的制度体系。第一，加强立法，将生态环境保护纳入法制轨道。滇桂黔生态脆弱地区根据自身生态脆弱的特点和面临的严峻生态环境保护任务，加快制定滇桂黔生态脆弱地区《生态环境保护法》《生态补偿条例》《荒漠治理法》

① 中共中央文献研究室．习近平关于社会主义生态文明建设论述摘编[M]．北京：中央文献出版社，2017：99.

② 吕忠梅．用法治思维和法治方式　促进生态文明体制改革[J]．中国生态文明，2018(6)：19－21.

③ 新华网．中共中央关于制定国民经济和社会发展第十四个五年规划和二〇三五年远景目标的建议[EB/OL]．http://www.xinhuanet.com/politics/2020－11/03/c_1126693293.htm.

《野生植物保护法》《环境影响评价法》《化肥使用管理法》《农药污染防治法》《有毒有害化学品污染防治法》等法律法规①，为滇桂黔生态脆弱地区绿色发展有法可依提供法律依据。第二，健全执法队伍，提高执法能力。滇桂黔生态脆弱地区完善滇桂黔生态脆弱地区生态环境保护行政执法体制，健全滇桂黔生态脆弱地区高素质执法队伍，强化滇桂黔生态脆弱地区行政执法能力，为滇桂黔生态脆弱地区绿色发展专项法律制度落实、落细提供保障。第三，严格执法，加大执法力度。滇桂黔生态脆弱地区严格按照法律法规，对滇桂黔生态脆弱地区资源不合理利用、乱砍滥伐、非法采矿等人为破坏自然生态资源的单位或个人依法追究责任。

### （二）完善滇桂黔生态脆弱地区生态资源损害赔偿法律制度

达标追责一直是国际通用惯例。如荷兰法律明确规定："废弃物堆存经营者，对在堆存场所关闭前堆存物污染空气、水或土地，在堆存场所关闭前或关闭后造成的损害承担责任。"也就是"谁污染，谁担责，谁赔偿"。长期以来，作为污染源头的企业秉持排污达标的理念，对公共环境权益的破坏置之不理。针对这一现象，6 月初，最高人民法院发布了司法解释，明确指出因污染造成的损害，无论有无过错，污染者都应当承担侵权责任。针对污染者以排污达标为由规避责任，法院不予支持。② 这一司法解释一方面有利于提醒企业承担公共环境责任，另一方面为公众寻求司法救助提供渠道。为强化滇桂黔生态脆弱地区企业的公共环境责任，需要完善滇桂黔生态脆弱地区生态资源损害赔偿法律制度。第一，建立滇桂黔生态脆弱地区生态资源损害赔偿专项法律，将企业环境责任纳入法制轨道。滇桂黔生态脆弱地区生态脆弱，为了减少人为因素对滇桂黔生态脆弱地区生态环境的破坏，需要根据企业对生态资源的损害程度建立生态资源损害赔偿专项法律。第二，加强执法，追究违法企业的法律责任。滇桂黔生态脆弱地区依照滇桂黔生态脆弱地区生态资源损害赔偿专项法律，对企业在运行中出现的损害生态资源的行为依法追究责任。第三，加强引导，

---

① 朱玲．绿色财政政策——治理西部生态环境的首选政策[J]．陕西林业科技，2008(2)：154－156,188.

② 孙秀艳．排污达标是底线还是目标？[J]．环境经济，2015(Z4)：53.

敦促企业主动承担公共环境责任。为了避免走先污染、后治理的道路，滇桂黔生态脆弱地区需要对企业加强引导。在滇桂黔生态脆弱地区开设的企业，除严格按照排污标准进行排污外，还要积极主动地承担公共环境责任，优先采用绿色工艺、绿色设备等使环境污染损害赔偿降至最低点。

## 二、健全滇桂黔生态脆弱地区绿色发展规章制度

### （一）健全滇桂黔生态脆弱地区生态资本产权制度

根据资本参与经济活动的情况，可以将资本分为物质资本、金融资本、人力资本、生态资本。生态资本一般包括空气、水、土壤、植被等资源以及伴生的环境生态系统。生态资本产权是生态资本集占有、使用、收益、处分于一体的权利，是生态资本参与经济活动，发挥其积极作用的前提。2008 年，联合国环境规划署提出绿色倡议后，中国各地如雨后春笋般纷纷出台“增绿”计划。时隔几年，环境保护部对各地的增绿情况进行评估，结果发现中国经济增长整体上依然依靠重化工业拉动。如滇桂黔生态脆弱地区所在省区的广西地区生产总值由 2008 年的 6455. 43 亿元增加到 2019 年的 21237. 14 亿元,[①] 与此同时，能源消费总量由 2008 年的 6054. 22 万吨标准煤增加到 2019 年的 11270. 05 万吨标准煤,[②] 能源消费弹性系数由 2008 年的 0. 65 增加到 2019 年的 0. 68，电力消费弹性系数由 2008 年的 0. 91 增加到 2019 年的 2. 0。2019 年，能源消费比上年增长 4. 1%，电力消费比上年增长 12. 0%，地区生产总值比上年增长 6. 0%。[③] 增绿计划落实不到位一个很重要的因素是生态资本产权不明确。产权不明晰，规范不明确，市场交易渠道不畅通，就无法调动大家的积极性、主动性、能动性。因此，明确生态资本内涵、对生态资本进行确权、建立生态资本产权交易制度，显得尤为迫切和必要。第一，健全碳排放权交易制度。滇桂黔生态

---

① 广西统计年鉴 2020. 广西地区生产总值及增长速度[EB/OL]. http://tjj. gxzf. gov. cn//tjsj/tjnj/material/tjnj20200415/2020/zk/indexch. htm.

② 广西统计年鉴 2020. 能源生产、消费总量（1978—2019 年）[EB/OL]. http://tjj. gxzf. gov. cn//tjsj/tjnj/material/tjnj20200415/2020/zk/indexch. htm.

③ 广西统计年鉴 2020. 能源消费弹性系数[EB/OL]. http://tjj. gxzf. gov. cn//tjsj/tjnj/material/tjnj20200415/2020/zk/indexch. htm.

脆弱地区碳排放权交易制度，是指滇桂黔生态脆弱地区的各级政府为了保护滇桂黔生态脆弱地区气候，控制滇桂黔生态脆弱地区对化石燃料无节制开采而大规模排放温室气体，对滇桂黔生态脆弱地区的单位、企业或者商店按照经营状况发放碳排放指标。如果滇桂黔生态脆弱地区某企业节能减排，碳排放指标没有使用完毕，可以把剩余部分拿到市场上进行交易。建立滇桂黔生态脆弱地区碳排放权交易制度，有利于减少滇桂黔生态脆弱地区各种温室气体排放量、保护滇桂黔生态脆弱地区森林资源、合理利用滇桂黔生态脆弱地区土地资源、优化利用滇桂黔生态脆弱地区各种能源等。第二，健全排污权有偿使用和交易制度。滇桂黔生态脆弱地区排污权有偿使用和交易制度，是指滇桂黔生态脆弱地区的各级政府以保护生态环境为目的，根据滇桂黔生态脆弱地区环境承载能力，确定滇桂黔生态脆弱地区各个片区可以接受的排污总量，然后再依据经济发展与生态环境相适应的原则将排污总量分割成相应单元后分派给使用者。拥有相应排污权的使用者按照政府分派的单元排放污染物，也可以根据商品交换的原则将排污权与其他使用者进行交易。建立滇桂黔生态脆弱地区排污权有偿使用和交易制度，有利于保护滇桂黔生态脆弱地区生态环境和促进滇桂黔生态脆弱地区环境资源的优化配置。第三，健全水权交易制度。滇桂黔生态脆弱地区水权交易制度，是指滇桂黔生态脆弱地区的各级政府以提高水资源利用效率为目的，对滇桂黔生态脆弱地区的单位、企业、商店、居民等使用者按照一定原则分配水权指标，并允许水权所有者之间自由交易。建立滇桂黔生态脆弱地区水权交易制度，有利于提高水资源的利用效率，减少因过度开发水资源而造成的对生态环境的破坏。

**（二）健全滇桂黔生态脆弱地区生态补偿制度**

生态补偿制度是基于生态环境的正外部性，以生态环境整治及恢复为主要内容，以增强和促进生态系统良性发展为目的，以经济调节为手段，以法律为保障，使生态服务、产品的受益者对提供者给予经济上补偿的新型环境管理制度。生态补偿制度主要分为开发类补偿和保护类补偿。开发类补偿，是指国家对于开发利用自然生态资源的主体进行收费，一方面该费用体现国家凭借自然生态资源所有权获得所有者收益，另一方面国家将该费用用于生态恢复或者生态修复，实现对于自然生态资源因开发而受损的补偿，如政府通过直接给予财政补贴、财政援助、优惠贷款、减免收费、实施利率优惠、劳保待遇等进行补偿。保护类补偿，是指以自然生态资源保护为目的，对保护自然生态资源的主体进行补偿，[①] 如对因环境保护丧失发展机会的区域内的单位或者个人，给予资金、技术、实物上的补偿，政策上的优惠，税收上的优惠等。[②] 生态补偿的方式主要有政府补偿、社会补偿、市场补偿等。[③] 滇桂黔生态脆弱地区按照“谁开发、谁保护，谁破坏、谁恢复，谁受益、谁补偿，谁耕耘、谁收获”原则，[④] 积极探索与加快建立科学合理的生态补偿制度。第一，按照“谁开发、谁保护”原则，制定滇桂黔生态脆弱地区开发性生态补偿制度，在开发的同时向开发主体征收自然生态资源保护费，用于生态修复，从而使滇桂黔生态脆弱地区生态修复与经济发展相协调。第二，按照“谁破坏、谁恢复”原则，制定滇桂黔生态脆弱地区恢复性生态补偿制度，向破坏自然生态资源的单位或者个人征收治理费，用于生态恢复，从而使滇桂黔生态脆弱地区生态恢复与经济发展相衔接。第三，按照“谁受益、谁补偿”原则，建立滇桂黔生态脆弱地区省际横向生态补偿制度，以税收附加形式向生态环境受益者征收生态效益补偿资金，用于对因环境保护丧失发展机会的滇桂黔生态脆弱地区的单位或者个人，从而鼓励更多的单位或者个人参与到滇桂黔生态脆弱地区自然生态资源的保护与建设之中。第四，按照“谁耕耘、谁收获”原则，建立滇桂黔生态脆弱地区国家倾销政策生态补偿制度，国家通过实施生态建设项目和生态保护财政转移支付等形式，向生态安全做出公益性贡献的滇桂黔生态脆弱地区实施倾斜政策，以增加滇桂黔生态脆弱地区资金投入，促进地区间公共服务均等化。

---

① 张云飞．生态补偿制度[J]．绿色中国，2017(23)：59－61.

② 吕忠梅．超越与保守——可持续发展视野下的环境法创新[M]．北京：法律出版社，2003.

③ 陆维研，杨朔，董琰，等．建立湿地生态效益补偿制度的必要性及可行性分析[J]．安徽农业科学，2007(21)：6570－6572.

④ 李波．贵州民族地区生态文明建设的理论与实践探索[J]．贵州大学学报(社会科学版)，2010(2)：13－19.

## 第三节 政策扶持

滇桂黔生态脆弱地区经济发展相对滞后，产业发展水平较低，经济基础薄弱，当地财政收入水平较低，没有足够的资金进行自然生态资源的保护和生态产品的研发。为此，需要国家出台投资、产业、财政、税收、金融、土地、人才等政策予以扶持。

### 一、完善滇桂黔生态脆弱地区绿色发展投资政策

绿色投资是以保护环境、合理开发利用自然资源，推进绿色发展为目的，以投资为杠杆，对绿色发展地区制定和实施一系列投资政策措施的总和。绿色投资的主要内容有绿色投资规模、绿色投资结构、绿色投资技术、绿色投资管理等。滇桂黔生态脆弱地区山区居多，基础设施条件相对落后，工程项目的施工条件复杂多变，建设中面临复杂的外部挑战。为此，激励更多资金投资于滇桂黔生态脆弱地区绿色发展，需要完善滇桂黔生态脆弱地区绿色发展投资政策。

#### （一）完善滇桂黔生态脆弱地区绿色投资规模政策

绿色投资规模主要是指投资自然资本的经济规模。推动滇桂黔生态脆弱地区绿色发展，完善滇桂黔生态脆弱地区绿色投资规模政策。第一，完善中央投资规模政策。中央加大对滇桂黔生态脆弱地区绿色发展的投资额度，并根据中国经济发展实际情况和滇桂黔生态脆弱地区绿色发展的实际情况制定最低投资额度。第二，完善滇桂黔生态脆弱地区所在省区投资规模政策。滇桂黔生态脆弱地区所在省区加大对滇桂黔生态脆弱地区绿色发展的投资额度，并根据滇桂黔生态脆弱地区所在省区经济发展实际情况和滇桂黔生态脆弱地区绿色发展的实际情况制定最低投资额度。第三，完善滇桂黔生态脆弱地区有关部门投资规模政策。滇桂黔生态脆弱地区有关部门加大对滇桂黔生态脆弱地区绿色发展的投资额度，并根据滇桂黔生态脆弱地区经济发展实际情况和滇桂黔生态脆弱地区绿色发展的实际情况制定最低投资额度。

### （二）完善滇桂黔生态脆弱地区绿色投资结构政策

绿色投资结构主要是指投资自然资本的具体领域。推动滇桂黔生态脆弱地区绿色发展，完善滇桂黔生态脆弱地区绿色投资结构政策，第一，完善中央的投资结构政策。为促进滇桂黔生态脆弱地区绿色发展，中央投资向滇桂黔生态脆弱地区工业产业、扶贫开发、民生工程、基础设施和生态环境等领域倾斜。第二，完善滇桂黔生态脆弱地区所在省区有关部门的投资结构政策。为促进滇桂黔生态脆弱地区绿色发展，滇桂黔生态脆弱地区所在省区有关部门投资向滇桂黔生态脆弱地区公路、铁路、民航、服务产业、环保产业等领域倾斜。第三，完善滇桂黔生态脆弱地区有关部门投资结构政策。为促进滇桂黔生态脆弱地区绿色发展，滇桂黔生态脆弱地区有关部门投资向滇桂黔生态脆弱地区农业产业、农村小型基础设施建设、污染防治、植树造林、退耕还林等领域倾斜。

### （三）完善滇桂黔生态脆弱地区绿色投资技术政策

绿色投资技术主要是指投资绿色设备、绿色工艺、绿色新技术研发等。推动滇桂黔生态脆弱地区绿色发展，完善滇桂黔生态脆弱地区绿色投资技术政策。第一，加大对滇桂黔生态脆弱地区研发绿色新技术的投入力度。首先，鼓励研发绿色新技术。滇桂黔生态脆弱地区税务部门从税收优惠的视角鼓励滇桂黔生态脆弱地区企业根据滇桂黔生态脆弱地区生态环境和资源分布的实际情况，研发节约能源、保护环境的绿色新技术。其次，鼓励使用绿色新技术。滇桂黔生态脆弱地区财政部门对滇桂黔生态脆弱地区使用绿色新技术的企业，根据绿色新技术使用情况，实施财政补贴。第二，加大对滇桂黔生态脆弱地区更新设备的投入力度。首先，鼓励优先使用节能设备。滇桂黔生态脆弱地区财政、税务等部门对滇桂黔生态脆弱地区购买节能设备的企业实施财政补贴、税收优惠、小额信贷，对滇桂黔生态脆弱地区更新耗能设备的企业实施“以旧换新”政策。其次，限制使用耗能设备。滇桂黔生态脆弱地区税务部门对滇桂黔生态脆弱地区购买耗能设备的企业，根据耗能情况实施超额累进税。第三，加大对滇桂黔生态脆弱地区采用绿色工艺的投入力度。首先，鼓励研发绿色工艺。滇桂黔生态脆弱地区税务部门从税收优惠的视角鼓励滇桂黔生态脆弱地区企业根据滇桂黔生态脆弱地区生态环境和资源分布的实际情况，研发节约能源、保护环境的绿色工艺。其次，鼓励使用绿色工艺。滇桂黔生态脆弱地区财政部门对滇桂黔生态脆弱地区使用绿色工艺的企业，根据绿色工艺使用情况，实施财政补贴。

## 二、完善滇桂黔生态脆弱地区绿色发展产业政策

绿色产业是以保护环境、合理开发利用自然资源、推进绿色发展为目的，以产业为杠杆，引导绿色发展地区淘汰高耗能产业，积极发展清洁能源产业的一系列产业政策措施的总和。绿色产业的主要内容有绿色产业管理、绿色产业结构、绿色产业营销等。为激励更多的资金用于滇桂黔生态脆弱地区绿色产业，需要完善滇桂黔生态脆弱地区绿色发展产业政策。

### （一）完善滇桂黔生态脆弱地区绿色产业管理政策

根据《绿色产业指导目录（2019 年版）》，绿色产业分为节能环保产业、清洁生产产业、清洁能源产业、生态环境产业、基础设施绿色升级、绿色服务。[①] 加强绿色产业管理，完善滇桂黔生态脆弱地区绿色产业管理政策。第一，完善绿色产业规划。针对滇桂黔生态脆弱地区资源与环境特点，编制适合滇桂黔生态脆弱地区持续发展的生态保护与修复示范产业规划。第二，完善绿色产业指导目录。根据滇桂黔生态脆弱地区脆弱生态环境，研究制定控制滇桂黔生态脆弱地区生态退化、恢复滇桂黔生态脆弱地区生态系统功能、改善滇桂黔生态脆弱地区生态环境质量的绿色产业指导目录。第三，完善绿色产业准入政策。滇桂黔生态脆弱地区根据自身产业发展的实际情况，尽快制定滇桂黔生态脆弱地区绿色产业准入标准，对新建项目进行节能减排、环境影响评估。[②] 第四，完善绿色产业考核政策。滇桂黔生态脆弱地区根据自身绿色产业实施情况，参照绿色产业评价指标体系对滇桂黔生态脆弱地区绿色产业进行考核。第五，完善绿色产业退出

① 中华人民共和国国家发展和改革委员会．关于印发《绿色产业指导目录（2019 年版）》的通知[EB/OL]. https://www.ndrc.gov.cn/fggz/hjyzy/stwmjs/201903/t20190305_1220625.html.

② 曹春芳，曹杭．建设绿色发展型财政[J]．中国财政，2013(11)：75－76.

政策。滇桂黔生态脆弱地区参照自身绿色产业考核情况，对考核不合格的绿色产业实施退出机制。

**（二）完善滇桂黔生态脆弱地区绿色产业结构政策**

绿色产业结构是以产业的社会福祉水平为基准评价的产业结构状况。绿色产业结构主要包括产业的绿色 GDP 水平、产业结构自我调整能力、产业发展的可持续性、产业发展对改善生态环境的有机功能等。优化绿色产业结构，完善滇桂黔生态脆弱地区绿色产业结构政策。第一，完善绿色第一、第二、第三产业结构政策。首先，优化第一产业结构，加大对旱作农业、节水农业、循环农业等生态农业的政策倾斜力度。其次，优化第二产业结构，加大对 IT 产业、生物技术产业、清洁能源产业等高科技生态工业的政策倾斜力度斜力度。最后，优化第三产业结构，加大对生态旅游、非物质文化旅游、“互联网 +” 电商等生态服务业的政策倾斜力度。第二，完善绿色第一、第二、第三产业融合发展政策。滇桂黔生态脆弱地区绿色产业面临产业链短、附加值低、竞争力弱等现实问题。为延长滇桂黔生态脆弱地区绿色产业的产业链，提高滇桂黔生态脆弱地区绿色产业的附加值，提升滇桂黔生态脆弱地区绿色产业的竞争力，滇桂黔生态脆弱地区绿色产业需要走第一、第二、第三产业融合发展的道路。首先，立足实际，做大绿色产业的规模。如滇桂黔生态脆弱地区百色市立足地方实际，调整农产品结构，大力扩大杧果种植面积。目前，百色市杧果种植面积已经超过 100 万亩。其次，加强研发，做大绿色产业的质量。如滇桂黔生态脆弱地区百色市为了延长百色杧果的产业链，提高百色杧果的附加值，大力发展杧果深加工产业，将杧果加工成杧果浓缩汁、杧果原浆、杧果果糕、杧果果干、杧果腌制品、杧果果酱、杧果罐头、糖浆等多种加工品。最后，拓宽市场，做大绿色产业的品牌。如滇桂黔生态脆弱地区百色市以国内大循环为主体，国内国际双循环为新发展格局，拓宽百色杧果销售市场。百色杧果走出百色，走向东南亚，成为国家农产品地理标志登记产品。第三，完善各类鼓励类产业政策。首先，落实国家西部大开发各项产业政策。国家大型项目、重点工程和新兴产业，适合在滇桂黔生态脆弱地区发展的要优先安排，积极引导新技术、新材料、新能源产业向滇桂黔生态脆弱地区转移。[①] 其次，落实设在西部地区的鼓励类产业政策。按照《关于深入实施西部大开发战略有关税收政策问题的通知》，对设在西部地区的鼓励类产业（是指以《西部地区鼓励类产业目录》中规定的产业项目为主营业务，且其主营业务收入占企业收入总额 70% 以上的企业），减按 15% 的税率征收企业所得税的文件要求，滇桂黔生态脆弱地区对设在滇桂黔生态脆弱地区的鼓励类产业，减按 15% 的税率征收企业所得税。最后，研发设在滇桂黔生态脆弱地区的专门鼓励类产业政策。为有效治理滇桂黔生态脆弱地区石漠化，促进滇桂黔生态脆弱地区供给侧结构性改革，滇桂黔生态脆弱地区需要制定《滇桂黔生态脆弱地区鼓励类产业目录》并出台专门鼓励类产业政策。如滇桂黔生态脆弱地区对设在滇桂黔生态脆弱地区的专门鼓励类产业，减按 20% 的税率征收企业所得税，并免除企业所得税地方分享部分。

**（三）完善滇桂黔生态脆弱地区绿色产业营销政策**

绿色产业营销是以满足消费者绿色消费需要和经济可持续发展生态需要为目标，以企业消除或减少产品对生态环境的影响为前提，按照节约资源、保护环境的基本原则而选择和确定的一种企业盈利与生态良好相互促进的营销模式。优化绿色产业营销策略，完善滇桂黔生态脆弱地区绿色产业营销政策。第一，完善绿色商品政策。绿色商品是指那些生产、使用、回收处置等整个产品寿命周期过程符合特定的环保要求，对生态环境和人体健康无害，并有利于资源再回归的产品。[②] 完善滇桂黔生态脆弱地区绿色商品政策，首先，鼓励滇桂黔生态脆弱地区企业生产绿色商品，并给予小额信贷、税收优惠、财政补贴。其次，反对滇桂黔生态脆弱地区企业生产的商品过度包装，过度消耗能源、资源，并对过度包装，过度消耗能源、资源的商品实施超额累进税。第二，完善绿色价格政策。绿色价格是与绿色产品相适应的一种定价方式，是绿色商品价值的货币表现形式。完善滇桂黔生态脆弱地区绿色价值政策。首先，根据“环境和资源的有偿使

---

① 林红．滇桂黔石漠化片区扶贫开发路径探索[J]．民营科技，2014(9)：251－252.

② 王金洲．绿色营销的理论探讨[J]．江汉石油学院学报，1999(2)：57－58.

用”原则，鼓励滇桂黔生态脆弱地区企业将保护生态环境和维护消费者健康而耗费的支出纳入绿色商品的成本。其次，根据“污染者付费”的原则，向滇桂黔生态脆弱地区高耗能、高排放、高污染企业征收排污费。通过征收排污费增加非绿色商品的成本，降低非绿色商品的价格竞争力，提高绿色商品的价格竞争力。第三，完善绿色促销政策。绿色促销是以提升绿色商品销售量为目的，营销者向消费者传递有关绿色商品的各种信息，吸引消费者购买绿色商品的一种促销手段。完善滇桂黔生态脆弱地区绿色促销政策。首先，参与ISO 14000认证，树立绿色企业形象。ISO 14000认证系列标准是目前世界上最具权威性的环境管理标准。① 滇桂黔生态脆弱地区企业应积极参与ISO 14000认证，树立绿色企业形象，为绿色促销打下坚实的基础。其次，运用心理学理论，制定促销手段。滇桂黔生态脆弱地区绿色商品营销者应运用心理学基本理论，研判消费者的心理需求、产品预期、消费倾向等，采取合适的促销手段大力宣传绿色商品在节约资源、保护环境、人体健康等方面的优势。最后，遵循国际惯例，积极争取“绿色标志”。② 滇桂黔生态脆弱地区企业要在商品的研制、开发、生产、运输、销售、使用、处置等过程中符合环境保护的规定，争取获得绿色标志，为生产的绿色商品打破“绿色贸易壁垒”、融入国际大市场奠定绿色基础。

## 三、完善滇桂黔生态脆弱地区绿色发展财政政策

绿色财政是以保护环境、合理开发利用自然资源、推进绿色发展为目的，以宏观调整为杠杆，对绿色发展地区实施一系列财政政策措施的总和。绿色财政的主要内容有绿色财政支出、绿色转移支付、绿色政府采购、绿色财政管理等。为有效鼓励滇桂黔生态脆弱地区实施退耕还林、植树造林、生态移民、库区移民、实施生态治理系统工程，筹措更多的资金用于滇桂黔生态脆弱地区绿色发展，需要完善滇桂黔生态脆弱地区绿色发展财政政策。

---

① 李小丽，周灏．绿色营销：环境与经济的双赢[J]．江苏商论，2004(7)：66－68.

② 王金洲．绿色营销的理论探讨[J]．江汉石油学院学报，1999(2)：57－58.

**（一）完善滇桂黔生态脆弱地区绿色财政支出政策**

绿色财政支出是在绿色发展条件下，政府为满足社会对绿色公共产品和绿色服务的需要而进行的“绿色”财政支付。为促进滇桂黔生态脆弱地区绿色发展、满足人民群众对绿色公共产品和绿色服务的需要，需要完善滇桂黔生态脆弱地区绿色财政支出政策。第一，中央政府加大对滇桂黔生态脆弱地区绿色发展的财政支出。滇桂黔生态脆弱地区位于长江、珠江—西江上游，对长江、珠江—西江两大流域中下游地区可持续性发展具有深远的影响。为此，从长江经济带和珠江—西江经济带跨越式发展的层面，中央政府加大对滇桂黔生态脆弱地区节能减排、封山育林、飞播造林、人工造林、生态治理等绿色发展的财政支出，支持滇桂黔生态脆弱地区将秃山变绿山、石漠变绿洲、陡坡变果园。第二，滇桂黔三省区加大对滇桂黔生态脆弱地区绿色发展的财政支出。滇桂黔生态脆弱地区涉及滇桂黔 3 省区 15 个地（市、州）、91 个县（区、市），是滇桂黔三省区生态最脆弱、发展最滞后的片区，是滇桂黔三省区的短板、弱项，严重制约了滇桂黔三省区各项指标在全国各项指标的占比，严重制约了滇桂黔三省区总体经济指标在全世界总体经济指标的占比。为此，为提升滇桂黔三省区各项指标在全国各项指标的占比，需要滇桂黔三省区加强协同，加大对滇桂黔生态脆弱地区绿色发展的财政支出，调整滇桂黔生态脆弱地区经济发展结构，转变滇桂黔生态脆弱地区经济发展方式，转换滇桂黔生态脆弱地区经济发展动能，从绿色发展中探求经济发展的增长点、生长点、着力点。第三，滇桂黔生态脆弱地区政府加大对滇桂黔生态脆弱地区绿色发展的财政支出。滇桂黔生态脆弱地区面临水土流失严重、生态系统退化、生物多样性丧失等严重生态环境问题。为实现滇桂黔生态脆弱地区的可持续发展，需要滇桂黔生态脆弱地区政府加大对滇桂黔生态脆弱地区植树造林、水土保持等绿色发展的财政支出。

**（二）完善滇桂黔生态脆弱地区绿色转移支付政策**

绿色转移支付，是指为提高生态产品和生态服务的有效供给，中央财政或生态服务受益区政府通过生态补偿的方式向生态服务提供区的政府支付一定的财政资金。为激励滇桂黔生态脆弱地区提高生态产品和生态服务的有效供给，需要完善政府间转移支付制度，加大对滇桂黔生态脆弱地区绿色转移支付力度。第一，完善纵向绿色转移支付政策。纵向绿色转移支付主要是指中央对地方绿色发展的专项拨款，如“生态护林员”专项拨款、“退耕还林”专项拨款、“湿地公园”专项拨款。滇桂黔生态脆弱地区经济发展相对滞后、财力匮乏，需要中央财政加大对滇桂黔生态脆弱地区“石漠化治理”“退耕还林”“水土保持”等专项转移支付力度，支持滇桂黔生态脆弱地区转方式、调结构、换动能，走绿色发展之路。第二，完善横向绿色转移支付政策。横向绿色转移支付主要是按照“谁受益、谁付费”的原则，由生态服务受益区政府向生态服务提供区政府支付一定的财政资金。滇桂黔生态脆弱地区绿色发展具有正经济外部性，为长江经济带中下游发展和珠江—西江经济带中下游发展提供了重要的生态屏障。为实现长江经济带中下游的可持续发展和珠江—西江经济带中下游的可持续发展，长江经济带中下游各级政府和珠江—西江经济带中下游各级政府需要向滇桂黔生态脆弱地区各级政府支付一定的财政资金，以激励滇桂黔生态脆弱地区各级政府提高生态产品和生态服务的有效供给。

### （三）完善滇桂黔生态脆弱地区绿色政府采购政策

绿色政府采购，是指政府通过优先采购环境友好的产品和服务、禁止采购高污染的产品和服务等一系列政策措施，引导企业在投资、生产、销售各环节优先考虑保护环境、节约资源，进而实现经济发展与环境保护相适应的目标。为促进滇桂黔生态脆弱地区经济发展与环境保护相适应，需要完善滇桂黔生态脆弱地区绿色政府采购政策。第一，优先采购环境友好的产品和服务。滇桂黔生态脆弱地区各级事业单位和社会团体在采购时，在功效、服务、性能等指标同等条件下，优先采购环境标志产品，引导企业加强清洁生产、资源再利用和自主创新。① 第二，禁止采购高耗能的产品和服务。滇桂黔生态脆弱地区各级事业单位和社会团体在采购时，在功效、服务、性能等指标同等条件下，优先淘汰高耗能、高污染、对人体健康有危害的产品和服务，引导企业更新设备、改进技术、改善经营管理。

① 曹春芳，曹杭．建设绿色发展型财政［J］．中国财政，2013（11）：75－76.

## 四、完善滇桂黔生态脆弱地区绿色发展税收政策

绿色税收（green taxation）是以保护环境、合理开发利用自然资源，推进绿色发展为目的，以税收为杠杆，对纳税人投资于防治污染或保护环境的资产所给予的税收减免（tax relief），或对污染行业或使用污染物征收的税。[①] 绿色税收主要包括两方面内容：一方面是为保护环境、合理开发利用自然资源而特定征收的各种税；另一方面是为保护环境、合理开发利用自然资源而采取的各种税收措施。为有效鼓励滇桂黔生态脆弱地区的企业有效利用资源和综合回收"废弃物"，动员和激励更多企业投资于滇桂黔生态脆弱地区绿色发展，需要完善滇桂黔生态脆弱地区绿色发展税收政策。

### （一）完善滇桂黔生态脆弱地区税收减免政策

税收减免，是指国家根据政治、经济、社会发展的需要，在一定时期内对依法从事某种生产经济活动的纳税人和征税对象采取减少征税或者免予征税的特殊政策。以保护环境为目的，完善滇桂黔生态脆弱地区税收减免政策。第一，完善对节能、治污等公益企业的税收减免政策。滇桂黔生态脆弱地区对企业从事国家重点扶持的公共基础设施项目投资经营所得以及环境保护、节能节水项目所得，按照税收法律法规的规定，实施"三免三减半"政策。第二，完善对自然生态资源高效利用企业的税收减免政策。滇桂黔生态脆弱地区对采用绿色设备、绿色工艺、绿色管理，促进滇桂黔生态脆弱地区自然生态资源高效利用的单位，按照税收法律法规的规定，在计算企业所得税应纳税所得额时，减按90%计入收入总额。第三，完善对"三废"企业的税收减免政策。《财政部、国家税务总局关于企业所得税若干优惠政策的通知》规定"企业利用废水、废气、废渣等废弃物为主要原料进行生产的，可在五年内减征或者免征所得税"。滇桂黔生态脆弱地区对"三废"综合利用的单位按照《财政部、国家税务总局关于企业所得税若干优惠政策的通知》规定实施税收减免政策。第四，完善对鼓

---

① 荷兰国际财税文献局．IBFD国际税收词汇：第7版［M］．《IBFD国际税收词汇》翻译组，译．北京：中国税务出版社，2016：216.

励性产业企业的税收减免政策。对符合滇桂黔生态脆弱地区税收优惠条件的鼓励类产业企业，按照税收法律法规的规定，减按15%税率征收企业所得税。

### （二）完善滇桂黔生态脆弱地区税收征收政策

税收征收，是指因某种原因，税务机关按照税收法律法规的规定，向纳税人征税的一种税收政策。以防止污染为目的，完善滇桂黔生态脆弱地区税收征收政策。第一，完善对高污染企业的税收征收政策。为实现滇桂黔生态脆弱地区经济发展、能源节约与环境保护的共赢，滇桂黔生态脆弱地区各级税务机关按照税收法律法规的规定，向滇桂黔生态脆弱地区高耗能、高污染企业征收排污税或者能源消费税，向滇桂黔生态脆弱地区一些主要污染物和污染环境行为开征绿色税种，如垃圾税、水污染税、土壤污染税、二氧化硫税、二氧化碳税等。[①] 第二，完善对限制污染产品和污染项目的税收征收政策。为促进滇桂黔生态脆弱地区供给侧结构性改革，促进滇桂黔生态脆弱地区经济由数量型向质量型飞跃，滇桂黔生态脆弱地区各级税务机关按照税收法律法规的规定，向滇桂黔生态脆弱地区限制污染产品和污染项目实施税收征收政策。第三，完善对高耗能产品的税收征收政策。为促进滇桂黔生态脆弱地区形成绿色生产方式，对滇桂黔生态脆弱地区高耗能、高污染产品征收能源税。

### （三）完善滇桂黔生态脆弱地区税收退税政策

税收退税，是指因某种原因，税务机关将已征税款按规定程序，退给原纳税人的一种税收政策。以鼓励绿色发展为目的，完善滇桂黔生态脆弱地区税收退税政策。第一，依法对鼓励性产业实施投资退税。为了鼓励滇桂黔生态脆弱地区软件产业和集成电路产业的发展，依据《财政部、国家税务总局关于企业所得税若干优惠政策的通知》，对投资于滇桂黔生态脆弱地区软件产业和集成电路产业的投资者实施税收退税政策。按照税收法律法规的规定，国内投资者和国外投资者依据其注册资本，在规定的经营

---

① 窦晓冉．推动绿色发展的税收政策选择[J]．市场研究，2018(3)：59－60.

期内实施不同比例的退税政策。[①] 第二，依法对生态标准产品实施出口退税。为发挥滇桂黔生态脆弱地区生态优势，鼓励滇桂黔生态脆弱地区出口生态标志产品，对滇桂黔生态脆弱地区的生态标准产品实施出口退税差别税率政策。第三，依法对进口国内不能生产的绿色设备实施进口退税。为促进滇桂黔生态脆弱地区生产设备更新换代，鼓励滇桂黔生态脆弱地区产业绿色化发展，对滇桂黔生态脆弱地区进口国内不能生产的绿色设备实施进口退税差别税率政策。

## 五、完善滇桂黔生态脆弱地区绿色发展金融政策

绿色金融，是指为支持环境改善、应对气候变化和资源节约高效利用的经济活动所提供的金融服务。绿色金融服务包括绿色信贷、绿色债券、绿色股票、绿色发展基金、绿色保险、相关政策支持经济向绿色化转型的制度安排等。[②] 党的十九届五中全会通过的《中共中央关于制定国民经济和社会发展第十四个五年规划和二〇三五年远景目标的建议》中明确提出："发展绿色金融，支持绿色技术创新，推进清洁生产，发展环保产业，推进重点行业和重要领域绿色化改造。"[③] 为有效抑制滇桂黔生态脆弱地区污染性投资，促进滇桂黔生态脆弱地区绿色技术创新、清洁生产和重点领域的绿色化改造，动员和激励更多社会资本投入滇桂黔生态脆弱地区绿色发展，需要完善滇桂黔生态脆弱地区绿色发展金融政策。

### （一）完善滇桂黔生态脆弱地区绿色信贷政策

绿色信贷，是指国家环境保护总局、中国人民银行、中国银监会三部门为遏制高耗能、高污染产业的盲目扩张，于 2007 年 7 月 12 日联合出台《关于落实环保政策法规 防范信贷风险的意见》，提出将通过绿色金融杠

① 财政部. 国家税务总局关于企业所得税若干优惠政策的通知[J]. 中华人民共和国财政部文告,2008(5):26－28.

② 中华人民共和国生态环境部. 关于构建绿色金融体系的指导意见[EB/OL]. http://www.mee.gov.cn/gkml/hbb/gwy/201611/t20161124_368163.htm.

③ 新华网. 中共中央关于制定国民经济和社会发展第十四个五年规划和二〇三五年远景目标的建议[EB/OL]. http://www.xinhuanet.com/politics/2020－11/03/c_1126693293.htm.

杆来实现环保调控。[①] 完善滇桂黔生态脆弱地区绿色信贷政策。第一，完善滇桂黔生态脆弱地区绿色生产信贷政策。首先，加强信贷事前评估，切实加强新建项目环保实施“三同时”管理。新建项目在建设之前，滇桂黔生态脆弱地区各级环保部门需要对新建项目的环保情况进行评估，并将评估情况通报给滇桂黔生态脆弱地区人民银行、银监会和金融机构。金融机构依据环保部门的通报情况，严格贷款审批、发放和监督管理。其次，加强信贷过程监管，根据绿色信贷执行情况为已建项目提供不同的绿色信贷政策。滇桂黔生态脆弱地区各级环保部门积极调研已经获得绿色信贷支持项目的环保情况，对在节约资源、保护环境方面做得比较到位的项目，继续积极提供绿色信贷；对高耗能、高污染、低产出的项目，引导其改进技术，并合理控制绿色信贷投放；对限制类和淘汰类的项目，采取措施收回已发放的贷款，并停止各种形式的新增信贷。最后，加强信贷业绩评价，引导金融部门继续向绿色项目发放信贷。滇桂黔生态脆弱地区建立银行绿色评价机制，对开展绿色金融业务业绩比较好的金融机构，给予更优的信贷政策或者更高的信贷补贴。[②] 第二，完善滇桂黔生态脆弱地区绿色消费信贷政策。首先，加强宣传，积极投放绿色消费信贷。滇桂黔生态脆弱地区金融机构根据滇桂黔生态脆弱地区人民群众的收入状况、消费倾向等积极投放不同类型的绿色消费信贷，并通过各种渠道积极宣传绿色消费信贷，使滇桂黔生态脆弱地区人民群众了解绿色消费信贷。其次，加强引导，积极开展绿色消费信贷业务。滇桂黔生态脆弱地区金融机构根据实际情况，积极开展新能源汽车、绿色建筑、新能源与可再生能源产品、设施等绿色产品相关的绿色消费信贷业务，引导滇桂黔生态脆弱地区人民群众消费绿色产品。最后，加强诚信，建立绿色信贷消费积分制。[③] 滇桂黔生态脆弱地区金融机构根据滇桂黔生态脆弱地区人民群众消费绿色产品的情况建立绿色信贷消费积分制，一方面，增强滇桂黔生态脆弱地区人民群众的诚信意识；另一方面，强化滇桂黔生态脆弱地区人民群众的绿色消费意

①② 国家环境保护总局政策法规司.《关于落实环境保护政策法规 防范信贷风险的意见》的解读[J]. 环境保护,2007(15):9-10.

③ 国家十部委联合提出关于促进绿色消费的指导意见[J]. 有色冶金节能,2016(3):1-3.

识。第三，完善滇桂黔生态脆弱地区绿色扶贫贴息贷款政策。首先，拓宽融资渠道，扩大金融机构的覆盖面。一方面，滇桂黔生态脆弱地区多方面拓宽融资渠道，积极支持和引导滇桂黔生态脆弱地区符合条件的企业上市融资和发行短期融资券、中期票据等直接融资工具。另一方面，滇桂黔生态脆弱地区深化农村信用社改革，优化金融网点布局，尽快实现滇桂黔生态脆弱地区金融机构全覆盖。其次，开展小额信用贷款业务，开通“小额信贷公司 + 农户”贷款直通车模式。一方面，滇桂黔生态脆弱地区大力发展小额信贷，鼓励发展适合农村特点和需要的各种微型金融服务，发挥微型金融在绿色发展中的作用。[①] 另一方面，滇桂黔生态脆弱地区大力发展农户小额信用贷款和农户小额理赔保险项目，探索建立“小额信贷公司 + 农户”贷款直通车模式、“小额理赔保险 + 农户”理赔直通车模式，切实方便农户的生产和理赔。

**（二）完善滇桂黔生态脆弱地区绿色发展基金政策**

绿色发展基金，是指为建设美丽中国，大力推进生态文明建设，广泛发动社会力量进行捐赠而设立的一种公益性基金。完善滇桂黔生态脆弱地区绿色发展基金政策。第一，设立中央财政支持滇桂黔生态脆弱地区绿色发展专项基金。为体现中央政府对滇桂黔生态脆弱地区绿色发展的支持，中央财政需要整合现有节能环保等专项资金，设立滇桂黔生态脆弱地区绿色发展专项基金，用于滇桂黔生态脆弱地区产业结构调整、石漠化治理、植树造林及其他绿色公益项目。第二，设立滇桂黔生态脆弱地区地方财政支持滇桂黔生态脆弱地区绿色发展专项基金。为体现滇桂黔生态脆弱地区地方政府对滇桂黔生态脆弱地区绿色发展的支持，滇桂黔生态脆弱地区地方财政需要整合现有节能环保等专项资金，设立滇桂黔生态脆弱地区绿色发展专项基金，用于滇桂黔生态脆弱地区研发绿色工艺、绿色设备、湿地保护与建设等绿色公益项目。第三，设立民间支持滇桂黔生态脆弱地区绿色发展专项基金。为广泛发动社会力量支持滇桂黔生态脆弱地区绿色发展，滇桂黔生态脆弱地区需要设立民间支持滇桂黔生态脆弱地区绿色发展

---

① 林红．滇桂黔石漠化片区扶贫开发路径探索[J]．民营科技，2014(9)：251－252.

专项基金，用于滇桂黔生态脆弱地区专家咨询、城镇绿化、国际绿色发展交流等绿色公益项目。[①]

### （三）完善滇桂黔生态脆弱地区绿色保险政策

绿色保险是以被保险人因污染空气、水源、土壤，依法应承担赔偿责任作为保险对象，以保险公司向因环境污染遭到损害的第三者依法承担赔偿责任的一种保险。完善滇桂黔生态脆弱地区绿色发展保险政策。第一，减少污染事故发生，严格实行环境责任强制保险。滇桂黔生态脆弱地区对滇桂黔生态脆弱地区从事矿业开发、铝合金产业的单位，严格实行环境责任强制保险。滇桂黔生态脆弱地区实行环境责任强制保险，有利于通过市场化的手段保护环境，化解环境纠纷、分散环境风险，为环境侵权人提供环境风险监控，为环境受害者提供及时补偿、有效保护等。第二，鼓励绿色产品和服务，开展绿色产品和服务保险业务。滇桂黔生态脆弱地区需要淘汰落后、耗能的产品和服务，鼓励研发和提供绿色产品和服务。滇桂黔生态脆弱地区为了研发和提供绿色产品和服务，需要提供开展绿色产品和服务的保险业务。如积极开展新能源汽车保险业务，为新能源汽车的研发提供保险保障；积极开展绿色建设保险业务，为绿色建筑的快速发展提供保险保障等。[②] 第三，鼓励养殖业发展，积极开展养殖业环境污染风险管理。滇桂黔生态脆弱地区积极推动养殖业发展，鼓励滇桂黔生态脆弱地区保险机构参与滇桂黔生态脆弱地区养殖业环境污染风险管理，建立滇桂黔生态脆弱地区农业保险理赔与病死牲畜无害化处理联动机制。第四，鼓励果木林发展，建立与气候变化相关的巨灾保险制度。滇桂黔生态脆弱地区积极调整农业产业结构，因地制宜发展果木林。为保障果木林生产者的根本利益，鼓励滇桂黔生态脆弱地区建立与气候变化相关的巨灾保险制度。[③]

---

① 国家环境保护总局政策法规司.《关于落实环境保护政策法规 防范信贷风险的意见》的解读[J]. 环境保护,2007(15):9－10.

② 国家十部委联合提出关于促进绿色消费的指导意见[J]. 有色冶金节能,2016(3):1－3.

③ 国家环境保护总局政策法规司.《关于落实环境保护政策法规 防范信贷风险的意见》的解读[J]. 环境保护,2007(15):9－10.

## 六、完善滇桂黔生态脆弱地区绿色发展土地政策

### （一）完善滇桂黔生态脆弱地区绿色发展土地治理政策

土地资源是滇桂黔生态脆弱地区绿色发展的生产资料，也是制约滇桂黔生态脆弱地区绿色发展质量的重要因素。为遏制滇桂黔生态脆弱地区水土流失、土地荒漠化、土壤污染等，需要完善滇桂黔生态脆弱地区绿色发展土地治理政策。第一，科学规划滇桂黔生态脆弱地区土地资源，严防水土流失。首先，科学规划滇桂黔生态脆弱地区土地资源。根据滇桂黔生态脆弱地区土地利用总体规划，在各项土地利用调控指标控制下，统筹安排耕地保护、城乡建设、基础设施建设、产业发展和生态建设等方面用地规模、结构、布局和时序。其次，严防水土流失。为了在开发、利用中保护滇桂黔生态脆弱地区土地资源，严禁在25度以上的坡地开荒，严禁在森林地进行不合理的耕作，严禁滥采林产品、破坏草皮、滥牧或过度放牧的各种生产经营方式，严禁不合理的林间采挖，培育食用菌、烧炭、烧砖、开矿、采石等副业生产活动。第二，提高土壤肥力，防止土地污染和土质恶化。一方面，滇桂黔生态脆弱地区通过推广节水、节肥、节药技术，改善滇桂黔生态脆弱地区土壤生态结构；另一方面，滇桂黔生态脆弱地区严防由于不合理耕作造成土地板结、肥力丧失和由于不合理的工程建设造成土地酸化、盐碱化等现象。第三，贯彻落实《土地管理法》，严防滥占滥用农业用地。一方面，滇桂黔生态脆弱地区贯彻落实《土地管理法》，划清农业用地和非农业用地的界线；另一方面，滇桂黔生态脆弱地区保护基本农田，严防各种非农业项目占用良田。第四，在土地使用上，优先满足生态移民对土地的需求。在土地使用上，滇桂黔生态脆弱地区采用城乡统筹“土地增加挂钩”政策，新增建设用地指标要优先满足滇桂黔生态脆弱地区生态移民建房需求，使滇桂黔生态脆弱地区生态移民享有土地政策优先权。①

### （二）完善滇桂黔生态脆弱地区绿色发展土地“三权分置”政策

2016年10月30日，中共中央办公厅、国务院办公厅印发了《关于完

---

① 林红．滇桂黔石漠化片区扶贫开发路径探索[J]．民营科技，2014(9)：251－252.

善农村土地所有权承包权经营权分置办法的意见》，明确提出将土地承包经营权分为承包权和经营权，实行所有权、承包权、经营权“三权分置”。[①] 完善滇桂黔生态脆弱地区绿色发展土地“三权分置”政策。第一，保障农村土地集体所有权。首先，明确农村集体土地所有权的范围。滇桂黔生态脆弱地区农村集体土地所有权的集体土地，包括属于农民集体所有的建设用地、农用地和未利用地。[②] 其次，农村集体土地确权登记颁证。滇桂黔生态脆弱地区农村土地农民集体所有是滇桂黔生态脆弱地区农村基本经营制度的基础，是滇桂黔生态脆弱地区农村土地农民集体所有权人依法享有占有、使用、收益、处分等各项权利的保证。为保障滇桂黔生态脆弱地区农村土地集体所有权，需要实行滇桂黔生态脆弱地区农村集体土地确权登记，并给已经确权的滇桂黔生态脆弱地区农村集体土地颁发证书。第二，保护农户承包权。首先，明确农户承包权的各项权利。滇桂黔生态脆弱地区农户承包权是滇桂黔生态脆弱地区农户依法对承包土地享有占有、使用、收益等各项权利的根本。在农村土地集体所有权的前提下，滇桂黔生态脆弱地区承包农户有权占有、使用承包地，依法依规建设必要的农业生产、附属、配套设施，自主组织生产经营和处置产品并获得收益等。其次，保护农户承包权的各项权利。在农村土地集体所有权的前提下，任何组织和个人不得强迫或限制滇桂黔生态脆弱地区承包农户流转土地。若滇桂黔生态脆弱地区承包农户的承包土地被征收的，滇桂黔生态脆弱地区承包农户有权依法获得相应补偿等。[③] 第三，放活土地经营权。首先，明确土地经营权人的各项权利。滇桂黔生态脆弱地区土地经营权是滇桂黔生态脆弱地区土地经营权人依法对流转土地享有在一定期限内占有、

---

① 中华人民共和国中央人民政府．中共中央办公厅　国务院办公厅印发《关于完善农村土地所有权承包权经营权分置办法的意见》[EB/OL]. http://www.gov.cn/xinwen/2016-10/30/content_5126200.htm.

② 佘玥，刘忠岫．十八大以来中国农村土地政策的创新发展研究[J]．农学学报，2020(12)：121-124.

③ 中华人民共和国中央人民政府．中共中央办公厅　国务院办公厅印发《关于完善农村土地所有权承包权经营权分置办法的意见》[EB/OL]. http://www.gov.cn/xinwen/2016-10/30/content_5126200.htm.

耕作并取得相应收益的权利。在农村土地集体所有权和农户承包权的前提下，滇桂黔生态脆弱地区土地经营权人有权使用流转土地自主从事农业生产经营并获得相应收益。其次，保护土地经营权人的各项权利。在农村土地集体所有权和农户承包权的前提下，滇桂黔生态脆弱地区土地经营权人享有在流转合同到期后按照同等条件优先续租承包土地的权利。[①]

**（三）完善滇桂黔生态脆弱地区绿色发展土地补贴政策**

为保护滇桂黔生态脆弱地区有限的耕地资源，滇桂黔生态脆弱地区实行绿色种植制度。第一，用养结合，实行轮作补助政策。滇桂黔生态脆弱地区广西片区的农业农村厅、财政厅印发了《广西 2020 年双季稻轮作试点工作方案》，明确指出滇桂黔生态脆弱地区百色市双季稻轮作试点的基本情况，其中，“稻稻肥”面积 0. 37 万亩，“稻稻菜”面积 0. 50 万亩，总计轮作面积 0. 87 万亩。为发展稻稻油、稻稻菜、稻稻肥、稻稻薯等轮作模式，中央下达每亩不超过 150 元的补助标准。[②] 第二，休养耕地，实行休耕补助政策。滇桂黔生态脆弱地区耕地属于地下水漏斗区、生态严重退化地区。为使该区的耕地得到休养生息，实行“一季休耕、一季雨养”或全年两季休耕。在休耕的同时，对耕地种植绿肥以及治理修复等管护措施，确保急用之时用得上、产得出。中央按照不同休耕模式，下达每亩 500 ~ 800 元的补助标准。第三，调整供给结构，实行生产者补贴政策。根据滇桂黔生态脆弱地区耕地营养成分、气候类型和全国农产品的供给情况，调整滇桂黔生态脆弱地区农作物种植面积，并对调整后的农作物按照种植面积进行补贴，如种植油茶补贴、种植八角补贴、种植杧果补贴等。

---

① 中华人民共和国中央人民政府．中共中央办公厅 国务院办公厅印发《关于完善农村土地所有权承包权经营权分置办法的意见》[EB/OL]. http://www. gov. cn/xinwen/2016 - 10/30/content_5126200. htm.

② 广西壮族自治区农业农村厅网站．自治区农业农村厅 自治区财政厅关于印发《广西 2020 年双季稻轮作试点工作方案》的通知（桂农厅发〔2020〕106 号）[EB/OL]. http://www. gxny. gov. cn/xxgk/jcxxgk/tzgg_43/t618465. html.

## 七、完善滇桂黔生态脆弱地区绿色发展人才政策

### （一）实施滇桂黔生态脆弱地区培养内部人才资助政策

随着社会主义市场经济的发展，滇黔桂生态脆弱地区人才主要流向经济较发达的东部地区。为保证滇黔桂生态脆弱地区绿色发展本土化的顺利进行，需要实施滇黔桂生态脆弱地区资助政策，培养内部人才。第一，在贯彻落实九年义务教育制度的基础上，积极实施“两免一补”政策。滇黔桂生态脆弱地区在贯彻落实《中华人民共和国义务教育法》，国家实行九年义务教育制度，不收学费、杂费的基础上，进一步落实《中华人民共和国义务教育法》“两免一补”政策。[①]“两免一补”政策，是指国家对九年义务教育阶段的农村学生实施免除学杂费、免费提供教科书并对农村家庭经济困难寄宿生补助生活费的一项资助政策。“两免一补”政策的实施，对滇桂黔生态脆弱地区教育的发展，尤其是滇桂黔生态脆弱地区农村教育的发展、农村青少年科学文化素质的培育，具有深远影响和重大价值。如文山市全面落实“两免一补”政策，2019 年全市获得免除学杂费补助 5559.79 万元；共有 15.87 万人次中小学生享受国家免费教科书，33625 名中小学生得到寄宿补助。[②] 第二，积极实施“教育对口帮扶”政策。《中华人民共和国义务教育法》中明确规定：“国家组织和鼓励经济发达地区支援经济欠发达地区实施义务教育。”[③]“教育对口帮扶”政策既为九年义务教育制度的贯彻落实提供了政策保障，也为滇桂黔生态脆弱地区改善办学条件、提高办学质量、促进教育公平提供了物质保障。第三，实施“雨露计划”，助推滇桂黔生态脆弱地区跨越式发展。“雨露计划”是以政府为主导、社会参与为特色，以提高人口素质、增强就业和创新能力为宗旨，以中职（中技）学历职业教育、劳动力转移培训、创业培训、农业实用技术培训、政府业务培训为手段，促进贫困地区青壮年就业、创新，实现贫困

---

① 国务院法制办公室．中华人民共和国义务教育法[M]．北京：中国法制出版社，2006：3.

② 文山市人民政府．2019 年文山市国民经济和社会发展统计公报[EB/OL]．http://www.ynwss.gov.cn/info/1976/85215.htm.

③ 国务院法制办公室．中华人民共和国义务教育法[M]．北京：中国法制出版社，2006：4.

地区生产发展，群众增收，经济社会与全国同步发展。“雨露计划”主要以贫困村、贫困户为资助对象，对滇桂黔生态脆弱地区精准脱贫、精准反贫困、全面建成小康社会、全面建设社会主义现代化国家起到了智力支撑的作用。第四，大力发展职业教育或专项技能培训，提高滇桂黔生态脆弱地区群众的理论素养与实践技能。政府要大力发展农村职业技术教育、积极开展专业技能培训，如开展养猪技术、养鸭技术、养鸡技术、食用菌种植技术、养蚕技术、八角嫁接技术、大棚精品菜种植技术、互联网使用技术、名贵中药材规模化种植技术等技能培训。不断拓展滇桂黔生态脆弱地区群众的知识视野、提高滇桂黔生态脆弱地区群众的实践技能。

**（二）实施滇桂黔生态脆弱地区吸引外部人才专项计划**

滇黔桂生态脆弱地区绿色发展本土化的快速发展，除了实施资助政策、培养内部人才外，还需要实施人才专项计划，吸引外部人才。第一，实施人才挂职锻炼计划。一方面，委派东部地区、中央国家机关、中央企业相关干部到滇桂黔生态脆弱地区进行挂职、任职、交流；另一方面，委派中央或省级定点帮扶单位的干部到滇桂黔生态脆弱地区进行挂职、任职、交流。第二，通过“西部之光”“博士服务团”等项目吸引人才到滇桂黔生态脆弱地区进行智力支撑，促进滇桂黔生态脆弱地区高质量发展。如百色学院组建博士服务团到德保县进行实地考察，并在食用菌种植领域进行专项指导。第三，继续实施“边远贫困地区、边疆民族地区和革命老区人才支持计划”，有计划地为滇桂黔生态脆弱地区输送教科文卫等领域急需紧缺人才。第四，加大力度实施“退休教师支援山区教育计划和城乡教师轮岗计划”，引导更多优质的教育资源支援滇桂黔生态脆弱地区，促进滇桂黔生态脆弱地区师资队伍结构合理、师资学缘结构优化。

## 第四节　机制约束

### 一、完善滇桂黔生态脆弱地区绿色发展协调机制

滇桂黔生态脆弱地区绿色发展协调机制，是指滇桂黔生态脆弱地区绿色发展系统内部不同的子系统之间相互协调、相互促进所形成的一种行为

模式及机理。滇桂黔生态脆弱地区绿色发展，包括滇桂黔生态脆弱地区云南片区3个市（州）、12个县（区）的绿色发展，滇桂黔生态脆弱地区广西片区7个市（州）、35个县（区）的绿色发展，滇桂黔生态脆弱地区贵州片区5个市（州）、44个县（区）的绿色发展，共计3省区、15个市（州）、91个县（区）的绿色发展。为此，要推动滇桂黔生态脆弱地区绿色发展的本土化就要建立协调机制，为滇桂黔生态脆弱地区各片区主体作用发挥提供有效载体，为滇桂黔生态脆弱地区各片区绿色发展形成同向发力、协同高效奠定制度基础。

### （一）完善主体协调机制，协调规划滇桂黔生态脆弱地区绿色发展产业布局

滇桂黔生态脆弱地区绿色发展主体协调机制，是指滇桂黔生态脆弱地区绿色发展主体系统内部不同的子系统之间相互协调、相互促进所形成的一种行为模式及机理。滇桂黔生态脆弱地区横跨3个省区，国土总面积达22.8万平方千米[①]，地区地貌特征主要为喀斯特石漠化，但是不同地区石漠化程度不同，植被覆盖不同，脆弱程度不同，绿色发展的着力点也不同。因此，需要根据滇桂黔生态脆弱地区脆弱程度，完善主体协调机制，协调规划滇桂黔生态脆弱地区绿色发展产业布局。第一，完善国家层面相关部门主体协调机制。滇桂黔生态脆弱地区绿色发展涉及中央政府、国务院扶贫开发领导小组办公室、国家发展和改革委员会、国家林业和草原局、中华人民共和国水利部、中华人民共和国生态环境部、中华人民共和国科技部、中华人民共和国商务部、国家开发银行等部门，这些部门根据滇桂黔生态脆弱地区的实际情况，从战略角度、整体角度、可持续发展角度对滇桂黔生态脆弱地区生态保护与修复、绿色发展产业布局进行精心规划、组织实施、监督检查，并对实施中产生的主要问题提出建设性的意见对策。第二，完善省级层面相关部门主体协调机制。滇桂黔生态脆弱地区绿色发展涉及云南、广西、贵州三省区的省政府、林业和草原局、水利

① 滇桂黔石漠化片区区域发展与扶贫攻坚规划（2011—2020年）［EB/OL］. http://cn.chinagate.cn/infocus/2013-09/24/content_30114043_2.htm.

厅、商务厅、科技厅等部门，这些部门需要根据国家层面制定的滇桂黔生态脆弱地区生态保护与修复、绿色发展产业布局的发展规划和实施方案，规划编制滇桂黔生态脆弱地区各省区生态保护与修复、绿色发展产业布局的发展规划和实施方案，并对滇桂黔生态脆弱地区各省区生态保护与修复、绿色发展产业布局负总责。第三，完善基层层面相关部门主体协调机制。滇桂黔生态脆弱地区绿色发展涉及云南 3 个市（州）、12 个县（区），广西 7 个市（州）、35 个县（区），贵州 5 个市（州）、44 个县（区），各市（州）、县（区）这些地区的各部门需要根据国家层面制定的滇桂黔生态脆弱地区生态保护与修复、绿色发展产业布局发展规划和实施方案，滇桂黔生态脆弱地区各省区制定的生态保护与修复、绿色发展产业布局发展规划和实施方案，结合当地的实际情况，制定适合滇桂黔生态脆弱地区各市（州）、县（区）绿色发展的发展规划和实施方案，在实践中贯彻落实各市（州）、县（区）发展规划和实施方案，沟通解决各市（州）、县（区）生态保护与修复、绿色发展产业布局中面临的“瓶颈”问题，并对滇桂黔生态脆弱地区各市（州）、县（区）生态保护与修复、绿色发展产业布局负主要责任，确保完成滇桂黔生态脆弱地区各市（州）、县（区）生态保护与修复、绿色发展产业布局。

**（二）完善管理协调机制，协调管理滇桂黔生态脆弱地区绿色发展产业结构**

滇桂黔生态脆弱地区绿色发展管理协调机制，是指滇桂黔生态脆弱地区绿色发展管理系统内部不同的子系统之间相互协调、相互促进所形成的一种行为模式及机理。滇桂黔生态脆弱地区绿色发展产业结构涉及长江经济带绿色发展产业结构、珠江—西江经济带绿色发展产业结构、滇桂黔生态脆弱地区所在省区云南绿色发展产业结构、滇桂黔生态脆弱地区所在省区广西绿色发展产业结构、滇桂黔生态脆弱地区所在省区贵州绿色发展产业结构及滇桂黔生态脆弱地区绿色发展第一产业、第二产业、第三产业以及第一、第二、第三产业融合绿色发展。这些绿色发展产业结构超越了滇桂黔生态脆弱地区，横跨了云南、广西、贵州以及长江经济带各省区、珠江—西江经济带各省区。为此，需要完善管理协调机制，从战略全局协调管理滇桂黔生态脆弱地区绿色发展产业结构，使滇桂黔生态脆弱地区绿色发展产业结构既适合滇桂黔生态脆弱地区绿色发展，又与云南绿色发展、广西绿色发展、贵州绿色发展以及长江经济带各省区绿色发展、珠江—西江经济带各省区绿色发展同向同行，形成协同效应。第一，完善长江经济带管理协调机制。长江经济带横跨东中西三大板块，涉及 11 个省份，以生态优先、绿色发展为引领，以共抓大保护、不搞大开发为导向，以“一轴、两翼、三极、多点”为发展格局，以长江黄金水道为依托，以推动长江上中下游地区协调发展和沿江地区高质量发展为战略定位。① 滇桂黔生态脆弱地区位于长江经济带的上游，其绿色发展的程度直接关涉长江经济带绿色发展的成效。为此，需要从长江上中下游地区绿色发展协调推进的宏观层面，完善长江经济带 11 个省份的管理协调机制，为从长江经济带绿色发展的战略高度管理滇桂黔生态脆弱地区绿色发展提供制度保障。第二，完善珠江—西江经济带管理协调机制。珠江—西江经济带以珠江—西江流域为依托，以“一轴、两核、四组团、延伸区”为空间布局，以推进协同发展为主线，以保护生态环境为前提，以绿色发展、建设珠江—西江生态廊道为着力点，横跨东西部地区，上连云南（云南的文山、曲靖）、贵州（贵州的黔东南、黔南、黔西南、安顺），横贯广西、广东，下通香港、澳门，是我国西部欠发达地区与东部发达地区连接的纽带，是滇桂黔生态脆弱地区重要的出海通道。② 滇桂黔生态脆弱地区位于珠江—西江经济带的延伸区和中心地带，其绿色发展的程度直接关涉珠江—西江经济带绿色发展的成效。为此，需要从珠江—西江经济带延伸区、核心区、下游区绿色发展协调推进的宏观层面，完善珠江—西江经济带 6 个省份的管理协调机制，为从珠江—西江经济带绿色发展的战略高度管理滇桂黔生态脆弱地区绿色发展奠定制度基础。第三，完善滇桂黔生态脆弱地区所在省区管理协调机制。滇桂黔生态脆弱地区所在省区涉及云南、广西、贵州三省

---

① 中华人民共和国中央人民政府．中共中央 国务院关于建立更加有效的区域协调发展新机制的意见[EB/OL]. http://www. gov. cn/zhengce/2018 –11/29/content_5344537. htm.

② 中华人民共和国中央人民政府．关于印发珠江—西江经济带发展规划的通知[EB/OL]. http://www. gov. cn/xinwen/2014 –08/01/content_2728213. htm.

区，滇桂黔生态脆弱地区绿色发展的程度直接关涉云南、广西、贵州三省区的绿色发展成效。为此，需要从云南、广西、贵州三省区的绿色发展战略层面，构筑滇桂黔生态脆弱地区所在省区云南、广西、贵州绿色发展管理协调机制，为滇桂黔生态脆弱地区绿色发展提供制度保障。第四，完善滇桂黔生态脆弱地区管理协调机制。滇桂黔生态脆弱地区绿色发展的程度直接关涉 91 个县（区）的绿色发展成效，为此，需要从 91 个县（区）的绿色发展战略层面，构筑滇桂黔生态脆弱地区 91 个县（区）绿色发展管理协调机制，为滇桂黔生态脆弱地区绿色发展落地生根奠定制度基础。

## 二、完善滇桂黔生态脆弱地区绿色发展评价机制

评价是指对一件事或人物进行分析、判断后得出的结论。评价机制是指为了对一件事或人物进行客观公正的评价，评价标准、评价主体、评价对象、评价方法、评价工具等评价系统内部不同的子系统之间相互协调、相互促进所形成的一种评价模式。滇桂黔生态脆弱地区绿色发展评价机制，是指为了对滇桂黔生态脆弱地区绿色发展的资源消耗、环境损害、生态效益等能体现绿色发展状况的各项指标进行客观、科学、公正、合理的评价，评价主体、评价对象、评价方法、评价工具、评价标准等滇桂黔生态脆弱地区绿色发展评价系统内部不同的子系统之间相互协调、相互促进所形成的一种评价模式。为了对滇桂黔生态脆弱地区绿色发展的资源消耗、环境损害、生态效益等能体现绿色发展状况的各项指标做出更加客观、更加公正的评价，需要建立更加科学、合理的滇桂黔生态脆弱地区绿色发展评价机制。

### （一）完善滇桂黔生态脆弱地区绿色发展目标评价机制

滇桂黔生态脆弱地区绿色发展目标评价机制，是指滇桂黔生态脆弱地区各级政府为了贯彻落实绿色发展理念，按照一定的原则，对各个从事滇桂黔生态脆弱地区绿色发展的管理者、实践者、监督者设置相应的目标，并依照目标进行考核的一种评价模式。第一，完善滇桂黔生态脆弱地区绿色发展规划目标责任制，对滇桂黔生态脆弱地区各级政府和有关行业部门开展绩效考核。第二，完善滇桂黔生态脆弱地区各级领导班子和领导干部目标考评制，对滇桂黔生态脆弱地区各级领导班子和领导干部贯彻落实绿

色发展的资源消耗、环境损害、生态效益等能体现绿色发展状况的各项指标进行绩效考评。第三，完善滇桂黔生态脆弱地区绿色发展林长制，对其积极开展石漠化、水土流失综合治理和大规模国土绿化行动的成效进行绩效考核。[①] 第四，完善滇桂黔生态脆弱地区绿色发展成效监测评估机制，加强全球气候变暖对滇桂黔生态脆弱地区影响的观测，加强对滇桂黔生态脆弱地区自然保护地、生态保护红线严守的监测，加强对滇桂黔生态脆弱地区生态系统良性发展的监测等。[②]

### （二）完善滇桂黔生态脆弱地区绿色发展方法评价机制

滇桂黔生态脆弱地区绿色发展方法评价机制，是指滇桂黔生态脆弱地区各级政府为了贯彻落实绿色发展理念，对各个从事滇桂黔生态脆弱地区绿色发展主体和滇桂黔生态脆弱地区开展绿色发展的整体成效进行客观评价而形成的一种方法模式。第一，完善滇桂黔生态脆弱地区多主体与不同权重相结合方法评价机制。滇桂黔生态脆弱地区绿色发展多主体评价，是指滇桂黔生态脆弱地区绿色发展的评价主体有自评、互评、第三方评价等主体。滇桂黔生态脆弱地区绿色发展不同权重评价，是指滇桂黔生态脆弱地区依据一定的原则，对各评价主体的评价权重进行划分，比如滇桂黔生态脆弱地区绿色发展的总分是 100 分，滇桂黔生态脆弱地区绿色发展的自评主体占 20% 的权重，滇桂黔生态脆弱地区绿色发展的互评主体占 30% 的权重，滇桂黔生态脆弱地区绿色发展的第三方评价主体占 50% 的权重。完善滇桂黔生态脆弱地区多主体与不同权重相结合方法评价机制，有利于发挥各个评价主体的作用，使评价结果更加科学、合理。第二，完善定性评价与定量评价相结合方法评价机制。滇桂黔生态脆弱地区绿色发展定性评价，是指参考评价标准，对滇桂黔生态脆弱地区绿色发展的资源消耗、环境损害、生态效益等能体现绿色发展状况的各项指标做优、良、中、差等评价。滇桂黔生态脆弱地区绿色发展定量评价，是指利用大数据技术，对滇桂黔生态脆弱地区绿色发展的资源消耗、环境损害、生态效益等能体现

①② 新华网．中共中央关于制定国民经济和社会发展第十四个五年规划和二〇三五年远景目标的建议[EB/OL]．http://www.xinhuanet.com/politics/2020-11/03/c_1126693293.htm.

绿色发展状况的各项指标进行打分，比如 90 分、80 分、70 分等。完善滇桂黔生态脆弱地区定性评价与定量评价相结合方法评价机制，有利于从定性描述和定量分析的角度对滇桂黔生态脆弱地区绿色发展做科学评价。第三，完善过程性评价与结果性评价相结合方法评价机制。滇桂黔生态脆弱地区绿色发展过程性评价，是指利用现代遥感技术，对滇桂黔生态脆弱地区绿色发展做实时的、过程性评价。滇桂黔生态脆弱地区绿色发展结果性评价，是指对滇桂黔生态脆弱地区绿色发展做最后的、终结性评价。完善滇桂黔生态脆弱地区过程性评价与结果性评价相结合方法评价机制，有利于通过现代技术实时监测，获得更加科学的评价。

## 三、完善滇桂黔生态脆弱地区绿色发展奖惩机制

马克思指出："理论一经掌握群众，也会变成强大的物质力量。"① 绿色发展作为一种来源于实践的新理论，作为一种抓住事物根本的新理论，作为一种彻底的新理论，需要掌握滇桂黔生态脆弱地区广大人民群众才能变成强大的物质力量。② 为此，需要完善滇桂黔生态脆弱地区绿色发展奖惩机制，敦促滇桂黔生态脆弱地区广大人民群众贯彻落实绿色发展理念并积极投身于滇桂黔生态脆弱地区绿色发展的伟大实践中。

### （一）以鼓励为主，完善滇桂黔生态脆弱地区绿色发展奖励机制

第一，通过资金投入，完善物质奖励机制。完善滇桂黔生态脆弱地区绿色发展物质奖励机制，是激发各级政府部门加大对滇桂黔生态脆弱地区重点生态功能区转移支付力度，加大对滇桂黔生态脆弱地区各类自然保护区、风景名胜区和长江防护林、珠江—西江防护林、生态公益林建设资金投入力度的重要举措。第二，通过政策倾斜，完善政策奖励机制。完善滇桂黔生态脆弱地区绿色发展政策奖励机制，是激发各级政府以自然生态资源保护为目的，通过直接给予财政补贴、财政援助、优惠贷款、减免收

---

① 中共中央马克思恩格斯列宁斯大林著作编译局，编译．马克思恩格斯选集：第一卷[M]．北京：人民出版社，2012：9.

② 温新荣．滇桂黔生态脆弱地区绿色发展的理论意蕴、现实挑战与实现对策——滇桂黔生态脆弱地区绿色发展系列论文之一[J]．百色学院学报，2020(1)：106－112.

费、实施利率优惠、劳保待遇、加大基础设施建设、教育扶持、医疗保障等方式，加大对保护自然生态资源的主体进行政策奖励的重要方式。第三，通过树立典型，完善精神奖励机制。完善滇桂黔生态脆弱地区绿色发展精神奖励机制，是激发滇桂黔生态脆弱地区各个片区积极从事绿色发展，并对该区贯彻落实绿色发展理念比较到位的片区、企业或者个人进行精神奖励的重要举措。

### （二）以惩罚为辅，完善滇桂黔生态脆弱地区绿色发展惩罚机制

第一，通过经济处罚，完善物质惩罚机制。完善滇桂黔生态脆弱地区绿色发展物质惩罚机制，是对滇桂黔生态脆弱地区从事破坏生态、制造污染源、加剧水土流失、石漠化恶化态势的单位或者个人给予经济惩罚的一种处罚方式。第二，通过严格执法，完善法律惩罚机制。完善滇桂黔生态脆弱地区绿色发展法律惩罚机制，是依照法律对破坏滇桂黔生态脆弱地区自然生态资源的单位或者个人进行法律惩罚的一种处罚方式。第三，通过说服教育或通报批评，完善精神惩罚机制。完善滇桂黔生态脆弱地区绿色发展精神惩罚机制，是对滇桂黔生态脆弱地区贯彻落实绿色发展理念不到位的片区、企业或者个人进行说服教育或通报批评的一种处罚方式。

## 四、完善滇桂黔生态脆弱地区绿色发展监督机制

滇桂黔生态脆弱地区绿色发展监督机制，是指为了对滇桂黔生态脆弱地区绿色发展本土化的理念认同、措施落实、成效评估等方面进行监视、督促而形成的一种行为模式及机理。

### （一）完善多主体监督机制，对滇桂黔生态脆弱地区绿色发展实行全员监督

按照滇桂黔生态脆弱地区绿色发展的实施主体，可以将滇桂黔生态脆弱地区绿色发展的主体监督分为政府监督、行业监督、公民监督、舆论监督。第一，完善政府监督机制。政府监督机制是国家行政机关对主管事务负责相应事项的实施情况进行依法监视、督促和管理。完善滇桂黔生态脆弱地区绿色发展政府监督机制，是充分发挥负责滇桂黔生态脆弱地区绿色发展国家级、省部级、市级、县级等各级政府部门协同配合，依法对滇桂

黔生态脆弱地区绿色发展实施监视、督促、管理的有效举措。第二，完善行业监督机制。行业监督机制是指为实现行业管理目标，通过督查、检查、抽查、巡查、核查等方式对进入行业的事业体和从事的事项进行依法监督、管理。完善滇桂黔生态脆弱地区绿色发展行业监督机制，是通过督查、检查、抽查、巡查、核查等方式对进入滇桂黔生态脆弱地区绿色发展的开发者、生产者、经营者、销售者、保护者等事业体和从事的事项进行依法监督、管理，确保滇桂黔生态脆弱地区绿色发展本土化目标得以实现的重要途径。第三，完善公民监督机制。公民监督机制是指公民依法对国家机关、国家工作人员、行业主体提出批评、建议等。完善滇桂黔生态脆弱地区绿色发展公民监督机制，是充分发挥“12369”环保举报热线作用，发动滇桂黔生态脆弱地区广大人民群众积极参与滇桂黔生态脆弱地区绿色发展的宏伟伟业，依法对滇桂黔生态脆弱地区绿色发展的管理者、实施者进行监督、管理，视情况提出批评、建议等的重要方式。第四，完善舆论监督机制。舆论监督机制是指新闻媒体对国家机关、国家工作人员、行业主体提出批评、建议等。完善滇桂黔生态脆弱地区绿色发展舆论监督机制，是滇桂黔生态脆弱地区新闻媒体运用舆论的独特力量，依法对各类破坏生态环境问题、突发环境事件、环境违法行为进行曝光的重要方式。①

### （二）完善过程化监督机制，对滇桂黔生态脆弱地区绿色发展实行全过程监督

按照滇桂黔生态脆弱地区绿色发展的全过程，可以将滇桂黔生态脆弱地区绿色发展的过程化监督分为事前准入监督、事中过程监督、事后结果监督。第一，完善事前准入监督机制。事前准入监督机制是指依法对市场准入主体从事的事项进行监视、督促和管理。完善滇桂黔生态脆弱地区绿色发展事前准入监督机制，是依法对滇桂黔生态脆弱地区市场准入主体从事事项的生态策划方案进行预估性监视、督促和管理的重要举措。这是从根源上积极探索滇桂黔生态脆弱地区合理的经济开发强度与方式、限制或

① 中华人民共和国中央人民政府．中共中央办公厅、国务院办公厅印发《关于构建现代环境治理体系的指导意见》[EB/OL]. http://www. gov. cn/zhengce/2020 - 03/03/content_5486380. htm.

降低人类经济与社会活动的干扰程度、有效规避滇桂黔生态脆弱地区生态环境脆弱性的重要途径。第二，完善事中过程监督机制。事中过程监督机制是指依法对市场主体从事事项的过程进行监视、督促和管理。完善滇桂黔生态脆弱地区绿色发展事中过程监督机制，是依法对滇桂黔生态脆弱地区市场主体从事事项的自然生态资源开发、利用、污染损害等生态方面进行过程性监视、督促和管理的重要举措。第三，完善事后结果监督机制。事后结果监督机制是指依法对市场主体完成事项的效果进行监视、督促和管理。滇桂黔生态脆弱地区绿色发展事后结果监督机制，是依法对滇桂黔生态脆弱地区市场主体完成事项的生态恢复或者生态修复、生态效益等生态效果进行终结性监视、督促和管理的重要方式。

### （三）完善多方位监督机制，对滇桂黔生态脆弱地区绿色发展实行全方位监督

按照滇桂黔生态脆弱地区绿色发展的全方位，可以将滇桂黔生态脆弱地区绿色发展的全方位监督分为生产监督、分配监督、流通监督、消费监督。第一，完善生产监督机制。生产监督机制是指为了促进生产力的发展，在生产过程中对劳动者、劳动资料、劳动对象进行有效组织和协调的一种生产行为模式。完善滇桂黔生态脆弱地区绿色发展生产监督机制，是为了促进滇桂黔生态脆弱地区的绿色生产，在生产过程中贯彻落实绿色发展理念，采用绿色生产理念、绿色生产工艺、绿色管理理念等生产绿色生态产品的一种绿色生产行为模式。第二，完善分配监督机制。分配监督机制是指依据生产资料所有制，对劳动力、资金或资本、生产资料等资源进行分配的一种分配行为方式。完善滇桂黔生态脆弱地区绿色发展分配监督机制，是为了调动生产者从事绿色生产的积极性，依据生产资料公有制为主体、多种所有制共同发展的所有制性质对劳动力、资金或资本、生产资料等资源采取按劳分配为主体、多种分配方式并存的一种绿色分配方式。第三，完善流通监督机制。流通监督机制是指为了提高生产要素的流通速度，劳动者、劳动资料、劳动对象等生产要素在不同行业、不同群体之间进行监视、督促和管理而形成的一种流通方式。完善滇桂黔生态脆弱地区绿色发展流通监督机制，是为了提高滇桂黔生态脆弱地区绿色生产要素的

流通速度，具有绿色发展理念的劳动者、绿色设备、绿色生产工艺、绿色原材料等绿色生产要素在不同行业、不同群体之间形成的一种绿色流通方式。第四，完善消费监督机制。消费监督机制是指对消费者的消费方式、消费产品进行监视、督促和管理而形成的一种消费方式。完善滇桂黔生态脆弱地区绿色发展消费监督机制，是对滇桂黔生态脆弱地区消费者的绿色消费方式、绿色消费产品进行监视、督促和管理而形成的一种绿色消费方式。

## 第五节 技术推动

### 一、形成滇桂黔生态脆弱地区绿色生产方式

绿色生产方式，是以节约资源和保护环境为特征，以管理和技术为手段，严格实行生产全过程污染控制，使污染物的产生量达到最少化的一种生产模式。习近平总书记指出："生态环境问题，归根结底是资源过度开发、粗放利用、奢侈消费造成的。……要解决这个问题，就必须在转变资源利用方式、提高资源利用效率上下功夫。"① "保护生态环境，要更加注重促进形成绿色生产方式和消费方式"②。为此，滇桂黔生态脆弱地区绿色发展需要从技术层面推动滇桂黔生态脆弱地区形成绿色生产方式、绿色分配方式、绿色交换方式、绿色消费方式。

#### （一）优化产业结构，大力发展绿色产业

在资源约束趋紧、环境污染严重、生态系统退化严峻的形势下，国家采用去产能、去库存、去杠杆、降成本、补短板等方式加速淘汰低端、落后、耗能产业，着力发展绿色、高精尖产业。滇桂黔生态脆弱地区资源约束趋紧、生态系统日益退化，迫切需要优化产业结构，大力发展清洁、无公害绿色产业。第一，淘汰落后产能企业。落后产能企业是指企业生产设备、生产工艺的生产能力低于国家法律法规、产业政策所规定标准的生产

① 中共中央文献研究室．习近平关于社会主义生态文明建设论述摘编[M]．北京：中央文献出版社，2017：77－78.

② 中共中央文献研究室．习近平关于社会主义生态文明建设论述摘编[M]．北京：中央文献出版社，2017：31.

能力，污染物排放、能耗、水耗等技术指标高于行业平均水平的企业。2019 年，滇桂黔生态脆弱地区工业行业淘汰落后产能企业位于百色市的有凌云县永和冶炼有限责任公司、隆林各族自治县兴隆铁合金有限责任公司、隆林县铁合金冶炼厂、隆林昭硅实业有限公司，共淘汰产能 4.91 万吨。[①] 2020 年，滇桂黔生态脆弱地区工业行业淘汰落后产能企业位于来宾的有广西铁合金有限责任公司，淘汰产能 1.4 万吨。[②] 第二，大力研发清洁能源。清洁能源是指不排放污染物、能够直接用于生产生活的能源，如水能、太阳能、风能、生物能、地热能等。滇桂黔生态脆弱地区拥有大量的水能资源，大力开发贵州乌江、云南澜沧江和滇桂黔三省区交界处的南盘江、北盘江、红水河的水电资源以及黔、滇两省坑口火电厂的电能，从源头上降低滇桂黔生态脆弱地区对煤炭、石油等传统能源的需求。第三，大力发展清洁能源产业。清洁能源产业是以清洁能源为主要能源的产业。滇桂黔生态脆弱地区丰富的电能资源，为滇桂黔生态脆弱地区发展电动汽车、电动车、电动摩托车、共享电动自行车等产业提供了能源保障。

**（二）优化生产结构，生产无公害绿色产品**

为了提供资源节约、环境友好的产品和服务，需要优化绿色产品设计流程和绿色产品生产流程。第一，优化绿色产品设计流程，调整产品结构。首先，滇桂黔生态脆弱地区在绿色产品的设计过程中，优先考虑绿色产品功能的延伸和再利用。其次，滇桂黔生态脆弱地区在绿色产品原材料的选择上，优先选择资源节约、环境友好的原材料。最后，滇桂黔生态脆弱地区在绿色产品废弃物的回收和处理中，优先提供资源节约、环境友好的服务，以减少绿色产品消费者在处理废弃物时无意中造成的环境污染。第二，优化绿色产品生产流程，实施全过程污染防治。首先，滇桂黔生态脆弱地区从源头防治污染，优化生产资料投入，采用绿色原材料和绿色设备，依法依规淘汰污染高的原材料和低产能的绿色设备。其次，滇桂黔生态脆弱地区从过程防治污染，优化生产过程投入，采用绿色工艺技术和绿色管理，依法依规淘汰落后生产工艺技术和低效管理。最后，滇桂黔生态

①② 资料来源：全国能源信息平台，http://pt.people-energy.com.cn/。

脆弱地区从末端防治污染，优化生产结果投入，采用生产者责任延伸制度，依法依规对高排放、高污染、高耗能的企业负责人追究相应的责任。①

### （三）创新绿色技术，研发污染防范及末端处理技术

绿色技术是指节约能源资源、减少环境污染或者破坏的生产工艺和生产产品的总称，最早是由 Ernest 提出的。② 为提供资源节约、环境友好的产品和服务，需要引导和支持企业加大对绿色技术的研发投入。第一，滇桂黔生态脆弱地区大力研发资源综合利用技术，一方面提高原材料、能源的综合利用效率；另一方面开发二次资源，变废为宝。第二，滇桂黔生态脆弱地区大力研发污染防范技术，以防止绿色生产过程中物料流失。第三，滇桂黔生态脆弱地区大力研发末端处理技术，对绿色生产末端产生的污染物进行开发或实施有效治理。

## 二、形成滇桂黔生态脆弱地区绿色分配方式

绿色分配方式，是指以节约资源和保护环境为目的，以投资自然为主要手段，按在生产环节做出的绿色贡献进行分配的一种方式。

### （一）优化分配结构，更加注重投资自然在分配中所占的比重

有什么样的所有制结构，就有什么样的分配结构。在社会主义初级阶段，我国实行公有制为主体、多种所有制共同发展的所有制结构，按劳分配为主体、多种分配方式并存的分配结构。多种分配方式是按照资金、技术、管理、土地等资源在生产中的贡献进行分配。生态资源是指在人类生态系统中，人类生存和发展所需要的一切物质、能量、信息、时间和空间的总称。生态资源在生产中具有重要的贡献，但是在分配中往往被忽略了。为此，形成滇桂黔生态脆弱地区绿色分配方式，就是将滇桂黔生态脆弱地区生态资源纳入生产要素，按照其在生产环节所做的贡献进行分配。第一，注重生态贡献，按照生产环节投资生态资源的贡献进行分配。投资生态资源是指通过向自然投资，为人类生存和发展提供更多的物质、能量、信息、时间和空间。投资生态资源的渠道主要有退耕还林、植树造

---

① 国家十部委联合提出关于促进绿色消费的指导意见[J]. 有色冶金节能，2016(3)：1－3.

② 刘薇. 国内外绿色创新与发展研究动态综述[J]. 中国环境管理干部学院学报，2012(5)：17－20.

林、实施生态治理工程等。为促进滇桂黔生态脆弱地区绿色发展，滇桂黔生态脆弱地区在分配时需要更加注重退耕还林、植树造林、实施生态治理工程等投资生态资源举措在治理滇桂黔生态脆弱地区石漠化态势，实现滇桂黔生态脆弱地区永续发展的生态贡献。第二，注重参与贡献，按照生产环节生态资源参与的贡献进行分配。生产的顺利进行，除了需要劳动者、劳动资料、劳动对象以外，还需要空间、时间、能量流、信息流等生态资源的参与。为促进滇桂黔生态脆弱地区绿色发展，滇桂黔生态脆弱地区在分配时需要考虑空间、时间、能量流、信息流等生态资源在生产领域的参与贡献。第三，注重保护贡献，按照生产环节保护生态资源的贡献进行分配。为保护生态环境，在生产过程中除了考虑经济效益最大化以外，还需要考虑绿色工艺、绿色原材料、绿色设备等生产要素在低耗能、少排污、经济发展与环境保护相协调等保护生态环境方面的贡献。为促进滇桂黔生态脆弱地区绿色发展，滇桂黔生态脆弱地区在分配时需要考虑绿色工艺、绿色原材料、绿色设备等生产要素在低耗能、少排污、经济发展与环境保护相协调等保护生态环境方面的贡献，激励企业改进生产工艺，采用易降解、可回收的原材料，更新机器设备，研发降污技术等。

### （二）优化占有结构，更加注重生态资源的共享性

生态资源是人类赖以生存和发展的生态基础，具有共享性。但是随着生产力的发展，生态资源一步步被蚕食，甚至慢慢变成有些人的私家公园。为促进滇桂黔生态脆弱地区绿色发展，需要优化滇桂黔生态脆弱地区生态资源占有结构，更加注重生态资源的共享性。第一，注重城市生态资源共享性，防止城市生态资源被私人占有。我国是一个人口众多、缺林少绿的国家。随着城镇化的推进，城镇人口相对增加，乡村人口相对减少。1978 年，我国的总人口为 96259 万人，其中城镇人口 17245 万人，乡村人口 79014 万人。2019 年，我国的总人口为 140005 万人，其中城镇人口 84843 万人，乡村人口 55162 万人。1979—2019 年，全国总人口平均增长速度为 0.9%，城镇人口平均增长速度为 4.0%，乡村人口平均增长速度为

-0.9%。[①] 城市人口不断增加，城市生态资源相对匮乏。一方面，导致有些地方将有限的生态资源筑起高墙，收取门票，让属于公共的生态资源变成了消费品；另一方面，有些地方将有限的生态资源变成高楼大厦，化为私有。为此，滇桂黔生态脆弱地区绿色发展中，需要注重城市生态资源共享性，防止城市生态资源被私人占有。首先，滇桂黔生态脆弱地区合理规划城市绿地，让绿地遍布城市大街小巷，人们上班下班都可以欣赏街边的美景。其次，滇桂黔生态脆弱地区大力兴建各种类型的公园，让公园成为人们愉悦身心、享受大自然的免费场所。最后，滇桂黔生态脆弱地区大力建设生态建筑，将建筑与自然融为一体，让人们在家中可以看到阳光、闻到花香、听到水声。第二，注重农村生态资源共享性，防止农村生态资源被私人破坏。长期以来，农村生态资源缺乏生态规划，导致大量的耕地侵占森林、草地、湖泊，大量的小企业和小矿对农村的无序开发造成生态破坏[②]，农村生活垃圾的乱堆乱放带来严重的土壤污染、水污染、空气污染等。为此，滇桂黔生态脆弱地区绿色发展中，需要注重农村生态资源共享性，防止农村生态资源被私人破坏。首先，设置垃圾中转站，主张农村生活垃圾分类处理。其次，加强管理，严格保护森林、草地、湖泊等生态资源。最后，在保护生态环境的基础上，合理开发生态资源。

**（三）优化分配效率，更加注重生态资源在不同区域的差异性**

不同区域的经济发展水平不同，生态资源拥有的程度也不同。一般而言，经济欠发达地区在空气质量、饮用水质量、调节气候等生态资源拥有方面比经济较发达地区在空气质量、饮用水质量、调节气候等生态资源拥有方面要多得多、好得好。也就是说，经济欠发达地区为经济较发达地区乃至全国其他地区提供了清洁的空气、清澈的饮用水、适宜的温度等生态资源。为促进滇桂黔生态脆弱地区绿色发展，需要优化滇桂黔生态脆弱地区生态资源分配效率，更加注重生态资源在不同区域的差异性。第一，实施生态补偿分配，加大中央政府向滇桂黔生态脆弱地区生态补偿的力度。

---

① 国家统计局．中国统计年鉴(2020)[M]．北京:中国统计出版社,2020:4-5.

② 高峰．城市绿色资源分配当均衡[N]．中国建设报,2013-02-20(002).

滇桂黔生态脆弱地区大力实施退耕还林、植树造林、生态治理、淘汰落后产能，为全国提供了绿水青山、蔚蓝天空、适宜温度，并降低了洪灾、旱灾、泥石流等自然灾害发生频率。为此，中央政府应按照生态贡献，加大向滇桂黔生态脆弱地区实施生态补偿，为滇桂黔生态脆弱地区绿色发展提供更多的资金保障。第二，实施经济带生态补偿分配，加大长江经济带、珠江—西江经济带中下游向长江经济带、珠江—西江经济带上游的生态补偿力度。滇桂黔生态脆弱地区位于长江经济带、珠江—西江经济带的上游，为长江经济带、珠江—西江经济带的中下游提供了生态屏障。为此，长江经济带、珠江—西江经济带中下游的各级政府按照生态屏障的贡献，加大向长江经济带、珠江—西江经济带上游生态补偿力度，为长江经济带、珠江—西江经济带上游的绿色发展提供更多的资金保障。

## 三、形成滇桂黔生态脆弱地区绿色交换方式

绿色交换方式，是指以节约资源和保护环境为目的，以投资自然为主要手段，按在购买、销售、支付等流通环节做出的绿色贡献进行分配的一种方式。

### （一）优化交换渠道，实施“互联网+”交换

再生产过程，除生产环节外，还包括购买环节和销售环节。其中，购买环节和销售环节属于流通环节，对生产环节具有直接影响。为使滇桂黔生态脆弱地区绿色发展顺利进行，需要优化交换渠道，实施“互联网+”交换。首先，优化购买环节，实施“互联网+”购买。滇桂黔生态脆弱地区采用网上购买方式，有利于获取更多信息，购买物美价廉的原材料。其次，优化销售环节，实施“互联网+”销售。滇桂黔生态脆弱地区采用网上营销方式，有利于提高知名度，以更短的时间销售更多的产品，提高销售效率。最后，优化支付环节，实施“互联网+”支付。滇桂黔生态脆弱地区采用微信、支付宝等支付手段，有利于减少纸币使用量，提高支付效率。

### （二）设置绿色交换站，实施生活垃圾分类

生活垃圾分类是通过对垃圾进行分类，提高可回收物利用率，减少环境污染。根据城市生活垃圾管理条例，生活垃圾可以分为可回收垃圾、有

害垃圾、易腐垃圾和其他垃圾。可回收垃圾包括废纸、废金属、废塑料、废玻璃、废旧纺织品等垃圾。有害垃圾包括废旧灯管、废打印机硒鼓、废油漆桶、水银温度计、过期药品、电子元器件、电路板等垃圾。易腐垃圾包括骨骼内脏、茶叶渣、菜梗菜叶、剩菜剩饭、果皮、果壳、残枝落叶等垃圾。其他垃圾包括尘土、一次性饭盒、破碎的陶瓷品、烟头、用过的纸巾等垃圾。为推进滇桂黔生态脆弱地区绿色发展，需要设置绿色交换站，实施生活垃圾分类。首先，提高认识，开展“绿色志愿垃圾分类进社区”公益宣讲活动。为提高滇桂黔生态脆弱地区人民群众对生活垃圾分类的认识，滇桂黔生态脆弱地区要积极开展“绿色志愿垃圾分类进社区”公益宣讲活动，倡导滇桂黔生态脆弱地区人民群众按照“先分类、回收、减量，后无害化焚烧、填埋、生化处理”的技术路线，努力为滇桂黔生态脆弱地区实现生活垃圾减量化、资源化、无害化处理做贡献。其次，办理积分兑换卡，实施可回收垃圾积分兑换活动。为提高资源利用效率，滇桂黔生态脆弱地区人民群众把家中的废纸、废金属、废塑料、废玻璃、废旧纺织品等可回收垃圾拿到绿色交换站，绿色交换站的工作人员将垃圾称重、计数，并给他们办理积分。积分达到一定程度可以在绿色交换站兑换儿童玩具、生活用品等。最后，委托专门企业，科学处理有害垃圾。为无害化处理有害垃圾，滇桂黔生态脆弱地区人民群众将家中的废旧灯管、废打印机硒鼓、废油漆桶、水银温度计、过期药品、电子元器件、电路板等有害垃圾拿到绿色交换站，绿色交换站委托有危险废物处置、危险废物运输资质的企业进行统一处理或利用。

## 四、形成滇桂黔生态脆弱地区绿色消费方式

绿色消费方式，是指以节约资源和保护环境为特征的一种消费行为模式。习近平总书记在 2019 年中国北京世界园艺博览会开幕式上的讲话《共谋绿色生活，共建美丽家园》中指出：“要倡导简约适度、绿色低碳的生活方式，拒绝奢华和浪费，形成文明健康的生活风尚。”① 习近平总书记

① 习近平．共谋绿色生活，共建美丽家园——在二〇一九年中国北京世界园艺博览会开幕式上的讲话[N]．人民日报，2019－04－29(002)．

关于共谋绿色生活、共建美丽家园的绿色生活方式为滇桂黔生态脆弱地区崇尚勤俭节约，减少损失浪费，选择高效、环保的产品和服务，降低消费过程中的资源消耗和污染排放，推动形成绿色消费方式，提供了遵循。①

### （一）树立环保意识，推动形成滇桂黔生态脆弱地区绿色消费观念

环保意识是人们为了保护生态环境而不断自觉调整自己的经济活动、社会行为，并使自己的经济活动、社会行为与自然环境相适应的一种认知水平和自觉程度。“历览前贤国与家，成由勤俭破由奢”这一规律性的结论，揭示了勤俭节约对国家昌盛、民族振兴、家庭兴旺的重要性。在日常生活中，由于受传统“好面子”观念的影响，有些人为了满足自己的虚荣心而养成了奢侈浪费和不合理消费的生活方式。为反对奢侈浪费和不合理消费，需要树立环保意识，推动形成滇桂黔生态脆弱地区绿色消费观念。第一，加强引导，从娃娃抓起，使滇桂黔生态脆弱地区人民群众树立勤俭节约、反对铺张浪费的消费观。第二，加强宣传，通过视频、音频、图片、案例等喜闻乐见的方式，积极宣传节能环保，提高滇桂黔生态脆弱地区人民群众的环保素养，使滇桂黔生态脆弱地区人民群众树立节能就可以增加资源、节能就可以减少污染、节能就可以造福滇桂黔生态脆弱地区人民群众的观念。第三，利用节假日，积极营造勤俭节约氛围，使滇桂黔生态脆弱地区人民群众形成勤俭节约的良好风尚。②

### （二）开展绿色活动，积极创建节约型载体

绿色活动是以保护地球环境的可持续性发展为目的，依托机关、家庭、学校、社区、工厂等载体积极开展节能环保活动，并促进节约型机关、绿色家庭、绿色学校、绿色社区、绿色工厂等节约型载体形成的一种活动。开展绿色活动，积极创建滇桂黔生态脆弱地区节约型载体。第一，推进环境保护宣传教育进机关，创建节约型机关。首先，加强宣传教育。把滇桂黔生态脆弱地区环境保护纳入滇桂黔生态脆弱地区党政领导干部培训体系，组织编写滇桂黔生态脆弱地区环境保护系列——节约型机关读

---

① 国家十部委联合提出关于促进绿色消费的指导意见[J]. 有色冶金节能,2016(3):1－3.

② 中共中央文献研究室. 习近平关于社会主义生态文明建设论述摘编[M]. 北京:中央文献出版社,2017:118.

本，推进滇桂黔生态脆弱地区环境保护宣传教育进机关。其次，加强绩效考核。建立滇桂黔生态脆弱地区绿色采购、绿色办公等节约型机关评价标准，按照文件在一定期限内的对照标准进行绩效考核，以敦促滇桂黔生态脆弱地区节约型机关的建立和有效运行。第二，推进环境保护宣传教育进家庭，创建绿色家庭。首先，加强宣传教育。把滇桂黔生态脆弱地区环境保护纳入滇桂黔生态脆弱地区家庭美德培育体系，组织编写滇桂黔生态脆弱地区环境保护系列——绿色家庭读本，推进滇桂黔生态脆弱地区环境保护宣传教育进家庭。其次，加强评价考核。建立滇桂黔生态脆弱地区绿色家具、绿色出行等绿色家庭评价标准，按照文件在一定期限内的对照标准进行评价，评选出优秀绿色家庭，以鼓励滇桂黔生态脆弱地区绿色家庭遍地开花。第三，推进环境保护宣传教育进学校，创建绿色学校。首先，加强宣传教育。把滇桂黔生态脆弱地区环境保护纳入滇桂黔生态脆弱地区国民教育体系，组织编写滇桂黔生态脆弱地区环境保护系列——绿色学校读本，推进滇桂黔生态脆弱地区环境保护宣传教育进学校。其次，加强评价考核。建立滇桂黔生态脆弱地区课本重复利用、校服重复利用、双面打印等绿色学校评价标准，按照文件在一定期限内的对照标准进行评价，评选出优秀绿色学校，以鼓励滇桂黔生态脆弱地区绿色学校遍地开花。第四，推进环境保护宣传教育进社区，创建绿色社区。首先，加强宣传教育。把滇桂黔生态脆弱地区环境保护纳入滇桂黔生态脆弱地区社区建设体系，组织编写滇桂黔生态脆弱地区环境保护系列——绿色社区读本，推进滇桂黔生态脆弱地区环境保护宣传教育进社区。其次，加强评价考核。建立滇桂黔生态脆弱地区植被覆盖率、垃圾分类等绿色社区评价标准，按照文件在一定期限内的对照标准进行评价，评选出优秀绿色社区，以鼓励滇桂黔生态脆弱地区绿色社区遍地开花。第五，推进环境保护宣传教育进工厂，创建绿色工厂。首先，加强宣传教育。把滇桂黔生态脆弱地区环境保护纳入滇桂黔生态脆弱地区工厂考评体系，组织编写滇桂黔生态脆弱地区环境保护系列——绿色工厂读本，推进滇桂黔生态脆弱地区环境保护宣传教育进工厂。其次，加强评价考核。建立滇桂黔生态脆弱地区绿色原材料、绿色工艺等绿色工厂评价标准，按照文件在一定期限内的对照标准进行评价，对建设不到位的绿色工厂进行约谈、曝光或经济处罚等。

### （三）落实绿色消费，积极推广绿色行动

绿色消费是为保护生态环境，避免或减少对环境的破坏，而采取的有益健康和保护生态环境的各种消费行为和消费方式的统称。落实绿色消费，积极推广绿色行动。第一，利用税收杠杆，鼓励消费者购买绿色产品。税收杠杆是指国家依据税法，利用物质利益原则给予纳税人有利或者不利条件，引导其经济行为服从于宏观经济活动的手段。为鼓励滇桂黔生态脆弱地区消费者购买绿色产品，利用税收杠杆，一方面，对消费者购买耗能少、污染少、农药残留少、可回收利用、易降解的绿色产品实行高起征点、低税率或者免税；另一方面，对消费者购买能耗高、污染高、农药残留多、不可回收利用、难以降解的高耗能产品实行低起征点、增税率或者重税。第二，利用消费补贴，鼓励消费者消费绿色产品。消费补贴是政府为了鼓励消费者消费绿色产品而实行的现金补贴或者实物补贴。为鼓励滇桂黔生态脆弱地区消费者消费绿色产品，利用消费补贴，一方面，采用现金补贴，向滇桂黔生态脆弱地区购买新能源汽车，低耗能家具、家电、装修材料等绿色产品的消费者无偿发放现金补助。另一方面，采用实物补贴，向滇桂黔生态脆弱地区对淘汰旧家电、旧家具并购买绿色智能家电、环保家具的消费者给予补贴。第三，倡导低碳生活，鼓励消费者形成绿色生活方式。低碳生活是指在生活中为了减少二氧化碳的排放量，而采取的一种节电、节气和废物可回收利用的生活方式。倡导低碳生活，鼓励消费者形成绿色生活方式，一方面推广绿色居住，通过控制室内空调温度、减少无效照明、减少电气设备待机耗能、废水再利用等渠道节约家庭用水用电。另一方面推广共享经济，通过鼓励采用共享单车、网约拼车、公共汽车等交通工具低碳出行，鼓励中小学课本、校服循环利用，鼓励使用重复性环保袋，鼓励废旧电池回收利用，鼓励个人闲置资源有效利用等方式提高资源利用效率。①

---

① 国家十部委联合提出关于促进绿色消费的指导意见[J]. 有色冶金节能，2016(3)：1 – 3.

# 参考文献


**经典文献**

[1]中共中央马克思恩格斯列宁斯大林著作编译局,编译.马克思恩格斯选集:第一卷[M].北京:人民出版社,2012.

[2]中共中央马克思恩格斯列宁斯大林著作编译局,编译.马克思恩格斯文集:第一卷[M].北京:人民出版社,2009.

[3]中共中央马克思恩格斯列宁斯大林著作编译局,编译.马克思恩格斯文集:第五卷[M].北京:人民出版社,2009.

[4]中共中央马克思恩格斯列宁斯大林著作编译局,编译.马克思恩格斯文集:第九卷[M].北京:人民出版社,2009.

[5]中共中央马克思恩格斯列宁斯大林著作编译局,编译.马克思恩格斯全集:第二十卷[M].北京:人民出版社,1971.

[6]毛泽东.毛泽东文集:第8卷[M].北京:人民出版社,1999.

[7]江泽民.江泽民文选:第二卷[M].北京:人民出版社,2006.

[8]习近平.习近平在联合国成立70周年系列峰会上的讲话[M].北京:人民出版社,2015.

[9]习近平.决胜全面建成小康社会　夺取新时代中国特色社会主义伟大胜利——在中国共产党第十九次全国代表大会上的报告[M].北京:人民出版社,2017.

[10]习近平.在省部级主要领导干部学习贯彻党的十八届五中全会精神专题研讨班上的讲话[M].北京:人民出版社,2016.

[11]习近平.习近平谈治国理政:第一卷[M].北京:外文出版社,2014.

[12]习近平.习近平谈治国理政:第二卷[M].北京:外文出版社,2017.

[13]习近平. 习近平谈治国理政:第三卷[M]. 北京:外文出版社,2020.

[14]中共中央文献研究室,编. 习近平关于社会主义生态文明建设论述摘编[M]. 北京:中央文献出版社,2017.

**图书资料**

[1]Foster JB:Ecology Against Capitalism[M]. New York:Monthly Review press,2002.

[2][美]HAWKEN P,LOVINS A,LOVINS L H. 自然资本论———关于下一次工业革命[M]. 王乃粒,诸大建,龚义台,译. 上海:上海科学普及出版社,2000.

[3][美]汤姆·泰坦伯格(Tom Tietenberg). 环境与自然资源经济学(第5版)[M]. 严旭阳,等,译. 北京:经济科学出版社,2003.

[4][美]西蒙·库兹涅茨. 各国的经济增长 总产值和生产结构[M]. 常勋,等译. 北京:商务印书馆,1985.

[5][英]安格斯·麦迪森(Angus Maddison). 世界经济千年统计[M]. 伍晓鹰,施发启,译. 北京:北京大学出版,2009.

[6]王全祥,杨进波. 宁夏生态移民发展研究[M]. 银川:阳光出版社,2015.

[7]武力,彤新春. 中国共产党治国经济方略研究[M]. 北京:中国人民大学出版社,2009.

[8]胡德才,苏胜兴,编. 大瑶山风情[M]. 广西:广西民族出版社,1990.

[9]严力蛟. 中国绿色发展[M]. 北京:气象出版社,2003.

[10]中国国际经济交流中心课题组著. 中国实施绿色发展的公共政策研究[M]. 北京:中国经济出版社,2013.

[11]亢世勇,刘海润,主编. 现代汉语新词语词典[M]. 上海:上海辞书出版社,2009.

[12]林风. 小学词语9用词典[M]. 北京:语文出版社,2005.

[13]国家统计局. 中国统计年鉴(2020)[M]. 北京:中国统计出版社,2020.

[14]洪晓洋. 中国喀斯特石漠化治理生态补偿研究——基于贵州省黔

西南布依族苗族自治州的调研[M].北京:经济日报出版社,2020.

[15]荷兰国际财税文献局.IBFD国际税收词汇(第7版),《IBFD国际税收词汇》翻译组译[M].北京:中国税务出版社,2016.

[16]吕忠梅.超越与保守———可持续发展视野下的环境法创新[M].北京:法律出版社,2003.

[17]国务院法制办公室.中华人民共和国义务教育法[M].北京:中国法制出版社,2006.

[18]朱庆芳,吴寒光.社会指标体系[M].北京:中国社会科学出版社,2001.

[19]刘晓春.中国少数民族经济史概论[M].北京:知识产权出版社,2011.

[20]袁道光,蔡桂鸿.岩溶环境学[M].重庆:重庆出版社,1998.

[21]杨明德,毛健全,杨汉奎.贵州喀斯特环境与经济发展的初步探讨[M]//贵州省环境科学学会.贵州喀斯特环境研究.贵阳:贵州人民出版社,1988.

[22]杨汉奎.脆弱的喀斯特环境[M]//贵州省环境科学学会.贵州喀斯特环境研究.贵阳:贵州人民出版社,1988.

[23]杨汉奎,朱文孝,李坡,等.喀斯特环境质量变异[M].贵阳:贵州科技出版社,1994.

[24]赵吉发.贵州喀斯特生态环境保护初探[M]//贵州省环境科学学会.贵州喀斯特环境研究.贵阳:贵州人民出版社,1988.

[25]赵晋中,张琦.中国发展对世界经济的影响[M].北京:中国发展出版社,2014.

[26]谢之雄.广西壮族自治区经济地理[M].北京:新华出版社,1989.

[27]薛达元,等.中国生态农业模式与案例[M].北京:中国环境科学出版社,2012.

[28]陈昌齐,刘方贵.稻田养鱼高效实用技术[M].北京:中国农业出版社,1999.

[29]周浩明,张晓东.生态建筑——面向未来的建筑[M].南京:东南大

学出版社,2002.

[30]陈忠杰. 冲破封锁:粉碎美国指使台湾对大陆封锁禁运[M]. 长春:吉林出版集团有限责任公司,2011.

[31]李静轩. 再举义师:中国人民解放军派部队援越抗美[M]. 长春:吉林出版集团有限责任公司,2011.

[32]张麟. 援越抗法、援越抗美及边境扫雷行动[M]. 长沙:湖南人民出版社,2006.

[33]朱光明,卢晨阳,李毅. 生态文明建设中外经验研究(国际篇)[M]. 北京:中国人口出版社,2014.

[34]连俊华. 人力资本对区域经济的影响[M]. 北京:社会科学文献出版社,2020.

[35]王超宇,邱永召. 生态补偿制度之探究———以正外部性的生态补偿为视角[M]//2008 中国环境科学学会学术年会优秀论文集(上卷). 中国环境科学学会会议论文集,360 – 364.

[36]张槐安. 论把林下经济培育成西部林业新经济增长点:以贵州毕节试验区为例[C]//第十五届中国科协年会第 19 分会场:中国西部生态林业和民生林业与科技创新学术研讨会论文集. 中国科学技术协会,贵州省人民政府,2013.

[37]内蒙古自治区统计局. 内蒙古统计年鉴(2019)[M]. 北京:中国统计出版社,2019.

[38]国家统计局国民经济综合统计司,编. 新中国六十年统计资料汇编[M]. 北京:中国统计出版社,2009.

[39]国家统计局人口统计司,编. 中国人口统计年鉴(1988)[M]. 北京:中国统计出版社,1988.

[40]国家统计局. 中国统计年鉴(1981)[M]. 北京:中国统计出版社,1982.

[41]国家统计局. 中国统计年鉴(2019)[M]. 北京:中国统计出版社,2019.

[42]国家统计局. 国际统计年鉴(2019)[M]. 北京:中国统计出版

社,2020.

[43]国家统计局. 中国统计年鉴(2020)[M]. 北京:中国统计出版社,2020.

[44]国家统计局. 中国统计年鉴(2015)[M]. 北京:中国统计出版社,2015.

**期刊文献**

[1]习近平. 在党的十八届五中全会第二次全体会议上的讲话(节选)[J]. 求是,2016(1):3-10.

[2]王克林. 资源约束型贫困地区农业产业化战略研究[J]. 生态经济,1998(3):19-21.

[3]王克林,章春华. 湘西喀斯特山区生态环境问题与综合整治战略[J]. 山地学报,1999(2):3-5.

[4]国务院关于坚决制止乱砍滥伐森林的紧急通知[J]. 中华人民共和国国务院公报,1980(19):591-592.

[5]刘家仁,等. 人为地质作用对中国西南地区石漠化的影响[J]. 贵州地质,2008(4):288-291.

[6]周四军,庄成杰. 基于距离综合评价法的我国国民幸福指数 NHI 测评[J]. 财经理论与实践,2008(5):112-115.

[7]孙冬煜,王震声,何旭东,等. 自然资本与环境投资的含义[J]. 环境保护,1999(5):38-40.

[8]胡鞍钢,周绍杰. 绿色发展:功能界定、机制分析与发展战略[J]. 中国人口·资源与环境[J]. 2014(1):14-20.

[9]齐建国. 循环经济与绿色发展——人类呼唤提升生命力的第四次技术革命[J]. 经济纵横,2013(1):43-53.

[10]牛文元. 生态文明与绿色发展[J]. 青海科技,2012(4):40-43.

[11]王玲玲,张艳国. "绿色发展"内涵探微[J]. 社会主义研究,2012(5):143-146.

[12]王紫零. "生态文明"建设的内涵及生态发展方式[J]. 广西社会主义学院学报,2013(1):16-21.

[13]吴婵. 有关绿色发展与生态文明建设的几点思考[J]. 商业经济，2017(4):4－5.

[14]曾晓东. 绿色发展是经济社会转型发展的必然选择[J]. 环境保护，2013(5):38－40.

[15]许广月. 从黑色发展到绿色发展的范式转型[J]. 西部论坛，2014(1):53－60.

[16]荣开明. 论绿色发展的几个基本问题[J]. 观察与思考，2016(12):31－40.

[17]赵建军. 中国的绿色发展：机遇、挑战与创新战略[J]. 人民论坛·学术前沿，2013(19):80－85，95.

[18]商亮. 从生态危机到绿色发展——基于政治经济学的分析与启示[J]. 新西部(理论版)，2017(6):40－41.

[19]甄霖，杜秉贞，刘纪远，等. 国际经验对中国西部地区绿色发展的启示：政策及实践[J]. 中国人口. 资源与环境，3013(10):8－16.

[20]黄娟，王幸楠. 北欧国家绿色发展的实践与启示[J]. 经济纵横，2015(7):122－125.

[21]王永芹. 对创新驱动绿色发展的思考[J]. 河北学刊，2014(2):222－225.

[22]宋刚. 基于生态文明建设的绿色发展研究[J]. 中南林业科技大学学报(社会科学版)，2015(1):7－10.

[23]魏静. 论绿色发展对西部贫困地区发展的启示[J]. 天水行政学院学报，2016(6):42－44.

[24]董玉春. “绿色发展”理念与我国农村循环经济发展路径研究[J]. 当代经济，2016(10):58－59.

[25]陈澄，付伟. 国内绿色发展研究综述[J]. 经贸实践，2017(9):8－9.

[26]温新荣. 滇桂黔生态脆弱地区绿色发展的理论意蕴、现实挑战与实现对策——滇桂黔生态脆弱地区绿色发展系列论文之一[J]. 百色学院学报，2020(1):106－112.

[27]刘薇. 国内外绿色创新与发展研究动态综述[J]. 中国环境管理干

部学院学报,2012(5):17－20.

[28]陈峰君.论东亚发展模式[J].国际政治研究,1997(2):1－8.

[29]全毅.论东亚发展模式的内涵与基本特征[J].亚太经济,2008(5):13－18.

[30]商彦蕊.自然灾害综合研究的新进展——脆弱性研究[J].地域研究与开发,2000(2):73－77.

[31]刘倩.喀斯特地貌变成花果山——中国热带农业科学院石漠化地区扶贫攻坚新模式[J].紫光阁,2018(3):15－16.

[32]覃彩銮.试论壮族文化的自然生态环境[J].学术论坛,1999(6):115－119.

[33]石开忠.明清至民国时期清水江流域林业开发及对当地侗族、苗族社会的影响[J].民族研究,1996(4):99－104.

[34]徐中民,程国栋,张志强.生态足迹方法的理论解析[J].中国人口·资源与环境,2006(6):69－78.

[35]李晓西,朱兆一,荣婷婷.以色列"绿色国会"项目考察及其他[J].全球化,2015(6):104－112,133.

[36]谢艳丽,王北星.国际先进节能管理经验的启示与借鉴[J].石油石化绿色低碳,2017(5):1－3,13.

[37]蓝虹.奥巴马政府绿色经济新政及其启示[J].中国地质大学学报(社会科学版),2012(1):13－18,138.

[38]郇庆治.国际比较视野下的绿色发展[J].江西社会科学,2012(8):5－11.

[39]庞玉萍,韩明明.国际经验对秦巴山地区绿色发展政策的启示[J].创新科技,2017(1):21－25.

[40]李惠梅,张安录.生态环境保护与福祉[J].生态学报,2013(3):825－833.

[41]王国庆,杨玉锋.宁夏六盘山集中连片特困地区绿色发展路径研究[J].农业科学研究,2014(4):67－70.

[42]余维祥.长江上游生态补偿的困境与对策[J].生态经济,2014(6):

171 – 174.

[43]李秉略. 喀斯特石漠化成因及植被恢复技术措施[J]. 林业实用技术,2013(9):53 – 54.

[44]魏小红. 深度贫困县养殖产业模式的探索[J]. 农家科技(中旬刊),2018(6):7.

[45]潘剑. 东兰:“小”乌鸡养成“大”产业[J]. 当代广西,2017(20):42.

[46]李宝华,潘镜,陈金路. 罗平县:开辟库区渔业新天地[J]. 致富天地,2011(11):19 – 21.

[47]李秉略. 喀斯特石漠化成因及植被恢复技术措施[J]. 林业实用技术,2013(9):53 – 54.

[48]陈正刚,朱青,王文华. 旱坡地经济植物篱技术[J]. 现代农业科技,2006(6):20 – 21.

[49]苏维词,朱文孝. 贵州喀斯特山区生态环境脆弱性分析[J]. 山地学报,2000(5):429 – –434.

[50]苏维词,周济祚. 贵州喀斯特山地的“石漠化”及防治对策[J]. 长江流域资源与环境,1995(2):177 – 182.

[51]韦茂繁. 广西石漠化及其对策[J]. 广西大学学报(哲学社会科学版),2002(2):42 – 47.

[52]国务院办公厅. 国务院办公厅关于加快林下经济发展的意见[J]. 中华人民共和国国务院公报,2012(23):19 – 21.

[53]任世丹,杜群. 国外生态补偿制度的实践[J]. 环境经济. 2009(11):34 – 39.

[54]罗少君,王惠琴. 滇桂黔石漠化地区社会—生态系统脆弱性及其治理问题研究[J]. 农村经济与科技,2016(23):4 – 7.

[55]李双璧. 试论一九一七年的川、滇、黔军阀混战[J]. 贵州文史丛刊,1984(2):52 – 58.

[56]贾平. 人口流动与迁移对云南农村社会经济的影响[J]. 云南财贸学院学报(社会科学版),2006(2):79 – 81.

[57]韦其麟. 谈谈人跟自然斗争的故事——壮族民间文学札[J]. 学术

论坛,1987(5):35－38,85.

[58]认真贯彻执行“以粮为纲,全面发展”的方针　国务院召开全国棉油糖麻烟生产会议[J].烟草科技通讯,1975(1):1－3.

[59]护林.乱砍滥伐何时休——云南省河口县毁林纪实[J].中国环境管理,1997(4):46－47.

[60]刘学艺,何纪力,石勇.经济增长方式与环境保护的战略转变[J].环境保护,2007(6):41－45.

[61]孙冬煜,王震声,何旭东,侯立松.自然资本与环境投资的含义[J].环境保护,1999(5):38－40.

[62]吴洪伟.对滇黔桂石漠化地区实施农发水保项目的认识[J].中国水土保持,2012(5):17－18,75.

[63]韦丹辉,王思明.民国时期滇黔桂岩溶地区水稻品种及地理分布研究[J].中国农史,2013(3):27－36.

[64]乔晓春.户籍制度、城镇化与中国人口大流动[J].人口与经济,2019(5):1－17.

[65]邹力行.开发性金融支持石漠化生态治理模式探讨[J].草业科学,2008(9):69－75.

[66]孙田田.贵州省从江县林粮共作模式可持续性分析[J].北京农业,2012(33):100.

[67]朱斌,刘丹一.石漠化地区林下经济发展模式研究[J].林业经济,2015(12):86－90.

[68]侯洁如.稻鱼鸭共生的高效农业系统[J].中国投资,2018(17):66－68.

[69]滕榕.基于稻鱼鸭系统的农业景观生态保护策略——以侗族聚居区为例[J].建筑与文化,2019(2):139－140.

[70]洪健康.哈尼梯田稻鱼鸭综合种养绿色模式研究成效显著[J].中国农技推广,2017(9):12－14.

[71]汤成芹,孙志洲.稻田养蟹中的几个技术环节[J].科学养鱼,1997(7):10.

[72]杨爱宏,孙敏,等,高邮特色的“稻-虾”生态循环种养模式[J].水产养殖,2020(2):63-65.

[73]江传芬.稻—鱼田塘式稻鱼轮作种养模式[J].福建农业,2008(5):30-31.

[74]贵州省湿地保护中心.贵州省的湿地资源[J].湿地科学与管理,2015(4):1-2.

[75]郁静娴.石漠山区长出“绿色银行”[J].农村·农业·农民(A版),2019(1):23-24.

[76]陈丽琴.黑衣壮干栏建筑的生态研究[J].广西师范学院学报(哲学社会科学版),2011(3):7-11.

[77]马忠俊.弘扬“西畴精神” 实施“六子登科” 在石漠化地区创造绿色生态家园[J].创造,2011(5):78-81.

[78]本报编辑部.“石头地”里种出新希望——云南省西畴县脱贫记[J].乡村科技,2019(16):7.

[79]吕忠梅.从后果控制到风险预防 中国环境法的重要转型[J].中国生态文明,2019(1):10-14.

[80]吕忠梅.用法治思维和法治方式 促进生态文明体制改革[J].中国生态文明,2018(06):19-21.

[81]朱玲.绿色财政政策———治理西部生态环境的首选政策[J].陕西林业科技,2008(02):154-156,188.

[82]孙秀艳,排污达标是底线还是目标?[J].环境经济,2015(Z4):53.

[83]张云飞.生态补偿制度[J].绿色中国,2017(23):59-61.

[84]陆维研,杨朔,董琰,张硕新,建立湿地生态效益补偿制度的必要性及可行性分析[J].安徽农业科学,2007(21):6570-6572.

[85]李波.贵州民族地区生态文明建设的理论与实践探索[J].贵州大学学报(社会科学版),2010(2):13-19.

[86]李小丽,周灏.绿色营销:环境与经济的双赢[J].江苏商论,2004(7):66-68.

[87]王金洲.绿色营销的理论探讨[J].江汉石油学院学报,1999(2):

57－58.

[88]曹春芳,曹杭. 建设绿色发展型财政[J]. 中国财政,2013(11):75－76.

[89]窦晓冉. 推动绿色发展的税收政策选择[J]. 市场研究,2018(3):59－60.

[90]财政部 国家税务总局关于企业所得税若干优惠政策的通知[J]. 中华人民共和国财政部文告,2008(5):26－28.

[91]国家环境保护总局政策法规司.《关于落实环境保护政策法规防范信贷风险的意见》的解读[J]. 环境保护,2007(15):9－10.

[92]国家十部委联合提出关于促进绿色消费的指导意见[J]. 有色冶金节能,2016(3):1－3.

[93]林红. 滇桂黔石漠化片区扶贫开发路径探索[J]. 民营科技,2014(9):251－252.

[94]佘玥,刘忠岫. 十八大以来中国农村土地政策的创新发展研究[J]. 农学学报,2020(12):121－124.

[95]刘家仁等. 人为地质作用对中国西南地区石漠化的影响[J]. 贵州地质,2008(4):288－291.

[96]苏永秀. 新中国成立以来广西粮食产量变化特征初步分析[J]. 广西农业科学,2000(5):229－232.

[97]陈直,等. "养猪—沼气—种菜"生态循环农业模式[J]. 农业工程技术,2016(11):38－39.

[98]饶瑞. 铜仁市稻虾共作生态种养模式现状与问题[J]. 江西农业,2019(24):25.

[99]张俊,等. "种植—养殖—沼气"循环农业模式的研究[J]. 宁夏农林科技,2013(4):84－88.

[100]李佛净. 推行"猪沼果"工程有利于改善农村生态环境[J]. 甘肃农业,2000(8):16,38.

[101]李典荣,等. "猪—沼—鱼"技术及其增产原因分析[J]. 渔业致富指南,2005(8):20－21.

[102]汤京平等. 湖北省京山县"猪－沼－鱼"绿色生态农业模式推广与成效[J]. 农业环境与发展,2012(4):55－56.

[103]云南省林业厅湿地办. 云南的湿地资源[J]. 云南林业,2014(5):23－24.

[104]杨玉峰. 宁夏六盘山集中连片特困地区绿色扶贫路径研究[D]. 宁夏大学硕士学位论文,2015.

[105]李文斌. 建水县西山村种养结合循环农业模式构建及推广研究[D]. 云南师范大学专业硕士研究生学位论文,2019.

[106]贾芳. 中国农村重男轻女观念的转变——一个经济学视角的解释[D]. 陕西师范大学硕士研究生毕业论文,2017.

[107]李晞萌. 中国人口流动对经济发展影响的实证研究[D]. 南京大学硕士研究生毕业论文,2016.

**报纸文献**

[1]习近平. 在省部级主要领导干部学习贯彻党的十八届五中全会精神专题研讨班上的讲话[N]. 人民日报,2016－05－10(002).

[2]习近平. 共谋绿色生活,共建美丽家园——在二〇一九年中国北京世界园艺博览会开幕式上的讲话[N]. 人民日报,2019－04－29(002).

[3]唐勇军,张玉娇,刘晓霞. 林草扶贫:好生态,好生活!［N]. 中国绿色时报,2020－05－28.

[4]韩斌,凌经球. 云南省西畴县:加快绿色转型美丽发展[N]. 学习时报,2020－11－25(004).

[5]卢善龙,陈吉瑞. 投资自然资本:从理念到实践如何跨越?［N]. 科技日报,2015－09－20(002).

[6]诸大建. 倡导投资自然资本的新经济[N]. 解放日报,2015－03－12(011).

[7]熊辉,谭诗杰. 领会绿色发展的文明内涵[N]. 中国社会科学报,2016－03－15(008).

[8]陈炳才. 借鉴国外经验　推动绿色发展[N]. 中国环境报,2018－6－28(003).

[9]迟诚,李巧玉. 中央林业投资滇桂黔石漠化片区两年73亿元[N]. 中国绿色时报,2014-05-20(2).

[10]高峰. 城市绿色资源分配当均衡[N]. 中国建设报,2013-02-20(002).

[11]鄂尔多斯市统计局,国家统计局鄂尔多斯调查队. 鄂尔多斯市2018年国民经济和社会发展统计公报[N]. 鄂尔多斯日报,2019-03-19(004).

[12]鄂尔多斯市统计局,国家统计局鄂尔多斯调查队. 鄂尔多斯市2019年国民经济和社会发展统计公报[N]. 鄂尔多斯日报,2020-03-17(004).

[13]雷欢. 滇桂黔石漠化片区脱贫的林草贡献[N]. 中国绿色时报,2020-09-07(1-2).

[14]李赛. 云南省出栏生猪连续4个月环比增长[N]. 云南经济日报,2020-03-16(2).

[15]中国单位GDP能耗达世界均值2.5倍[N]. 21世纪经济报道,2013-12-02.

[16]国务院关于进一步加大财政教育投入的意见[N]. 中国税务报,2011-07-11(010).

**其他资源**

[1]广西统计年鉴2020[EB/OL]. http://tjj.gxzf.gov.cn//tjsj/tjnj/material/tjnj20200415/2020/zk/indexch.htm

[2]2020年隆安县人民政府工作报告[EB/OL]. http://www.lax.gov.cn/hdhy/zcjd/t4332167.html

[3]2019年融安县人民政府工作报告[EB/OL]. http://rongan.gov.cn/xxgk/fdzdgknr/zfgzbg/202101/t20210109_2406706.shtml

[4]2020年龙胜各族自治县人民政府工作报告[EB/OL]. http://www.glls.gov.cn/zwgk/gdzdgk/jcxxgk/zfgzbg/202011/t20201103_1923749.html

[5]2020年普安县人民政府工作报告[EB/OL]. http://www.puan.gov.cn/zfxxgk/fdzdgknr/ghjh/xzfgzbg/202008/t20200826_64696799.html

[6]2019年西畴县国民经济与社会发展统计公报[EB/OL]. https://www.xczw.gov.cn/zfxxgk/fdzdgknr/tjxx/content_19231

[7]2019 年黄平县国民经济和社会发展统计公报[EB/OL]. http://www. qdnhp. gov. cn/zfxxgk/fdzdgknr/tjxx _5621975/tjnb _5621979/202007/t20200713_61585616. html

[8]鄂尔多斯地形地貌[EB/OL]. http://www. wutongzi. com/a/143031. html

[9]农村经济司. 广西今年扶贫生态移民搬迁 10. 83 万人[EB/OL]. [2015 - 04 - 30]. https://https://www. ndrc. gov. cn/fggz/nyncjj/xczx/201504/t20150430_1106076. html

[10]中华人民共和国中央人民政府. 发展改革委印发《绿色发展指标体系》《生态文明建设考核目标体系》[EB/OL]. http://www. gov. cn/xinwen/2016 - 12/22/content_5151575. htm

[11]壮美新广西　奋进新时代——广西壮族自治区成立 60 年发展纪实[EB/OL]. http://www. gxnews. com. cn/staticpages/20181210/newgx5c0d9ded - 17877747. shtml? pcview = 1

[12]对越自卫反击战[EB/OL]. https://baike. baidu. com/item/% E5% AF% B9% E8% B6% 8A% E8% 87% AA% E5% 8D% AB% E5% 8F% 8D% E5% 87% BB% E6% 88% 98/946798? fromtitle = % E5% AF% B9% E8% B6% 8A% E8% 87% AA% E5% 8D% AB% E8% BF% 98% E5% 87% BB% E6% 88% 98&fromid = 7698949&fr = aladdin

[13]国家统计局[EB/OL]. https://data. stats. gov. cn/easyquery. htm? cn = C01&zb = A0C07&sj = 2019

[14]广西日报,国家开发银行广西分行　开发性金融支持广西高质量发展[EB/OL]. https://gx. chinadaily. com. cn/a/201912/24/WS5e01d136a31099ab995f36de. html

[15]中国食用菌协会[EB/OL]. http://bigdata. cefa. org. cn/hotmap. html

[16]引资 5. 47 亿元! 2020 都匀毛尖(国际)茶人会成果丰硕[EB/OL]. https://baijiahao. baidu. com/s? id = 1681153548139247798&wfr = spider&for = pc

[17]广西鹿寨县:稻田养鸭养鱼　粮食提质增收[EB/OL]. https://m.

sohu. com/a/77173104_263709/

[18]云南大力推广稻鱼鸭综合种养新模式[EB/OL]. https://news. cnhnb. com/zxsd/detail/250617/

[19]广西融水县靠稻田养鱼蟹等特色产业,去年让 2.5 万人脱贫[EB/OL]. https://www. guancha. cn/society/2017_10_23_431877. shtml

[20]广西壮族自治区统计局 国家统计局广西调查总队. 2019 年广西壮族自治区国民经济和社会发展统计公报,2020 年 3 月 17 日 http://tjj. gxzf. gov. cn/tjsj/tjgb/qqgb/t2381676. shtml

[21]云南省人民政府办公厅,云南省人民政府办公厅关于印发云南省高原特色农业现代化建设总体规划(2016—2020 年)的通知[EB/OL]. http://www. yn. gov. cn/zwgk/zcwj/yzfb/201910/t20191031_183834. html

[22]谢彩文 张雷 刘杰恩. 广西展开第二次湿地资源调查[EB/OL]. http://www. gxnews. com. cn/staticpages/20110418/newgx4dab6e7d -3745243. shtml

[23]凝心聚力打造精准扶贫“高铁”品质———中国中车集团公司扶贫工作纪实[EB/OL]. 人民政协报,[2017 -12 -25]. http://www. sasac. gov. cn/n2588030/c8388132/content. html

[24]石漠化片区成云南森林覆盖率增长最快区域[EB/OL]. http://www. gov. cn/xinwen/2017 -08/08/content_5216700. htm

[25]从秃山到青山的蝶变——广西石漠化治理 10 年再现发展生机[EB/OL]. http://www. gov. cn/xinwen/2018 -11/27/content_5343754. htm

[26]中华人民共和国中央人民政府. 关于印发珠江—西江经济带发展规划的通知[EB/OL]. http://www. gov. cn/xinwen/2014 -08/01/content_2728213. htm

[27]中华人民共和国中央人民政府. 中共中央 国务院关于建立更加有效的区域协调发展新机制的意见[EB/OL]. http://www. gov. cn/zhengce/2018 -11/29/content_5344537. htm.

[28]新华网. 中共中央关于制定国民经济和社会发展第十四个五年规划和二〇三五年远景目标的建议[EB/OL]. http://www. xinhuanet. com/politics/2020 -11/03/c_1126693293. htm

[29]中华人民共和国生态环境部.关于构建绿色金融体系的指导意见[EB/OL]. http://www.mee.gov.cn/gkml/hbb/gwy/201611/t20161124_368163.htm

[30]中华人民共和国中央人民政府. 中共中央办公厅 国务院办公厅印发《关于完善农村土地所有权承包权经营权分置办法的意见》[EB/OL]. http://www.gov.cn/xinwen/2016-10/30/content_5126200.htm

[31]滇桂黔石漠化片区区域发展与扶贫攻坚规划(2011—2020年)[EB/OL]. http://cn.chinagate.cn/infocus/2013-09/24/content_30114043_2.htm.

[32]中华人民共和国中央人民政府,中办国办:印发《关于构建现代环境治理体系的指导意见》[EB/OL]. http://www.gov.cn/zhengce/2020-03/03/content_5486380.htm

[33]中国·岩溶地区石漠化状况公报[R]. 国家林业局,2016.

# 附　录

**网络调查问卷**

滇桂黔生态脆弱地区绿色发展现状的问卷调查

尊敬的老乡：

您好！绿色发展是实现“十四五”时期发展目标，破解发展难题，厚植发展优势，必须牢固树立并切实贯彻的新发展理念之一。滇桂黔生态脆弱地区生态比较脆弱，急切需要绿色发展作为指导思想，推动该区脱贫增绿富民。为深入了解滇桂黔生态脆弱地区绿色发展现状，我们组织了此次问卷调查，采用不记名的方式，所有数据均用于统计研究。**请您按照实际情况和真实的想法回答问题，衷心感谢您真诚的支持和合作。**

1. 您的性别（　　　）

A. 男　　　　B. 女

2. 您的年龄（　　　）

A. 60 岁以上　　　　B. 50－60 岁

C. 40－50 岁　　　　D. 30－40 岁

E. 30 岁以下

3. 您的学历（　　　）

A. 小学及以下　　　　B. 初中

C. 高中　　　　D. 大学

4. 您的职业（　　　）

A. 农民　　　　B. 工人

C. 手工业者　　　　D. 商人

5. 您的政治面貌（　　　）

A. 共产党员　　B. 共青团员

C. 民主党员　　D. 群众

E. 其他＿＿＿

6. 您的家庭所在地（　　）

A. 城市　　B. 县城

C. 乡镇　　D. 乡村

7. 您的民族（　　）

A. 汉族　　B. 壮族

C. 苗族　　D. 仫佬族

E. 其他＿＿＿

8. 您现在的家庭住址（　　）（请选择：隆安县、马山县、上林县、融安县、融水苗族自治县、三江侗族自治县、龙胜各族自治县、资源县、田阳区、德保县、靖西市、那坡县、凌云县、乐业县、田林县、西林县、隆林各族自治县，右江区、田东县、平果市、凤山县、东兰县、罗城仫佬族自治县、环江毛南族自治县、巴马瑶族自治县、都安瑶族自治县、大化瑶族自治县，金城江区、南丹县、天峨县、忻城县、宁明县、龙州县、大新县、天等县、西秀区、平坝区、普定县、镇宁布依族苗族自治县、关岭布依族苗族自治县、紫云苗族布依族自治县、六枝特区、水城区，钟山区、兴仁市、普安县、晴隆县、贞丰县、望谟县、册亨县、安龙县，兴义市、黄平县、施秉县、三穗县、镇远县、岑巩县、天柱县、锦屏县、剑河县、台江县、黎平县、榕江县、从江县、雷山县、麻江县、丹寨县，凯里市、荔波县、贵定县、独山县、平塘县、罗甸县、长顺县、龙里县、惠水县、三都水族自治县、瓮安县，都匀市、师宗县、罗平县、屏边苗族自治县、泸西县、砚山县、西畴县、麻栗坡县、马关县、丘北县、广南县、富宁县、文山市）

9. 绿色发展的内涵有哪些？（　　）**（多项选择题）**

A. 节约资源　　B. 保护环境

C. 投资自然　　D. 生态效益

10. 绿色发展的好处有哪些？（　　）**（多项选择题）**

A. 改善环境质量　　B. 促进经济发展

C. 提高空气质量　　D. 造福子孙后代

11. 您对周围的空气质量是否满意？（　　）

A. 非常满意　　B. 满意

C. 一般　　D. 不满意

12. 您对周围的饮用水质量是否满意？（　　）

A. 非常满意　　B. 满意

C. 一般　　D. 不满意

13. 您对周围石漠化综合治理是否满意？（　　）

A. 非常满意　　B. 满意

C. 一般　　D. 不满意

14. 您对周围生产方式绿色化转型是否满意？（　　）

A. 非常满意　　B. 满意

C. 一般　　D. 不满意

15. 您对周围节能减排是否满意？（　　）

A. 满意　　B. 很满意

C. 一般　　D. 不满意

16. 您认为政府加强对产业结构优化升级的监管对绿色发展重要吗？

A. 重要　　B. 很重要

C. 一般　　D. 不重要

17. 您认为政府推行“厕所革命”成效是否明显？（　　）

A. 非常明显　　B. 比较明显

C. 一般　　D. 不太明显

18. 您对生活方式绿色化转型是否支持？（　　）

A. 非常支持　　B. 支持

C. 一般　　D. 不支持

19. 您认为滇桂黔生态脆弱地区绿色发展的挑战有哪些？**（多项选择题）**

A. 生产方式粗放外延　　B. 生活方式追求奢华

C. 环保意识比较薄弱　　　　D. 绿色发展配套措施有待加强

20. 您认为滇桂黔生态脆弱地区绿色发展进一步开展的思路有哪些？（多项选择题）

A. 更新理念，树立“绿水青山就是金山银山”的观念

B. 完善政策体系，健全激励机制

C. 转变经济增长方式，寻求绿色发展生长点

D. 倡导绿色出行，加快石漠化综合治理

21. 您对滇桂黔生态脆弱地区绿色发展，最想说的一句话：__________

______________________________________________

______________________________________________

**个案访谈提纲**

滇桂黔生态脆弱地区绿色发展现状的个案访谈

尊敬的老乡：

您好！绿色发展是实现“十四五”时期发展目标，破解发展难题，厚植发展优势，必须牢固树立并切实贯彻的新发展理念之一。滇桂黔生态脆弱地区生态比较脆弱，急切需要绿色发展作为指导思想，推动该区脱贫增绿富民。为深入了解滇桂黔生态脆弱地区绿色发展现状，我们组织了此次问卷调查，采用不记名的方式，所有数据均用于统计研究。**请您按照实际情况和真实的想法回答问题，衷心感谢您真诚的支持和合作。**

1. 您认为滇桂黔生态脆弱地区绿色发展的必要性有哪些？

2. 您认为滇桂黔生态脆弱地区绿色发展面临的主要问题有哪些？

3. 您认为滇桂黔生态脆弱地区绿色发展面临问题的主要原因是什么？

4. 您认为滇桂黔生态脆弱地区绿色发展落地生根的模式有哪些？

5. 您认为滇桂黔生态脆弱地区绿色发展下一步顺利进行的思路和对策有哪些？